- 감사원 사전컨설팅·적극행정 면책사례 300선 -

기업을 살리는

감사원 사전컨설팅 제도와 그 미래

신일수 이동원

Prologue

법은 인간을 보호하기 위해 존재한다.

그러나 오랫동안 법을 다루어온 법관으로서, 나는 때때로 법이 인간을 얼마나 괴롭게 만들 수 있는지를 앞자리에서 지켜봐 왔다.

규정이 비어 있어 생기는 고통, 지나치게 경직된 규정 때문에 발생하는 고통, 잘못 작성된 계약이 오히려 당사자를 얽어매는 고통 등 법은 때때로 사람을 구속하고, 시간을 갉아먹고, 삶을 지치게 만들기도 한다.

대한민국에서 가장 신속한 재판으로 알려진 서울중앙지방법원 민사 제50부(일명 민사제1수석부)에서 근무할 때 조차도 새로운 산업·기술·비즈니스 앞에서 기존 법 체계의 한계는 여지없이 드러났다. 바로 그 무렵, 감사원에서 3년간 근무한 적이 있었던 이동원 부장검사(현재는 변호사이다)로부터 감사원이 새로운 제도를 시작했다는 이야기를 들었다. 그 이름이 사전컨설팅 제도였다.

"세계 어디에도 없는 제도" — K-행정이 만든 새로운 해법

사전컨설팅은 세계적으로도 유례를 찾기 어려운 독창적 행정제도다. 행정기관이 결정을 내리기 전에 감사원이 먼저 위험을 검토해 주고, 그 의견에 따라 업무를 처리한 공무원에게는 적극행정 면책을 부여하는 방식. 이는 기존의 감사·감독 모델을 뒤집은, 그야말로 K-행정의 혁신적인 전환점이었다. 규정의 공백 때문에 고통받는 기업, 규정 때문에 움직이지 못하는 공무원, 그리고 결국 법정까지 오게 되는 국민 모두에게 이 제도는 갈등을 미리 해소할 수 있는 독창적 장치였다.

나는 그 순간 분명한 확신이 들었다.

"이것은 분명 대한민국의 규제 문제를 획기적으로 해결할 수 있는 도구다."
그런데 왜 이렇게 중요한 제도를 사람들은 모를까?

훌륭한 제도, 그런데 왜 아무도 모를까?

사전컨설팅은 분명 훌륭하다. 문제를 해결하고, 불확실성을 줄이고, 행정과 민간의 갈등을 최소화한다. 그럼에도 이상하리만큼 민간에서는 거의 알려져 있지 않다. 수많은 공공제도 중에서도 이토록 파급력이 크지만 인지도는 낮은 제도가 또 있을까?

그 이유는 단 하나다. **민간에게 신청권이 없기 때문이다.** 기업이 아무리 규제와 충돌해도, 당사자 스스로 감사원의 문을 두드릴 수 없다. 공무원이 '신청할 의지'를 가져야만 이 제도를 이용할 수 있다. 이 구조에서는, 기업의 생사가 걸린 문제조차 공무원의 선의에 의존하게 된다.

혹자는 말한다. "민간에게 신청권을 주면 감사원이 민원창구가 된다."

그렇다면 나는 이렇게 반문하고 싶다. **"정 그렇다면, 최소한 법적 근거와 대표성을 가진 협회에라도 제한적 신청권을 부여해 보면 어떨까?"**

공익성과 전문성을 갖춘 협회가 1차로 사안의 공익성·타당성을 검토하고, 그 중 사회적 파급력이 큰 사안만 감사원에 올린다면 악성 민원 걱정 없이 제도의

Prologue

장점만 살릴 수 있다. 이것은 행정 부담을 늘리는 방향이 아니라, 오히려 행정의 품질을 높이고 분쟁을 줄이는 방향이다.

그래서 나는 이 책을 쓰기로 했다.

사전컨설팅은 대한민국 행정이 "적발 중심에서 지원 중심으로" 이동하는 상징이자, 규제국가에서 혁신국가로 가기 위한 핵심 도구다.

그러나 제도가 아무리 좋아도, 사용하는 사람이 모르면 존재하지 않는 것과 같다. 나는 법원에서, 검찰에서, 행정기관에서, 그리고 수많은 분쟁의 현장에서 법의 한계와 규제의 경직성으로 고통받는 사람들을 보아 왔다. 그들에게 이 제도는 더 이상 "모르는 제도"여서는 안 된다.

이 책은 법률가의 시각에서, 행정·기업·국민 모두의 관점에서, 사전컨설팅 제도의 진짜 기능과 한계, 미래 방향을 솔직하게 담아내고자 했다.

규제가 발목을 잡는 시대에서, 규제를 해석하고 돌파하는 시대로 나아가기 위해 이 책이 작지만 단단한 디딤돌이 되기를 바란다.

대전지방법원

부장판사 신 일 수

감사원 사전컨설팅 제도는 2019년부터 감사원이 본격적으로 시행해 온 제도로, 현재는 중앙행정기관, 지방자치단체, 공공기관 등 대부분의 행정기관에서 활용되고 있다. 사전컨설팅 제도는 규정의 불명확성이나 새로운 기술·산업환경으로 인해 담당 공무원이 독자적으로 의사결정을 내리기 어려울 때, 감사원이 사전에 쟁점을 검토하여 합리적 해석과 처리 방향을 제시해 주는 제도이다.

또한 민간에서 추진하는 각종 인허가가 필요한 대형 사업들은 시간이 곧 돈으로 직결된다는 점에 비추어 볼 때, 감사원 사전컨설팅을 활용하면 여러 복잡한 단계의 절차를 획기적으로 줄여 시간을 크게 단축할 수 있다는 점에서 그 제도의 활용가치가 매우 크다 할 것이다.

행정기관의 장 또는 기관 내부의 담당자가 사전컨설팅 의견에 따라 업무를 처리한 경우, 그 과정에서 고의나 중대한 과실이 없음이 확인되면 징계 등 제재를 받지 않도록 보호하는 '적극행정 면책'이 적용될 수 있다. 규제 환경의 변화 속도가 실제 산업·기술 변화를 따라가지 못하는 상황에서 공무원의 소극행정을 줄이고 기업의 투자·사업 추진을 지원하기 위한 새로운 장치다.

감사원 사전컨설팅 제도가 시행된 이래 약 6년 동안, 감사원이 발간한 사전컨설팅·적극행정 면책 사례는 300건을 넘어서고 있다. 이 가운데 기업 지원, 국민권익 보호, 안전·환경, 기관 간 이견 조정 등 다양한 분야에서 사전컨설팅을 통해 실제 규제의 병목이 해소되고 민원·분쟁이 예방된 사례가 꾸준히 축적되어 왔다. 반대로, 법령의 명확한 금지를 무리하게 우회하려 하거나, 절차 미준수·특혜 제공 등으로 사전컨설팅의 요건을 충족하지 못해 면책이 인정되지 않은 사례도 적지 않다.

Prologue

특히 감사원은 법령이 모호하여 적극적 해석이 필요한 경우, 공익성과 합리성이 인정되는 사안에는 과감한 유연 해석을 제시해 왔다. 반면, 담당자가 규정의 취지를 외면하거나 사실관계를 왜곡한 채 "적극행정"을 주장하는 경우에는 엄정한 태도로 면책을 부정하였다. 사전컨설팅 제도가 면책을 위한 '방패'가 아니라, 공무원의 책임 있는 행정을 지원하기 위한 제도임을 분명히 하고 있는 것이다.

사전컨설팅을 효과적으로 활용하기 위해서는 단순한 의견 조회를 넘어, 쟁점의 정리와 사실관계의 투명한 제시가 필수적이다. 쟁점의 정리, 사실관계의 투명한 제시, 법령의 취지에 부합하는 논리 구성, 그리고 공익적 필요성의 입증이 유기적으로 갖춰져야 한다. 또한 사전컨설팅은 사후 분쟁 대응수단이 아니라, 행정기관이 **"문제가 발생하기 전에 갈등을 조정하고 리스크를 제거하기 위한 장치"**이므로, 사전적 검토와 조직적 대응 체계 구축이 필수적이다.

그러나 현장의 공무원이나 기업 실무자의 입장에서는 언제·어떤 사안을 사전컨설팅으로 신청해야 하는지, 신청 요건을 어떻게 판단하고 서면을 어떻게 구성해야 하는지, 기각과 인용의 경계가 무엇인지 직관적으로 이해하기 쉽지 않은 것이 현실이다. 특히 기업과 민간 이해관계자는 신청권이 없다는 제도적 한계로 인해 제도의 취지와 절차에 접근하기 어려운 구조적 문제가 있다.

이 책은 이러한 현장의 갈증을 해소하기 위해, 감사원에서 다년간 근무한 경험을 가진 필자를 중심으로 행정·법률 실무에 정통한 전문가들이 집필한 실무 안내서이다.

2019년부터 2023년까지의 주요 사전컨설팅·적극행정 면책 사례를 체계적으로 분석하여, 사안·쟁점·감사원 판단·실무 포인트의 구조로 재정리하였으며, 공무원과 기업이 실제로 활용할 수 있는 신청 전략과 제도 운용상 유의점도 함께 제시하였다.

또한 제도 시행 이후 나타난 여러 문제점—예컨대 신청권의 제한, 공무원의 소극적 신청, 면책 남용 우려, 행정기관 간 해석 충돌—을 검토하고, 협회 등 법적 대표성을 가진 단체를 통한 간접적 신청권 부여 등 제도의 합리적 개선 방향도 제안하였다.

이 책을 통해 행정기관의 실무자 뿐 아니라 기업의 법무·전략 책임자, 변호사와 회계사 등 전문가들도 사전컨설팅 제도의 취지와 실제 작동 방식을 쉽게 이해하고, 보다 적극적이고 투명한 방식으로 제도를 활용할 수 있기를 기대한다.

사전컨설팅은 단순한 '사전 질의 제도'가 아니다. 이는 행정의 패러다임을 적발에서 지원으로, 그리고 책임 회피에서 적극적 해석과 공익 중심의 해결로 전환하려는 우리 행정의 중요한 실험이다. 이 책이 그 실험을 더 견고하게 만들고, 불확실성 속에서 길을 찾는 모든 공무원과 기업에게 실질적 도움을 주는 안내서가 되기를 바란다.

전) 감사원 부감사관, 전) 부장검사

현) 법무법인 한별 파트너변호사

변호사 이 동 원

Contents

Contents

Contents

사례집 사전컨설팅 상세 사례 분석

Contents

Contents

Contents

Contents

Contents

Contents

CHAPTER 1

감사의 패러다임 전환: 적발에서 지원으로

01.

적극행정의 든든한 파트너, 사전컨설팅 제도란?

(1) 규제와 현실 사이의 딜레마

오늘날 기업 환경은 4차 산업혁명, 디지털 전환, 글로벌 공급망 위기 등 전례 없는 속도로 급변하고 있다. 하루가 다르게 새로운 비즈니스 모델이 등장하고 혁신적인 기술이 쏟아져 나오지만, 이를 규율하는 법령과 제도는 그 변화의 속도를 따라가지 못하는 '지체 현상(Regulatory Lag)'이 빈번하게 발생한다. 이러한 규제와 현실의 괴리 속에서 기업은 신사업 추진이나 투자 결정에 막대한 어려움을 겪는다. 명확하지 않은 규정 때문에 사업이 불법인지 합법인지조차 판단하기 어려운 경우가 부지기수다.

일선의 공무원들 또한 이러한 상황이 답답하기는 마찬가지다. 공익을 위해 기업의 애로사항을 해결해주고 유연하게 대처하고 싶어도, 엄격한 규정과 절차 준수 의무라는 현실적인 벽 앞에서 주저할 수밖에 없는 구조적 딜레마에 놓여 있다. 자칫 적극적으로 나섰다가 나중에 감사에서 지적을 받거나 징계를 받을 수 있다는 두려움 때문이다. 결국 "규정대로 처리했습니다"라는 말은 공무원에게는 자신을 보호하는 가장 안전한 방패가

되지만, 혁신을 갈망하는 기업에게는 넘을 수 없는 가장 답답한 장벽이 되고 만다.

이러한 교착 상태를 타개하기 위해 가장 강력한 해결사로 나선 것이 바로 감사원이다. 과거의 감사가 사후에 잘못을 찾아내어 지적하고 처벌하는 '적발(Detection)' 위주의 통제 기능에 치중했다면, 이제는 공무원과 기업이 일을 시작하기 전에 겪는 어려움을 함께 고민하고 해법을 제시하는 '지원(Support)'과 '예방(Prevention)'으로 그 패러다임을 획기적으로 전환한 것이다. 그 변화의 핵심에 바로 '사전컨설팅 제도'가 있다. 이는 단순히 새로운 제도가 하나 생긴 것을 넘어, 감사원이 '행정의 감시자'에서 '적극행정의 동반자'로 역할을 재정립했음을 의미하는 상징적인 사건이다.

(2) 불확실성을 제거하는 나침반: 제도의 정의

사전컨설팅 제도란, "불명확한 규정이나 급격한 환경 변화로 인해 공무원이 독자적으로 적극적인 의사결정을 내리기 어려운 경우, 감사원(또는 자체감사기구)이 사전에 그 해법을 컨설팅해주고, 그에 따라 업무를 처리하도록 돕는 제도"다.

즉, 감사원은 더 이상 공무원이 피하고 싶은 무서운 감시자가 아니라, 규정의 모호함이라는 안개 속에서 길을 잃지 않도록 명확한 방향을 제시해 주는 '행정의 나침반' 역할을 자처하고 나선 것이다. 이는 행정의 효율성을 높이고 기업의 현장 애로사항을 선제적으로 해소하여 국가 경쟁력을 높이겠다는 감사원의 강력한 의지가 담긴 정책이다. 공무원에게는 "이렇게 해도 된다"는 확신을 심어주고, 기업에게는 "문제를 해결할 수 있다"는 희망을 주는 제도인 것이다.

(3) 신뢰의 징표: '적극행정 면책'

이 제도가 현장에서 강력한 실효성을 갖는 이유는 감사원이 제시한 의견에 '면책(免責)'이라는 확실한 신뢰를 부여하기 때문이다. 담당 공무원이 사적인 이익을 취하지 않고 사전컨설팅 의견대로 성실하게 업무를 처리했다면, 설사 나중에 결과에 일부 흠결이 발생하거나 예상치 못한 부작용이 생기더라도 징계 등 불이익한 처분을 하지 않겠다는 약속이다. 물론, 공무원과 업체 간의 금품 수수나 유착 등 사적인 이해관계가 있는 경우는 당연히 면책 대상에서 제외된다.

이는 공무원에게는 징계의 두려움 없이 '소신 있게 일할 수 있는 환경'을 보장하고, 기업에게는 담당자의 자의적 판단이 아닌 '예측 가능한 행정 서비스'를 제공함으로써, 정부와 민간이 상호 신뢰 속에 상생할 수 있는 기반이 된다. 면책은 공무원에게 주는 특혜가 아니라, 국민과 기업을 위해 적극적으로 일한 공무원을 보호하기 위한 최소한의 안전장치이자 적극행정을 위한 필수 조건이다.

02.

제도의 핵심 구조와 효력

(1) 협업의 구조: 누가 신청하는가?

현재 사전컨설팅은 행정 내부의 의사결정을 지원하는 구조로 설계되어 있어, 신청 주체는 원칙적으로 '감사원 감사를 받는 기관의 장'이다. 구체적으로는 다음과 같다.

- **중앙행정기관의 장:** 기획재정부, 국토교통부, 환경부 등 각 부처 장관 및 청장
- **지방자치단체의 장:** 서울특별시장, 경기도지사 등 광역지자체장 및 시장, 군수, 구청장, 교육감 등
- **공공기관의 장:** 한국전력공사, 한국토지주택공사(LH), 인천국제공항공사 등

여기서 중요한 점은, 현재 제도의 구조상 민간 기업이나 개인이 직접 감사원에 사전컨설팅을 신청할 수는 없다는 것이다(그래서 뒤에서 보는 바

와 같이 우리는 신청권의 확대를 요청하는 바이다). 기업(이해관계자)은 반드시 인허가권이나 계약 권한을 가진 해당 행정기관과 협의하여 이 제도를 활용함으로써 규제의 매듭을 풀어야 한다. 예를 들어, 인허가 문제로 고민하는 기업이 담당 공무원에게 "이 사안은 규정이 모호하니 감사원 사전컨설팅을 받아보는 게 어떻겠느냐"고 제안하고 설득하는 과정이 필요하다.

(2) 효 력: 합법성의 보증

사전컨설팅 결과(의견서)는 단순한 조언이나 권고를 넘어 행정적으로 강력한 효력을 가진다.

- **정당성 확보**: 감사원의 사전 검토를 거쳤다는 것은 해당 업무 처리가 공익에 부합하고 합리적이라는 '정당성'을 국가 최고 감사기구로부터 공인받았다는 의미다. 이는 공무원이 내부 감사나 외부 민원에 시달리지 않고 업무를 추진할 수 있는 가장 강력한 근거가 된다.
- **중복 감사 면제**: 사전컨설팅을 통해 해소된 사안에 대해서는 원칙적으로 중복하여 감사를 실시하지 않는다. 이미 감사원이 "문제없다"고 판단한 사안을 다시 들추어내어 감사하는 것은 행정력 낭비이자 공무원을 위축시키는 일이기 때문이다. 이를 통해 행정의 효율성을 높이고 업무의 연속성을 보장한다.

03.

[Deep Dive] 사전컨설팅의 단계별 처리 절차

사전컨설팅은 단순한 질의응답이 아니라, 엄격하고 체계적인 내부 프로세스를 거쳐 확정된다. 감사원은 관련 규정에 따라 다음과 같이 4단계의 정밀한 검증 과정을 수행한다.

사전컨설팅 단계별 처리요령

<table>
<tr><th colspan="2">처리단계</th><th>처리요령</th></tr>
<tr><td rowspan="2">접 수</td><td>사전접수</td><td>• 전화로 사전컨설팅 관련 문의가 온 경우 메일로 신청서를 먼저 송부하도록 안내
• 메일 접수 시 팀장 보고 및 검토 담당자 지정
• 주요사항 접수 시 기획조정실장님께 사전 보고</td></tr>
<tr><td>접 수</td><td>• 접수대장에 등록(서무) 및 담당자 배정 (팀장)</td></tr>
</table>

검토 및 의견조회	착수보고	• 통상 접수 후 6일 이내 사전컨설팅 착수보고(총장)
	관계기관 의견조회	• 법령 소관부처에 "감사원 사전컨설팅 관련 의견제출 요청" • 의견조회 시 사전컨설팅 접수대장에 요청일자 등 등록 요청(서무)
	감사부서 의견조회	• "사전컨설팅 중간 검토결과" 작성 및 보고(국장) • 우리 院 감사부서에 "사전컨설팅 관련 의견제출 요청"(과장) • 사전컨설팅 중간 검토결과, 사전컨설팅 신청서, 의견제출서식 첨부 * 반려 시 감사부서 의견조회 미실시
	연장보고	• 처리기한(30일 경과) 시 "처리기한 연장" 보고 및 결재(국장) – 연장사유 페이지 구분 작성
검토결과 작성 및 통보	요약보고	• "사전컨설팅 검토결과" 작성 및 요약보고
	검토결과 작성	• "사전컨설팅 검토결과" 보고 · 결재(총장) – 의견서 추가 작성
	회람안 작성	• 사전컨설팅 회람안 작성(기대효과 추가 작성) • 회람안 송부(메신저) – 13부 : 원장, 총장, 감사위원 6, 1차, 2차, 본부장, 기획조정실장 – 원장님 4급에게 송부, 나머지 주무관(또는 감사관)에게 송부

검토결과 작성 및 통보	검토결과 통보	• 신청기관 및 감사부서 검토결과 통보(회람 후 2~3일 이후 시행, 의견서 송부) • 최종결재본 온나라 비전자문서 등록(PDF 파일로 변환) • 최종결재본(착수,요약,회람파일 포함) 서무 메신저로 송부
이행관리		• 이행결과 공문 접수 시 "사전컨설팅 접수대장"에 등록 요청(서무)
사전컨설팅 결과 공개		• 사전컨설팅 결과 공개 여부 결정 – 신청기관 업무처리에 지장을 초래할 우려가 있는 경우 비공개 • 이행결과 접수 후 의견서 공개문 작성 – 감사결과 보고서 공개문에 준하여 익명처리 – 적극행정지원길라잡이에 결과 공개 • 오아시스 등록(한글파일로 등록했으나 2024년부터 PDF변환하여 등록)
기록물 관리		• 사전컨설팅 문서 바인딩 후 보관

(1) 접수 단계: 사전 검토를 통한 형식 요건 확인

- **사전 접수 및 안내**: 감사원은 무분별한 신청이나 형식 미비로 인한 반려를 방지하기 위해 '사전 접수' 제도를 운영한다. 전화 등으로 문의가 오면 먼저 이메일로 신청서 초안을 받아 검토한 후, 정식 공문 접수를 안내한다. 이를 통해 쟁점을 명확히 하고 신청의 타당성을 사전에 확보한다.

- **정식 접수 및 배정**: 정식으로 공문이 접수되면 접수대장에 등록하

고, 사안의 성격에 따라 전문성을 갖춘 담당자가 배정된다. 특히 주요 사항의 경우 기획조정실장 등 고위 간부에게 사전 보고가 이루어진다.

(2) 검토 및 의견조회 단계: 심층 분석과 기관 간 조율

- **착수 보고**: 담당자는 접수 후 통상 6일 이내에 쟁점과 처리 방향을 정리하여 사무총장에게 착수 보고를 한다. 이는 초기 단계부터 감사원의 공식적인 입장을 조율하기 위함이다.

- **관계기관 의견조회**: 사안과 관련된 법령 소관 부처(예: 국토부, 환경부 등)에 공식적으로 의견을 조회한다. 이는 감사원의 독단적인 해석을 배제하고, 소관 부처의 유권해석을 존중하여 정확성을 기하기 위함이다.

- **내부 감사부서 의견조회**: 감사원 내부에서도 해당 기관을 감사하는 감사부서(과장급)에 '중간 검토 결과'를 보내 의견을 구한다. 이를 통해 기존 감사 결과와의 정합성을 유지하고, 놓칠 수 있는 리스크를 교차 점검한다.

(3) 결과 확정 단계: 다층적 결재 시스템

- **요약 보고 및 검토 보고서 작성**: 다양한 의견 조회를 거쳐 완성된 최종 검토 결과는 '사전컨설팅 검토결과 보고서'와 '요약 보고서' 형태로 작성된다.

- **최종 결재**: 일반적인 사안은 담당 국장의 전결로 처리되나, 사회적 파급효과가 크거나 중요 정책과 관련된 사안은 감사위원회의 의결을 거쳐 확정된다. 이러한 다층적 결재 구조는 컨설팅 결과에 대한 공신력과 무게감을 더해준다.

(4) 통보 및 사후관리 단계: 확실한 이행 담보

- **결과 통보**: 확정된 의견서는 신청 기관의 장에게 공식 통보된다. 처리 기한은 원칙적으로 30일 이내이나, 사안이 복잡할 경우 연장될 수 있다.
- **이행 관리**: 통보로 끝나는 것이 아니다. 감사원은 추후 해당 기관이 컨설팅 의견대로 실제 업무를 처리했는지 이행 결과를 확인하고, 우수 사례는 홈페이지 등을 통해 전파하여 적극행정을 독려한다.

《 적극과 사전컨설팅 처리 절차 》

신청 및 접수		검토 및 조사		감사부서 의견조회		원장 보고 등 (중요사항)		통 보		이행관리
• 사전컨설팅 신청서 접수	⇨	• 착수보고 • 서면검토 및 조사 • 중앙행정기관·법제처 의견조회	⇨	• 院 감사부서 의견조회 • 서면회람	⇨	• 원장 보고 • 감사위원회 의결	⇨	• 사전컨설팅 의견서 통보	⇨	• 이행결과 제출 • 공개문 게재

《 감사부서 사전컨설팅 처리 절차 》

	접 수		검토 및 조사		검토결과 작성 및 보고		원장 보고 등 (중요사항)		통 보		이행관리
감사부서	• 접수 및 적극과 통보	⇨	• 착수 보고 • 쟁점 검토 및 현지 조사 등 • 법령 의견 조회	⇨	• 他 감사부서 의견 조회 • 서면 회람	⇨	• 원장 보고 (위원회의 의결)	⇨	• 사전컨설팅 의견서 통보	⇨	• 이행 관리 • 공개문 게재
적극과	• 접수 및 이송		• 검토 지원		• 품질 관리		–		• 통계 관리		• 적극행정지원 길라잡이 관리

04.

[Case Study]
성심당은 어떻게 대전역에 남을 수 있었나?

- 규제의 공백을 메우고 상생의 해법을 찾은 사전컨설팅의 결정적 순간 -

전국적인 명성을 가진 빵집 '성심당'이 대전역에서 계속 영업할 수 있을지 여부는 2024년 상반기 대한민국 유통가와 행정가에서 가장 뜨거운 감자 중 하나였다. 이 사건은 표면적으로는 임대료 갈등처럼 비쳤지만, 그 이면에는 경직된 내부 규정과 변화하는 시장 상황 사이에서 길을 잃은 공공 행정의 전형적인 딜레마가 자리 잡고 있었다.

사건의 발단은 코레일유통(주)이 대전역사 2층 맞이방에서 영업 중인 성심당(로쏘 주식회사)과의 계약 만료를 앞두고, 2024년 2월부터 새로운 운영자를 선정하기 위한 경쟁 입찰을 공고하면서 시작되었다. 코레일유통의 내부 규정인 「전문점 운영 편람」에 따르면, 입찰 시 예정가격(최저 수수료율)은 월평균 추정 매출액의 17% 이상으로 설정해야 했다. 성심당의 월평균 매출액이 약 26억 원에 달했기에, 규정대로라면 성심당은 월 4억

4천만 원이 넘는 수수료를 내야 했다. 그러나 성심당은 기존 계약 수준인 매출액의 5%대(약 1억 3천만 원) 수수료를 고수했고, 이 간극은 좁혀지지 않았다.

결국 2024년 2월부터 6월까지 진행된 총 5차례의 입찰은 모두 유찰되는 사태를 맞았다. 성심당이 단독으로 응찰했음에도 불구하고, 내부 규정인 최저 수수료율 17%에 미달하는 가격을 제시했기 때문에 규정상 '부적격' 처리될 수밖에 없었던 것이다. 코레일유통의 입장은 난처했다. 타 역사 매장들과의 형평성을 고려할 때 성심당에게만 낮은 수수료율을 적용하는 것은 특혜 시비나 배임 논란을 불러올 수 있었다. 반면, 원칙만을 고수하다가 성심당이 퇴점할 경우 발생할 공실 문제와 지역 경제 위축, 그리고 악화될 여론 또한 무시할 수 없는 현실적인 위협이었다. 내부 규정을 지키자니 현실이 울고, 현실을 따르자니 규정이 우는, 그야말로 진퇴양난의 상황이었다.

이러한 교착 상태를 타개하기 위해 코레일유통이 마지막으로 문을 두드린 곳이 바로 감사원의 사전컨설팅 제도였다. 코레일유통은 "반복된 유찰 상황에서 내부 규정과 다르게 예정가격을 변경할 수 있는지"에 대해 감사원에 공식적으로 질의했다. 이에 감사원은 기계적인 규정 적용 대신, 상위 법령인 「국가를 당사자로 하는 계약에 관한 법률(국가계약법)」의 법리와 취지를 면밀히 검토하여 해법을 모색했다.

감사원은 우선 코레일유통의 내부 규정에 명시되지 않은 사항에 대해서는 국가계약법령을 준용할 수 있다는 점에 주목했다. 검토 결과, 「국가계약법 시행규칙」 제13조에 따라 재공고 입찰에도 불구하고 낙찰자가 없고 당초 예정가격으로는 수의계약조차 체결할 수 없는 경우에는, 예정가격을 변경하여 새로운 입찰에 부칠 수 있다고 판단했다. 즉, 5차례의 유찰은 예정가격을 조정할 수 있는 법적 명분이 된 것이다.

국가계약법 시행규칙

제13조(예정가격의 변경) 각 중앙관서의 장 또는 계약담당공무원은 영 제20조제2항의 규정에 의한 재공고입찰에 있어서도 입찰자 또는 낙찰자가 없는 경우로서 당초의 예정가격으로는 영 제27조제1항의 규정에 의한 수의계약을 체결할 수 없는 때에는 당초의 예정가격을 변경하여 새로운 절차에 의한 경쟁입찰에 부칠 수 있다.

더 나아가 감사원은 예정가격을 어떻게 산정할 것인지에 대한 구체적인 방법론도 제시했다. 이 건과 같이 매출액에 연동하여 수수료를 내는 구조에서는 일반적인 '거래실례가격'이나 '원가계산가격', '감정가격' 등을 적용하기 어렵다는 현실적인 한계를 인정했다. 대신, 「국가계약법 시행규칙」 제10조를 근거로 하여, 국내의 복수 제과업체 등으로부터 견적을 받아 예정가격을 결정하는 '견적가격' 방식을 적용하는 것이 가능하다는 유연한 해석을 내놓았다. 이는 내부 규정의 17%라는 획일적 기준에서 벗어나, 시장의 현실을 반영한 가격을 책정할 수 있는 법적 길을 열어준 것이다.

국가계약법 시행규칙

제10조(감정가격등에 의한 예정가격의 결정) 영 제9조제1항제4호의 규정에 의한 감정가격, 유사한 거래실례가격 또는 견적가격은 다음 각호의 1의 가격을 말하며, 그 적용순서는 다음 각호의 순서에 의한다. 〈개정 2005. 9. 8., 2013. 6. 28.〉

1. 감정가격: 「부동산가격공시 및 감정평가에 관한 법률」에 의한 감정평가법인 또는 감정평가사(「부가가치세법」 제8조에 따라 평가업무에 관한 사업자등록증을 교부받은 자에 한한다)가 감정평가한 가격
2. 유사한 거래실례가격: 기능과 용도가 유사한 물품의 거래실례가격
3. 견적가격: 계약상대자 또는 제3자로부터 직접 제출받은 가격

물론, 이러한 유연한 적용이 자칫 특혜로 변질되지 않도록 하는 안전장치도 잊지 않았다. 감사원은 예정가격을 변경하거나 계약 관련 중요 방침을 결정할 때, 외부 위원이 포함된 '계약심의위원회'의 심의를 거치도록 권고했다. 이를 통해 가격 결정 과정의 공정성과 객관성을 확보하고, 절차적 투명성을 높이도록 한 것이다.

결과적으로 감사원의 사전컨설팅은 코레일유통에게 "내부 규정에 얽매이지 말고, 법령이 허용하는 범위 내에서 합리적인 대안을 찾아도 좋다"는 확실한 이정표를 제시해 주었다. 이를 바탕으로 코레일유통은 법적 불안감을 해소하고 성심당과의 계약 문제를 원점에서 재검토할 수 있었으며, 자칫 공실로 남을 뻔했던 대전역의 명소를 지켜낼 수 있었다. 성심당 사례는 사전컨설팅 제도가 단순히 공무원의 면책을 위한 도구가 아니라, 규제의 경직성으로 인해 멈춰 선 행정의 바퀴를 다시 굴러가게 하고, 공공기관과 민간 기업이 상생할 수 있는 합리적인 해법을 도출하는 적극행정의 핵심 플랫폼임을 명징하게 보여준다.

CHAPTER 2

입법취지: 두려움 없는 행정을 위한 법적 토대

01.

제도의 탄생과 진화: 경기도의 실험에서 국가의 표준으로

(1) 태동기: 지방 행정의 작은 반란 (2014년)

대한민국 행정사(史)에서 사전컨설팅 제도의 씨앗은 중앙정부가 아닌 지방자치단체에서 먼저 싹텄다. 2014년, 경기도는 공무원들이 사후 감사에 대한 막연한 두려움과 부담 때문에 기업의 인허가 처리를 차일피일 미루거나 소극적으로 대응하는 문제를 해결하고자 전국 최초로 '사전 컨설팅 감사'를 도입했다.

당시에는 "감사 부서가 미리 답을 준다는 게 말이 되느냐", "감사 부서가 행정을 대신하려는 것 아니냐"는 우려 섞인 시선도 있었지만, 현장의 반응은 폭발적이었다. 법령 해석이 모호해 꽉 막혀 있던 공장 증설 허가가 풀리고, 기업의 해묵은 애로사항이 해결되면서 이 제도는 '소극행정 타파'의 가장 효과적인 모범 사례로 주목받기 시작했다. 지방의 작은 실험이 대한민국 행정의 흐름을 바꾸는 나비효과를 일으킨 것이다.

(2) 도입기: 감사원의 결단과 제도의 전국화 (2018~2019년)

지방에서의 성공적인 운영을 목격한 감사원은 이를 국가 전체의 시스템으로 격상시키는 결단을 내린다. 감사원은 헌법기관으로서 감사의 패러다임을 기존의 '잘못을 찾아내는 적발' 중심에서 '문제 해결을 돕는 지원' 중심으로 전환하겠다는 의지를 천명하며, 2019년 1월 「감사원 사전컨설팅 제도 운영규정」[1]을 제정하고 본격적인 시행에 들어갔다.

> **감사원 사전컨설팅 제도 운영규정**
>
> **제1조(목적)** 이 규정은 「감사원법」(이하 "법"이하 한다) 제30조의2 등에 따라 규제개혁 등 적극행정을 위하여 감사원에 사전컨설팅을 신청하는 경우 그 처리에 관한 절차 및 방법 등에 필요한 사항을 정함을 목적으로 한다.
>
> **제2조(정의)** 이 규정에서 사용하는 용어의 정의는 다음 각 호와 같다.
> 1. '적극행정'이란 법 제34조의3에 따라 불합리한 규제의 개선 등 공공의 이익을 위하여 업무를 적극적으로 처리하는 행위를 말한다.
> 2. '사전컨설팅'이란 적극행정을 추진하는 과정에서 의사결정에 어려움을 야기하는 요인이 있어 해당기관이 사전에 관련 규정의 해석 등에 대한 의견을 구하는 경우 그에 대하여 의견을 제시하는 행위를 말한다.
> 3. '인용'이란 사전컨설팅 신청기관의 의견대로 조치하는 것이 타당하다는 의견을 제시하는 경우를 말한다.
> 4. '기각'이란 사전컨설팅 신청기관의 의견대로 조치하는 것이 타당하지 않다는 의견을 제시하는 경우를 말한다.
> 5. '의견제시'란 사전컨설팅을 통해 인용·기각이 아닌 별도의 의견을 통보하는 경우를 말한다.

1) 최신 규정은 [붙임1] 참조

6. '반려'란 사전컨설팅 대상이 아닌 사안에 대한 신청 등 신청요건에 부합하지 아니하여 사안에 대해 검토·처리하지 않고 되돌려주는 행위를 말한다.

제3조(적용범위) 이 규정은 중앙행정기관, 지방자치단체 및 「공공감사에 관한 법률」 제2조에 따른 공공기관(이하 "신청기관"이라 한다)에 대하여 적용한다.

제4조(사전컨설팅의 대상) ① 사전컨설팅의 대상은 신청기관의 소속기관 또는 부서 등이 자체감사기구에 사전컨설팅을 신청한 감사원 감사대상 업무 중 사안이 중대하거나 다수의 기관이 관련되어 있는 등으로 자체적인 판단이 어려운 경우로 한다. 다만, 공공기관의 장 및 시장·군수·구청장이 사전컨설팅을 신청할 수 있는 대상은 자체감사기구가 자체적으로 사전컨설팅을 수행하고 있는 경우로서 감사원이 직접 사전컨설팅을 처리하는 것이 타당하다고 인정되는 경우에 한한다.

② 다음 각 호 중 어느 하나에 해당하는 경우 사전컨설팅의 대상에서 제외한다.

1. 관계 법령 등에 명확하게 규정되어 있어 자체적으로 판단하여 처리할 수 있는 경우
2. 신청기관이 자체적으로 충분한 검토를 거치지 않은 경우
3. 이미 행해진 처분의 위법·부당여부 확인을 위한 경우
4. 신청사항과 관련된 수사, 소송, 행정심판 및 감사원의 감사가 진행 중이거나 확정된 경우
5. 단순 민원해소 또는 소극행정·책임회피의 수단으로 사전컨설팅을 이용하고자 하는 등 사전컨설팅으로 처리하기 부적합한 경우

제5조(사전컨설팅의 신청 및 접수) ① 신청기관의 장이 감사원에 사전컨설팅을 신청하고자 하는 경우 '사전컨설팅 신청서'(별지 제1호서식)를 작성한 후 해당 기관장의 명의로 감사원에 송부하여야 한다.

제10조(사전컨설팅의 효력) ① 사전컨설팅 신청기관의 장은 감사원의 사전컨설팅 결과에 기속되지는 않으나, 특별한 사정이 없는 한 그 의견을 반영하도록 노력하여야 한다.
② 제8조제2항의 의견대로 처리한 사항에 대해서는 「감사원 감사사무 처리규칙」 제36조제2항에 따라 특별한 사유가 없는 한 적극행정면책 기준을 충족한 것으로 추정한다.

이 시기가 중요한 이유는, 사전컨설팅이 단순한 지자체의 자체 훈령 수준을 넘어 '국가 최고 감사기구의 공식 제도'로 자리 잡았다는 점이다. 이로써 중앙부처와 전국의 모든 지자체 공무원들이 감사원의 '보증'을 믿고 더욱 과감하게 적극행정에 나설 수 있는 법적·제도적 토대가 마련되었다. 이는 공직 사회에 "적극적으로 일하다가 생긴 문제는 국가가 책임져준다"는 강력한 시그널을 보낸 것이다.

(3) 고도화기: 위기 극복의 승부수와 제도 정비 (2020~2023년)

2020년 시작된 코로나 19 팬데믹은 이 제도의 진가를 확인하는 시험대였다. 마스크 대란, 백신 수급, 재난지원금 지급 등 전례 없는 위기 상황이 닥쳐왔고, 기존의 법령과 절차만 따질 경우 골든타임을 놓칠 수밖에 없는 긴박한 상황이 이어졌다.

이에 정부와 감사원은 제도를 더욱 고도화하기 위해 발 빠르게 움직였다. 주요 변화 내역은 다음과 같다.

① 신속 처리를 위한 '패스트트랙' 도입 (2020년)

- **배경**: 코로나19 대응 등 국가적 위기 상황에서 통상적인 처리 기간(30일)을 기다리기 어려운 긴급 사안이 급증했다.

- **개선 내용**: 「사전컨설팅제도 운영개선 방안(2020. 2.)」을 통해 국민 안전, 경제 활성화 등 긴급한 사안에 대해서는 접수 후 5일 이내에 신속하게 처리하는 '패스트트랙(Fast-Track)' 절차를 신설했다. 이는 행정의 속도를 획기적으로 높여 위기 대응 능력을 강화하는 계기가 되었다.

② 전문성 강화를 위한 내부 전문가 활용 (2021년)

- **배경**: 기존에는 외부 전문가로 구성된 자문위원회를 운영했으나, 회의 소집 등에 시간이 소요되어 신속한 의사결정에 한계가 있었다.

- **개선 내용**: 「사전컨설팅제도 운영개선 방안(2021. 1.)」을 통해 자문위원회를 폐지하고, 감사원 내 변호사, 회계사 등 내부 전문가를 활용하는 시스템으로 전환했다. 이를 통해 보안 유지가 필요한 민감한 사안이나 시급한 사안에 대해 보다 빠르고 전문적인 검토가 가능해졌다.

③ 신청 문턱 낮추기: 신청 자격의 대폭 확대 (2022년)

- **배경**: 기존에는 중앙행정기관과 광역지자체만 감사원에 직접 신청할 수 있었다. 이로 인해 기초지자체나 공공기관이 겪는 현장의 어려움이 감사원까지 전달되는 데에는 절차적 장벽이 존재했다.

- **개선 내용**: 「사전컨설팅 제도 개편 방안(2022. 4.)」 및 「사전컨설팅 운영규정 일부개정(안)(2022. 7.)」을 통해 신청 자격을 기초지자체(시·군·구) 및 공공기관으로 대폭 확대했다. 이는 제도의 혜택이 행정의 말단이자 기업 현장과 가장 밀접한 곳까지 닿을 수 있도록 문턱

을 낮춘 획기적인 조치였다. 이제 일선의 공공기관 담당자도 복잡한 절차 없이 감사원의 문을 두드릴 수 있게 된 것이다.

④ 현장 밀착형 지원: '현장컨설팅' 활성화 (2023년)

- **배경**: 감사원 감사가 진행 중일 때는 오히려 감사 지적을 우려하여 소극적으로 변하는 경향이 있었고, 감사부서의 현장 대응력을 높일 필요성이 제기되었다.

- **개선 내용**: 「현장컨설팅 활성화를 위한 감사사무 등 처리에 관한 규정 개정안(2023. 4.)」을 통해 감사 실시 통지 시 '현장 사전컨설팅 안내문'을 의무적으로 첨부하도록 했다. 이는 감사를 받는 기관이 감사 기간 중이라도 부담 없이 컨설팅을 신청할 수 있도록 독려하고, 감사 현장에서 즉시 문제를 해결하는 '현장 해결형' 감사로의 전환을 의미한다. 이제 감사는 '지적'이 아닌 '해결'의 과정이 되고 있다.

02.

법적 근거: 면책은 '특혜'가 아니라 '법적 권리'다

일반적으로 사전컨설팅을 통한 면책을 공무원에 대한 특혜로 오해하는 경우가 있다. 그러나 이는 법률에 명확히 규정된 공무원의 의무이자 권리이며, 불확실성 속에서 사업을 영위해야 하는 기업의 정당한 방어권이다. 법적 근거 없이 자의적으로 면책을 해주는 것이 아니라, 법이 정한 절차에 따라 정당하게 면책을 받는 것이다.

(1) 제도의 뼈대: 「감사원법」과 「공공감사법」

이 제도를 지탱하는 양대 축은 다음과 같다.

- **「감사원법」 제30조의2 (자체감사의 지원 등)**: 감사원이 자체감사기구(각 부처 및 지자체 감사실)의 업무를 지원할 수 있다는 근거를 마련하여, 사전컨설팅의 법적 정당성을 확보했다. 즉, 감사원이 남의 업무에 간섭하는 것이 아니라 법률에 따라 지원 업무를 수행하는 것임을 명확히 한 것이다.

감사원법

제30조의2(자체감사의 지원 등) ① 감사원은 자체감사업무의 발전과 효율적인 감사업무의 수행을 위하여 필요한 지원을 할 수 있다.
② 중앙행정기관, 지방자치단체(특별시·광역시·특별자치시·도 및 특별자치도만 해당한다) 및 공공기관의 장은 필요한 경우에 감사의 중복을 피하기 위하여 감사계획 등에 관하여 감사원과 협의한다. 〈개정 2012. 1. 17., 2020. 10. 20.〉
③ 감사원은 감사 결과 제2항에 따른 기관의 감사 책임자가 감사업무를 현저하게 게을리하고 있다고 인정되는 경우에는 해당 임용권자 또는 임용제청권자에게 그 교체를 권고할 수 있다.
[전문개정 2009. 1. 30.]

- **「감사원법」 제34조의3 (적극행정에 대한 면책)**: "공공의 이익을 위하여 업무를 적극적으로 처리한 결과에 대하여는 고의나 중대한 과실이 없는 한 징계 요구 등을 하지 아니한다"고 명시하여, 면책의 효력을 법률로써 강력하게 보장한다. 이는 감사원규칙이나 훈령보다 상위법인 '법률'로 보장된 권리이기에 그 효력이 매우 강력하다.

감사원법

제34조의3(적극행정에 대한 면책) ① 감사원 감사를 받는 사람이 불합리한 규제의 개선 등 공공의 이익을 위하여 업무를 적극적으로 처리한 결과에 대하여 그의 행위에 고의나 중대한 과실이 없는 경우에는 이 법에 따른 징계 요구 또는 문책 요구 등 책임을 묻지 아니한다.
② 제1항에 따른 면책의 구체적인 기준, 운영절차, 그 밖에 필요한 사항은 감사원규칙으로 정한다.
[본조신설 2015. 2. 3.]

(2) 제도의 근육: 「적극행정 운영규정」 (대통령령)

법률이 뼈대라면, 대통령령은 제도가 실제로 현장에서 움직이게 하는 근육이다. 이 영(令)은 사전컨설팅을 단순한 권고사항이 아니라, '공무원이 징계 걱정 없이 일할 수 있도록 보장하는 국가의 약속'으로 규정하고 있다. 특히 제5조에서는 인허가 등 규제로 인해 업무 추진이 곤란한 경우, 공무원이 감사기구에 의견 제시를 요청할 수 있는 권한을 구체적으로 명시하고 있다. 이는 공무원이 "규정이 없어서 못 합니다"라고 말하는 대신 "규정이 없으니 컨설팅을 신청해 보겠습니다"라고 말할 수 있는 근거가 된다.

> **적극행정 운영규정**
>
> **제5조(의견 제시 요청)** ①「공공감사에 관한 법률 시행령」 제12조제1항에 따른 자체감사 대상기관의 장(이하 "자체감사 대상기관의 장"이라 한다)은 소속 공무원이 인가·허가·등록·신고 등과 관련한 규제나 불명확한 법령 등으로 인해 업무를 적극적으로 추진하기 곤란한 경우에는 「공공감사에 관한 법률」 제2조제6호에 따른 감사기구의 장(이하 "감사기구의 장"이라 한다)에게 해당 업무의 처리 방향 등에 관한 의견의 제시를 요청할 수 있다.
>
> ② 제1항에 따라 의견 제시 요청을 받은 감사기구의 장이 사안이 중대하거나 둘 이상의 기관이 관련되어 있는 등의 사유로 의견을 제시하기 곤란한 경우에는 해당 감사기구의 장이 소속된 중앙행정기관의 장이 감사원에 제1항에 따른 업무의 처리 방향 등에 관한 의견의 제시를 요청할 수 있다.

03.

운영의 3대 원칙: 감사원은 무엇을 기준으로 판단하는가?

감사원이 사전컨설팅 신청을 받아들여 'OK'(인용) 사인을 보내는 기준은 명확하다. 기업 담당자라면 우리 회사의 민원이 이 세 가지 원칙에 부합하는지 먼저 꼼꼼하게 점검해 보아야 한다.

(1) 공공성 (Public Interest)

"이 일이 특정 기업의 배만 불리는가, 아니면 사회 전체에 이익이 되는가?" 가장 중요하고 기본적인 기준이다. 사익(私益) 추구가 목적이라 하더라도, 그 결과로 지역 경제가 활성화되거나, 양질의 일자리가 창출되거나, 주민 편의가 증진된다면 이는 공공성이 있는 것으로 간주한다. 따라서 신청서 작성 시 단순히 "우리 회사가 어렵습니다"라고 호소하기보다는 '우리 사업이 가져올 공익적 파급효과'를 구체적인 수치와 근거로 강조하는 것이 승부처가 된다.

(2) 타당성 (Appropriateness)

"법령의 맹점을 악용하는 것이 아니라, 현실과 규제의 괴리를 메우려는 시도인가?" 단순히 편법을 쓰기 위함이나 법을 우회하기 위한 신청은 반려된다. 기존 법령이 급변하는 기술이나 시장 환경을 따라오지 못해 발생하는 불합리함을 개선하려는 목적이어야 한다. 즉, 법의 취지는 살리되, 현실에 맞게 적용하려는 합리적인 노력이 보여야 한다. 감사원은 법을 파괴하는 것이 아니라, 법의 공백을 합리적으로 메우는 역할을 한다.

(3) 투명성 (Transparency)

"과정에 숨김이나 사적인 유착이 없는가?" 신청 과정에서 불리한 정보를 고의로 누락하거나 왜곡해서는 안 된다. 또한, 담당 공무원과 유착된 정황(사적 이해관계)이 있다면 면책은커녕 가중 처벌을 받게 된다. 투명한 정보 공개와 절차적 정당성은 제도의 혜택을 누리기 위한 필수 전제조건이다.

CHAPTER

3

[사례분석] 위기를 기회로 바뀐 결정적 순간들

– 2019~2023 감사원 처리 사례 전수 분석: 적극행정의 실전 공략집 –

[Intro]

성공과 실패의 갈림길

“규정 때문에 안 된다”는 말은 현장에서 가장 흔하게 들리는 말이자, 기업 담당자의 힘을 가장 많이 빼놓는 말이다. 하지만 이 장에서 소개할 사례들은 그 ‘안 된다’는 말을 “되게 하는 방법”으로 바꾼 생생한 기록들이다. 반면, 적극행정이라는 명분 하에 원칙을 훼손하거나 사익을 추구하여 “인정받지 못한” 실패 사례들도 존재한다.

감사원이 발간한 2019년부터 2023년까지의 「사전컨설팅 및 적극행정 면책 사례집」 전권을 심층 분석하여, 기업과 일선 행정 현장에서 가장 빈번하게 발생하는 4가지 핵심 테마별로 재구성했다. 특히 각 사례를 [사안]부터 [결과]까지 상세히 기술하여, 독자가 자신의 상황에 대입해 볼 수 있도록 했다.

제1절.

[경제/기업지원] 기업의 손톱 밑 가시를 뽑다

기업에게 시간은 곧 돈이다. 불합리한 입지 규제, 경직된 계약 조건, 모호한 자격 요건 등으로 투자가 지연될 때, 사전컨설팅은 기업의 숨통을 트여주는 산소호흡기가 되었다.

1. [인정 사례] 규제의 벽을 넘은 혁신

Case 01 **[투자 보조금] "임대업을 겸하면 보조금을 못 준다?" (2023년)**

- 복합 업종 영위 기업에 대한 투자보조금 지원 기준의 합리적 해석 -

• **사안:** A기업은 지자체 내 산업단지에 공장을 설립하고 제조업을 주된 사업으로 영위하던 중, 공장 설비의 효율적 활용과 협력업체와의 시너지를 위해 남는 공간을 임대해주었다. 이후 설비 투자를 진행하며 지자체에 '지방투자촉진보조금'을 신청했다.

- **쟁점:** 해당 지자체의 조례 및 보조금 관리 규정상 투자보조금은 지역 경제 파급효과가 큰 '제조업' 등에 지원하며, 투기 우려가 있는 '부동산 임대업'은 지원 대상에서 제외된다고 명시되어 있었다.

- **난관:** A기업의 사업자등록증에 '부동산 임대업'이 추가되어 있다는 점이 문제였다. 지자체 담당자는 규정을 기계적으로 해석하여, 형식상 임대업을 겸영하고 있으므로 보조금 지급 대상에서 탈락시킬 수밖에 없다는 입장이었다. 기업은 주된 목적이 제조업임을 호소했으나 받아들여지지 않았다.

- **해결: [감사원 컨설팅]** 감사원은 해당 기업의 매출 구조와 실제 운영 현황을 면밀히 검토한 결과, 주된 사업이 제조업임이 명백하다고 보았다. 임대업 겸영이 투기 목적이 아니라 경영 효율화를 위한 것이라면, 형식적인 업종 등록 여부보다 실질을 중시해야 한다고 판단했다. 이에 따라 '전체 투자금액 중 임대 부분을 제외한 나머지 순수 제조업 투자 부분'에 대해서는 보조금을 지원하는 것이 조례의 제정 취지(기업 유치 및 투자 활성화)에 부합한다고 해석했다.

- **결과:** A기업은 제조업 투자분에 해당하는 보조금을 수령하여 계획대로 설비 투자를 진행했고, 지자체는 우량 기업의 이탈을 막고 지역 투자를 이끌어냈다.

Case 02 [공장 증설] “보전관리지역이라 공장을 못 넓힙니다” (2019년)

- 기존 공장의 건폐율 완화 특례 적용 범위 확대 -

- **사안:** B기업은 「국토계획법」 개정 전부터 보전관리지역 내에서 공장을 운영해 왔다. 최근 주문량 증가로 생산 라인 증설이 시급해졌으나, 현재 법령상 보전관리지역의 건폐율은 20%로 엄격히 제한되어 있어 사실상 증축이 불가능했다. 다만, 법 개정 이전에 이미 준공된 기존 공장에 한해 한시적으로 건폐율을 40%까지 완화해 주는 특례 조항이 있었다.

- **쟁점:** B기업은 공장 부지 전체가 아닌, 여러 필지로 나누어진 부지 중 ‘일부 필지’에 대해서만 증축을 원했다. 문제는 특례 조항이 ‘기존 공장 부지 전체’를 기준으로 적용되는지, 아니면 기업이 원하는 특정 필지에만 선별적으로 적용 가능한지가 법령상 불분명했다는 점이다.

- **난관:** 지자체 인허가 담당자는 해당 필지만 따로 떼어 볼 경우 건폐율 특례 적용 대상인지 확신하지 못해 특혜 시비를 우려하며 인허가를 미루고 있었다.

- **해결: [감사원 컨설팅]** 감사원은 해당 특례 조항이 기존 기업의 애로사항을 해소하고 투자를 장려하기 위해 도입된 취지를 강조했다. 따라서 전체 부지가 아닌 일부 필지에서의 증축이라 하더라도, 그것이 기존 공장의 확장 범위 내에 있고 난개발 우려가 없다면 건폐율 완화 특례를 적용하는 것이 타당하다고 적극적으로 해석했다.

- **결과:** B기업은 공장 증설 허가를 받아 생산 라인을 확충하고 지역 내 추가 고용을 창출했다.

Case 03 [계약 변경] "코로나로 납기를 못 맞추겠어요" (2020년)

- 감염병 팬데믹을 천재지변으로 인정한 지체상금 면제 -

- **사안**: 공공기관에 물품을 납품하기로 계약한 C기업은 코로나19 확산으로 인해 중국 등 해외 원자재 공장이 폐쇄되면서 원자재 수급이 전면 중단되었다. 이로 인해 계약된 납품 기한을 지킬 수 없는 상황에 처했다.

- **쟁점**: 「국가계약법」상 정당한 사유 없이 납기를 지연하면 지체상금(벌금)이 부과되며, 심할 경우 계약 해지 및 부정당업자 제재를 받을 수 있다. 계약서에는 '천재지변'의 경우 면책된다고 되어 있었으나, 선례 없는 감염병 사태가 이에 해당하는지 명확지 않았다.

- **난관**: 담당 공무원은 코로나19를 천재지변으로 해석했다가 나중에 감사에서 "너무 봐준 것 아니냐"는 지적을 받을까 우려하여 원칙대로 지체상금을 부과하려 했다.

- **해결**: **[감사원 컨설팅]** 감사원은 코로나19 팬데믹을 누구도 예측할 수 없었던 불가항력적 사유, 즉 천재지변에 준하는 상황으로 규정했다. 따라서 기업의 귀책사유가 없음을 인정하여 지체상금을 전액 면제하고 계약 기간을 연장해 주는 것이 적극행정이라고 판단했다.

- **결과**: C기업은 막대한 지체상금 부담에서 벗어나 경영 위기를 넘겼고, 공공기관은 계약을 유지하여 추후 물품을 안정적으로 공급받았다.

Case 04 [반도체 장비] "예산 부족으로 중고 장비라도 사야 합니다" (2021년)

- 공공 연구기관의 중고 물품 구매 예외적 허용 -

- **사안**: 한국생산기술연구원은 국내 반도체 소부장(소재·부품·장비) 기업들의 기술 자립을 지원하기 위해 핵심 장비인 노광기(Lithography)를 구매하려 했다. 그러나 전 세계적인 반도체 슈퍼사이클로 인해 신품 장비 가격이 폭등하고 납기가 수년씩 지연되어, 확보된 예산으로는 도저히 신품을 살 수 없었다.

- **쟁점**: 「물품관리법」 및 조달 규정상 공공기관은 원칙적으로 품질이 보증된 '신품'을 구매해야 하며, 중고품 구매는 극히 예외적인 경우에만 허용된다.

- **난관**: 연구원은 예산 범위 내에서 즉시 구매 가능한 '리퍼비시(Refurbished, 제조사가 성능을 보증한 중고)' 장비를 찾았으나, 중고품 구매에 대한 명확한 규정이 없어 결정을 내리지 못하고 있었다. 장비 도입이 늦어질수록 중소기업들의 기술 개발도 지체될 수밖에 없었다.

- **해결**: **[감사원 컨설팅]** 감사원은 반도체 소부장 기업 지원이라는 국가적 과제의 시급성과, 시장 상황으로 인해 신품 구매가 불가능하다는 현실적 불가피성을 인정했다. 성능 보증이 확실하다면 '중고 장비'를 구매하는 것도 예외적으로 허용 가능하다고 판단했다.

- **결과**: 핵심 연구 장비를 적기에 확보하여 중소기업 기술 지원을 차질 없이 수행했다.

Case 05 [주류 판매] "술도 스마트폰으로 주문하고 찾으러 가면 안 되나요?" (2020년)

- 주류의 스마트오더(앱 주문, 매장 수령) 방식 통신판매 허용 -

- **사안:** 주류 유통 업계는 소비자의 편의를 높이고 판로를 확대하기 위해, 스마트폰 앱으로 술을 주문·결제하고 소비자가 매장을 방문하여 수령하는 '스마트오더' 방식을 도입하고 싶어 했다.
- **쟁점:** 국세청 고시에 따르면 주류의 무분별한 판매와 청소년 접근을 막기 위해 통신판매(인터넷, 전화 주문 등)는 엄격히 금지된다(전통주 등 일부 예외 제외).
- **난관:** 스마트오더 방식이 '통신판매'에 해당하는지가 모호했다. 국세청 실무 부서에서는 이를 통신판매의 일종으로 보아 보수적으로 금지하고 있어, 새로운 서비스 출시가 막혀 있었다.
- **해결:** **[감사원 컨설팅]** 감사원은 스마트오더 방식은 결제만 앱으로 할 뿐, 최종적으로는 구매자가 매장을 직접 방문하여 주류를 수령하므로 주류 통신판매 금지의 주된 목적인 '청소년 확인(대면 성인인증)'이 충분히 가능하다고 보았다. 따라서 이는 단순한 결제 편의 제공에 불과하므로 통신판매 금지 규정에 저촉되지 않는다고 적극적으로 해석했다.
- **결과:** 주류 유통 산업의 규제를 혁신하여 소비자 편의를 높이고, 관련 O2O(Online to Offline) 서비스 시장을 활성화했다.

Case 06 [수출 보증] "대기업은 지원 대상이 아니라는데요" (2020년)

- 위기 시 정책금융기관의 대기업 자금 지원 허용 -

- **사안**: 코로나19로 인한 글로벌 경기 침체로 국내 기업들의 수출 실적이 악화되자, 수출입은행이 긴급 금융 지원에 나섰다. 그러나 지원 대상에서 신용도가 우수한 대기업은 제외되어 있었다.

- **쟁점**: 수출입은행법상 수출입은행은 민간 금융기관과 경쟁하지 않아야 하므로, 민간 은행에서 대출이 가능한 우량 대기업에 대한 정책 자금 지원은 제한하는 것이 원칙이다.

- **난관**: 당시 위기는 우량 기업조차 일시적 유동성 위기를 겪을 만큼 심각했으나, 법령상 제한 때문에 대기업이 포함된 주력 산업 공급망 전체가 흔들릴 위험이 있었다. 대기업이 무너지면 수많은 협력 중소기업도 연쇄 도산할 수 있는 상황이었다.

- **해결**: **[감사원 컨설팅]** 감사원은 비상 경제 상황에서는 기업 규모와 상관없이 유동성 위기가 발생할 수 있음을 인정했다. 국가 경제의 버팀목인 혁신성장 및 소재·부품·장비 등 핵심 분야라면 대기업에 대해서도 한시적으로 자금 지원을 허용하는 것이 국익에 부합한다고 보았다.

- **결과**: 대기업의 자금난을 해소하여 연쇄적인 협력업체 부실을 막고 국가 주력 산업을 보호했다.

Case 07 [계약 금액] "계약했는데 물가가 너무 올랐어요" (2023년)

- 경쟁계약 유찰 시 물가 변동을 반영한 예정가격 재산정 -

- **사안:** 한 지자체가 발주한 교량 건설 공사 입찰이 원자재 가격 폭등으로 인해 무려 6회나 연속으로 유찰되었다. 책정된 공사비로는 도저히 공사를 할 수 없다는 것이 건설 업계의 반응이었다.

- **쟁점:** 지방계약법상 예정가격은 엄격한 산정 기준에 따라 정해지며, 한 번 정해진 가격을 임의로 올리는 것은 예산 낭비나 특혜로 비칠 수 있다.

- **난관:** 기존에 책정된 예정가격으로는 시공사를 구할 수 없는 상황이었지만, 담당 공무원은 예정가격을 함부로 올렸다가 나중에 감사 지적을 받을까 봐 선불리 움직이지 못하고 있었다.

- **해결:** **[감사원 컨설팅]** 감사원은 물가 상승분이 반영되지 않아 유찰이 반복되는 것은 사업 지연으로 인한 더 큰 사회적 비용을 초래한다고 보았다. 따라서 시장 상황에 맞게 물가 변동분을 반영하여 예정가격을 현실화(재산정)하고 새로 입찰하는 것은 예산 낭비가 아니라 사업 정상화를 위한 적극행정이라고 판단했다.

- **결과:** 공사비를 증액(약 134억 원)하여 재입찰을 공고했고, 시공사가 선정되어 정상적인 사업 추진이 가능해졌다.

Case 08 [시범 구매] "혁신제품 시범구매, 수의계약 가능한가요?" (2019년)

- 혁신시제품 시범구매 사업의 수의계약 근거 마련 -

• **사안:** 조달청은 중소기업이 개발한 혁신적인 시제품의 판로를 지원하기 위해, 공공기관이 이를 먼저 사서 써보는 '시범구매 사업'을 추진하려 했다.

• **쟁점:** 국가계약법상 물품 구매는 경쟁 입찰이 원칙이며, 수의계약은 엄격히 제한된다. 아직 상용화되지 않은 시제품을 특정 업체와 수의계약으로 구매할 수 있는 법적 근거가 명확하지 않았다.

• **난관:** 경쟁 입찰을 하려면 규격이 표준화되어야 하는데, 시제품은 그 특성상 표준 규격이 없어 경쟁 입찰이 불가능했다.

• **해결: [감사원 컨설팅]** 감사원은 해당 사업이 혁신성장 지원이라는 국정과제의 일환이며, 시제품의 특성상 경쟁 입찰이 곤란하다는 점을 인정했다. 따라서 '특정인의 기술이 필요한 경우' 등에 준하여 수의계약이 가능하다고 해석했다.

• **결과:** 혁신시제품의 초기 시장 진입을 지원하여 중소기업 기술 개발을 촉진했다.

Case 09 [공사 발주] "통합발주가 효율적인데 분리발주해야 하나요?" (2019년)

- 공항 수하물처리시설 공사의 통합발주 허용 -

- **사안:** 인천국제공항공사는 수하물처리시설(BHS) 개량 공사를 추진하면서, 기존 시설 유지관리와 신규 설치 공사가 긴밀히 연계되어 있어 통합발주가 필요하다고 판단했다.
- **쟁점:** 건설산업기본법 및 정보통신공사업법 등은 전기·통신 공사 등을 분리하여 발주하는 것을 원칙으로 하고 있다.
- **난관:** BHS 시스템의 특성상 기계, 전기, 통신이 복합적으로 작동해야 하는데, 이를 분리 발주할 경우 책임 소재가 불분명해지고 공항 운영에 차질이 생길 위험이 컸다.
- **해결: [감사원 컨설팅]** 감사원은 BHS 시스템의 특성상 공종 간 인터페이스가 복잡하고, 24시간 운영 중인 공항에서의 공사라 안전 관리가 무엇보다 중요함을 인정했다. 따라서 분리발주 시 발생할 수 있는 리스크를 고려하여, 예외적으로 통합발주가 가능하다고 판단했다.
- **결과:** 공항 운영의 안정성을 확보하고 효율적인 공사 추진이 가능해졌다.

2. [불인정 사례] 적극행정의 탈을 쓴 부당 처리

Case 10 [계약 변경] "적자니까 용역비를 더 올려주세요" (2020년)

• **사안:** 지자체의 전망대 운영을 위탁받은 업체가 적자가 심하다며 경영난을 호소하자, 담당 공무원이 업체를 돕기 위해 계약 금액을 증액해 주었다.

• **사유:** 담당 공무원은 실제 근무 시간의 변동이 없는데도 마치 연장 근무를 한 것처럼 서류를 꾸며서 예산을 더 지급했다. 업체의 경영난 해소라는 목적이 있었더라도, 허위 사실에 기반하여 예산을 부당하게 증액해 준 것은 명백한 법령 위반이며 공문서 위조에 해당하므로 적극행정으로 볼 수 없다.

Case 11 [업체 선정] "바쁘니까 그냥 평가 대충 합시다" (2023년)

• **사안:** 한 공공기관이 원가계산 용역 업체를 선정하면서, 입찰 제안서 평가를 부실하게 진행하여 자격 미달 업체와 계약했다.

• **사유:** 담당자는 업무가 바빠서 세부 평가 기준대로 점수를 매기지 않고 임의로 부여하거나 계산 오류를 방치했다고 변명했다. 그러나 이는 적극적인 업무 처리가 아니라 기본적인 절차와 공정성을 훼손한 업무 태만(중과실)에 해당하므로 면책될 수 없다.

Case 12 [계약 양수도] "회사가 쪼개졌으니 계약도 넘겨받으면 안 되나요?" (2019년)

- **사안:** 한국서부발전은 설비 구매 계약을 맺은 A사가 회사를 분할(존속법인과 신설법인)하자, 장기유지보수계약의 당사자 지위를 신설법인에게 넘길 수 있는지 문의했다.
- **사유:** 국가계약법상 계약 상대자의 지위 승계는 합병 등 포괄승계의 경우에만 제한적으로 허용된다. 단순히 사업 부문을 양수도했다는 이유로 경쟁 입찰 없이 특정 신설 법인에게 계약자 지위를 넘기는 것은 입찰 질서를 해칠 우려가 있어 허용되지 않는다.

Case 13 [협약 방식] "무기 체계 개발도 유연하게 협약으로 하면 안 되나요?" (2019년)

- **사안:** 방위사업청은 무기 체계 연구개발 사업을 추진하면서, 계약 방식 대신 관리가 유연한 '협약' 방식으로 사업을 진행할 수 있는지 문의했다.
- **사유:** 방위사업법 등 관련 법령상 무기 체계 연구개발은 국가계약법에 따른 계약 체결이 원칙이다. 협약 방식은 기초 연구 등에 한정적으로 적용되는 것이므로, 법령 개정 없이 임의로 계약 방식을 변경하는 것은 허용되지 않는다.

Case 14 [토지 공급] "수의계약으로 땅을 주고 싶은데..." (2019년)

- **사안:** 의왕시는 도시개발사업 시행자가 의료시설용지 등을 특정 업체에 수의계약으로 공급할 수 있는지 문의했다.

- **사유:** 도시개발법 등 관련 법령상 조성 토지의 공급은 경쟁 입찰이 원칙이다. 수의계약은 법령에 명시된 예외적인 경우에만 가능한데, 해당 건은 이에 해당하지 않아 특혜 소지가 있으므로 기각되었다.

제2절.

[국민권익/불편해소] 꽉 막힌 민원, 상식으로 뚫다

법은 국민을 위해 존재한다. 감사원은 형식적인 규정보다 상식과 국민의 권익을 우선하는 해석을 내놓았다. 단, 절차적 정당성을 무시한 처리는 인정받지 못했다.

1. [인정 사례] 국민의 눈높이에 맞춘 행정

Case 15 **[국유재산 활용] "학교 안 국유지에 기숙사를 못 짓는다?" (2023년)**

- 영구시설물 축조 금지 규정의 예외 인정 -

• **사안:** D대학교 내에 있는 국유지는 1938년부터 학교 부지로 사용 중이었다. 학교 측이 학생들을 위해 기숙사와 주차장을 신축하려 했으나, '영구시설물 축조 금지' 조항에 가로막혔다.

• **쟁점:** 국유재산법상 국유지에는 원칙적으로 건물 등 영구시설물을 지을 수 없다. 국유지의 소유권 보존을 위한 원칙이다.

• **난관:** 학교 부지로만 쓸 수 있는 땅인데도 건물을 못 짓게 하니 땅을 놀릴 수밖에 없는 불합리한 상황이었다.

• **해결:** **[감사원 컨설팅]** 감사원은 해당 토지는 사실상 학교 용도 외에는 사용이 어렵다는 점을 인정했다. 따라서 학생들의 학습권 보장과 안전 예방이라는 공익적 목적을 고려하여 예외적으로 영구시설물 축조를 허용하는 것이 국유재산의 효율적 활용 측면에서도 타당하다고 판단했다.

• **결과:** 기숙사 및 주차장 건립이 허용되어 학생 복지 및 학습 환경이 획기적으로 개선되었다.

Case 16 [세금 환급] "신청 안 한 사람도 돌려줘라" (2023년)

- 종부세 해석 변경에 따른 직권 환급 -

- **사안**: 기획재정부의 유권해석 변경으로 상속주택에 대한 종합부동산세 과세 기준(주택 수 산정 시 소수 지분 제외 등)이 납세자에게 유리하게 변경되었다. 이에 따라 많은 납세자가 기존에 낸 세금을 돌려받을 수 있게 되었다.

- **쟁점**: 국세기본법상 세금 환급은 원칙적으로 납세자가 스스로 '경정청구(환급 신청)'를 해야만 가능하다.

- **난관**: 환급 대상자 중에는 고령자가 많아 제도가 바뀐 사실조차 모르거나, 신청 절차가 복잡하여 포기할 우려가 컸다.

- **해결**: **[감사원 컨설팅]** 감사원은 납세자 권익 보호와 세무 행정의 신뢰도 제고를 위해, 납세자의 신청이 없더라도 과세 관청이 직권으로 세금을 환급(직권 경정)해 주는 것이 바람직하다고 판단했다.

- **결과**: 신청하지 않은 납세자 486명에게 약 11억 원의 세금을 선제적으로 환급하여 '찾아가는 행정'을 실현했다.

Case 17 [공유재산 임대료] "장사가 안되는데 임대료라도 깎아주세요" (2020년)

- 재난 피해 소상공인에 대한 공유재산 사용료 감면 -

• **사안**: 코로나19로 인해 지하상가 등 지자체 공유재산에 입점한 소상공인들의 매출이 급감했다. 상인들은 사용료(임대료) 감면을 요청했다.

• **쟁점**: 「공유재산법」 및 조례상 사용료 감면은 '재난으로 인해 공유재산을 사용하지 못한 경우'로 한정되어 있었다.

• **난관**: 상가 문은 열려 있었지만 손님이 없어 사실상 영업을 못한 경우를 '사용하지 못한 경우'로 볼 수 있는지가 쟁점이었다.

• **해결**: **[감사원 컨설팅]** 감사원은 사회적 거리두기로 인한 매출 급감은 사실상 사용 수익이 불가능했던 상황과 유사하다고 보았다. 따라서 재난 피해 지원 및 지역 경제 회복을 위해 사용료 요율을 인하하거나 감면해 주는 것이 타당하다고 폭넓게 해석했다.

• **결과**: 전국의 많은 지자체가 이 사례를 근거로 소상공인 임대료 감면 조치를 단행하여 민생 경제를 지원했다.

Case 18 [복직 합산금] “소멸시효가 지났는데 받을 수 있나요?” (2023년)

- 소멸시효 완성된 수당의 지급 허용 -

- **사안:** 육아휴직 후 복직한 교사들은 6개월간 근무하면 ‘복직 합산금’을 받게 된다. 그런데 교육청의 행정 착오로 일부 교사들이 이 돈을 받지 못했고, 뒤늦게 이 사실을 알았을 때는 이미 소멸시효(3년)가 완성된 상태였다.
- **쟁점:** 국가재정법상 소멸시효가 지난 채권은 국가가 지급할 의무가 없다.
- **난관:** 지급 누락의 책임이 전적으로 행정청에 있음에도 불구하고, 법적 시효를 이유로 지급을 거부하는 것은 정의 관념에 반한다는 비판이 있었다.
- **해결:** **[감사원 컨설팅]** 감사원은 지급 누락의 귀책사유가 행정청에 있고, 대상자의 권익 구제 필요성이 크다고 보았다. 따라서 교육청이 소멸시효의 이익(돈을 안 줘도 되는 권리)을 포기하고 미지급된 수당을 지급하는 것이 타당하다고 판단했다.
- **결과:** 대상 교사들에게 미지급 수당 전액이 지급되어 억울함을 해소했다.

Case 19 [유치원 임대] "설립자가 사망했는데 유치원이 문을 닫아야 하나?" (2019년)

- 폐원 위기 유치원 정상화를 위한 국유재산 임대 허용 -

- **사안:** 공무원연금공단 소유 시설을 임차해 운영하던 유치원의 설립자가 사망했다. 관련 법령상 사립유치원은 설립자가 교지와 교사를 직접 소유해야 하므로, 임차 방식으로는 신규 인가가 불가능해 유치원이 폐원될 위기였다.

- **쟁점:** 국유재산을 임차하여 유치원을 설립할 수 있는 예외 대상에 '사회적협동조합'이 포함되는지 여부.

- **난관:** 기존 법령은 설립 요건을 엄격히 규정하고 있어, 학부모와 교사들이 유치원을 살리기 위해 노력해도 방법이 없었다.

- **해결: [감사원 컨설팅]** 감사원은 관련 규정의 예외 조항을 적극적으로 해석했다. 공공기관이 '사회적협동조합'에 임대하는 경우에는 예외적으로 자기 소유가 아니어도 유치원 설립이 가능하다는 점을 들어, 학부모와 교사가 구성한 사회적협동조합에 수의계약으로 시설을 임대하도록 허용했다.

- **결과:** 유치원 폐원에 따른 유아 교육 공백을 막고 운영을 정상화했다.

Case 20 [교원 임용] "신원조회가 늦어진 건데 임용을 미뤄야 하나요?" (2019년)

- 행정 절차 지연으로 인한 피해 방지를 위한 임용일자 소급 인정 -

- **사안**: 사립유치원 교사 채용 과정에서 교육청과 경찰서 간의 행정 절차(신원조사)가 지연되어, 실제 근무 시작일(3.1.)보다 늦게 임용 발령이 나는 상황이 발생했다.

- **쟁점**: 원칙적으로 공무원 및 교원의 임용은 소급이 불가능하다.

- **난관**: 교사들은 이미 출근해서 아이들을 가르치고 있었는데, 행정 절차 때문에 공식적인 임용일이 늦어져 경력과 급여에서 손해를 보게 되었다.

- **해결**: **[감사원 컨설팅]** 감사원은 신원조사 지연은 교사 개인의 귀책사유가 아닌 행정기관 간의 절차상 문제라고 보았다. 교사들의 정당한 권익을 보호하기 위해, 예외적으로 실제 근무 시작일로 임용 일자를 소급 적용하는 것이 타당하다고 해석했다.

- **결과**: 교사들의 경력 단절과 급여 손실을 막고 행정 신뢰도를 제고했다.

2. [불인정 사례] 원칙 없는 온정주의

Case 21 **[건축 매입] "불법 건축물인 줄 알았지만 청년 주택이 급해서…" (2023년, 면책 불인정)**

- **사안**: 한 공공기관이 청년 임대주택용으로 민간 기숙사 건물을 매입했다. 그런데 해당 건물은 취사 시설을 불법으로 설치한 위반 건축물이었다.
- **사유**: 담당자들은 주거난 해소라는 공익적 목적이 급해서 매입했다고 주장했으나, 명백한 불법 시설물임을 알고도 묵인하고 매입하여 추후 원상복구 비용 등 예산 낭비를 초래한 것은 고의성이 짙어 면책이 불가능했다.

Case 22 **[징계 시효] "과거에 쓴 돈, 징계 대상입니까?" (2019년, 반려)**

- **사안**: 학교장이 과거 자녀의 해외 대회 참가비를 학교발전기금에서 집행한 건에 대해, 징계 시효가 지났는지 여부를 감사원에 문의했다.
- **사유**: 사전컨설팅은 '앞으로 할 업무'에 대한 의사결정을 지원하는 제도다. 이미 발생한 과거의 비위 행위에 대해 징계가 가능한지 묻는 것은 '처분의 위법성 확인'을 구하는 것이며, 이는 자체감사기구가 판단해야 할 전속적 재량 사항이므로 사전컨설팅 대상이 아니다.

제3절.

[안전/환경] 국민의 생명과 환경을 지키는 유연함

안전은 타협할 수 없는 가치다. 그러나 규제가 오히려 안전 확보를 방해할 때, 사전컨설팅은 안전을 위한 가장 빠른 우회로를 찾아냈다.

1. [인정 사례] 안전을 위한 과감한 결단

Case 23 **[재난 대응] "예산 없어서 음압병동 못 짓는다?" (2023년)**

- 국가재정법상 '재해복구'의 적극적 해석 -

- **사안:** 코로나19 재확산으로 중증 환자를 위한 음압병상 확보가 시급했으나, 관련 예산이 미리 책정되어 있지 않아 공사를 발주할 수 없었다.
- **쟁점:** 국가재정법상 예산 없이 미리 계약을 맺는 '국고채무부담행위(외상 공사)'는 '재해복구' 등에만 가능하다. 감염병이 법상 '재해'에 해당하는지 불분명했다.
- **난관:** 예산 확보 절차를 밟느라 시간을 지체하면 감염병 대응의 골든타임을 놓쳐 의료 붕괴가 올 수 있는 위기 상황이었다.
- **해결:** **[감사원 컨설팅]** 감사원은 코로나19 재확산을 예측 불가능한 사회적 재난으로 규정했다. 국민 생명 보호를 위해 긴급 치료병상 설치를 '재해복구'의 범위로 폭넓게 인정하여 선제적으로 예산을 집행할 수 있도록 허용했다.
- **결과:** 복잡한 예산 절차를 단축하여 음압병상을 신속하게 확보했고, 의료 대란을 막았다.

Case 24 [화재 안전] "배선 공사가 어려우면 무선으로 하세요" (2021년)

- 전통시장 화재 알림 시설 설치 기준의 합리적 적용 -

• **사안**: 한 지자체가 전통시장 현대화 사업의 일환으로 화재 알림 시설을 설치하려 했다. 강화된 소방법 기준에 따르면 개별 점포마다 복잡한 유선 배선 공사가 필요했다.

• **쟁점**: 소방시설법령상 유선 방식 설치가 원칙이었다.

• **난관**: 낡고 협소한 전통시장 점포 구조상 유선 배선 공사가 기술적으로 불가능하거나 비용이 과다하게 소요되어 사업 자체가 중단될 위기였다.

• **해결**: **[감사원 컨설팅]** 감사원은 화재 감지라는 목적을 달성할 수 있다면, 최신 기술인 '무선 감지기' 방식을 도입하여 법령상의 유선 설치 기준을 대체할 수 있다고 유연하게 판단했다.

• **결과**: 전통시장에 화재 알림 시스템이 성공적으로 구축되어 상인들의 생명과 재산을 보호했다.

Case 25 [수소 인프라] “출연기관은 수소충전소를 못 한다?” (2023년)

- 국유재산 사용 수익 허가 대상의 확대 -

- **사안:** 지자체(B시)가 국유지를 빌려 수소충전소를 짓고, 운영은 전문성 있는 지자체 출연기관(C진흥원)에 맡기려 했다.

- **쟁점:** 국유재산법상 국유지를 빌려서 다른 사람에게 다시 빌려주는(전대) 것은 원칙적으로 금지되나, 일부 공공기관 등에는 예외적으로 허용된다. 그런데 그 예외 명단에 ‘지방 출연기관’은 명시되어 있지 않았다.

- **난관:** 법령 문구 때문에 안전 관리가 중요한 수소충전소 운영을 전문성이 떨어지는 일반 단체에 맡겨야 하는 비상식적인 상황이었다.

- **해결:** **[감사원 컨설팅]** 감사원은 해당 출연기관의 설립 목적이 공공성에 있고, 수소충전소 확충이라는 국가 정책에 부합한다는 점을 고려했다. 이에 따라 출연기관을 사용·수익 허가가 가능한 ‘유사 기관’으로 폭넓게 해석하여 운영을 허용했다.

- **결과:** 전문 기관이 안정적으로 수소충전소를 운영하게 되어 시민 안전을 확보했다.

Case 26 [마스크 대란] "입찰 띄울 시간이 없습니다" (2020년)

- 코로나19 마스크 긴급 구매를 위한 수의계약 허용 -

- **사안**: 코로나19 초기 마스크 품귀 현상 당시, 한 지자체가 주민들에게 배포할 마스크를 긴급 구매하려 했다.

- **쟁점**: 구매 금액이 커서 지방계약법상 '경쟁 입찰'을 해야 했다.

- **난관**: 입찰 공고를 내고 업체를 선정하는 데 최소 수주가 걸려, 당장 마스크가 필요한 주민들에게 제때 공급할 수 없는 상황이었다.

- **해결**: **[감사원 컨실딩]** 감사원은 감염병 위기라는 재난 상황의 시급성을 고려하여, 입찰 절차를 생략하고 수의계약(특정 업체와 바로 계약)으로 마스크를 즉시 구매하도록 허용했다.

- **결과**: 마스크를 신속하게 확보하여 주민들에게 배포함으로써 방역 골든타임을 사수했다.

Case 27 [폐기물 처리] "땅 주인도 아닌데 쓰레기를 치울 수 있나요?" (2019년)

- 소송 진행 중인 무단 점유지의 폐기물 선제적 처리 허용 -

- **사안**: 한국공항공사 소유 토지에 무단 점유자가 엄청난 양의 폐기물을 쌓아두고 방치했다. 공사는 소송을 제기했으나 판결까지는 수년이 걸릴 상황이었고, 인근 주민들의 악취 민원이 빗발쳤다.

- **쟁점**: 소유권 분쟁 중인 토지의 폐기물을 공사 예산으로 먼저 치우는 것이 예산 낭비(배임)에 해당하는지가 문제였다.

- **난관**: 공사는 "아직 판결이 안 나서 우리 책임인지 확실치 않다"며 주저하고 있었고, 그사이 환경 오염은 계속되고 있었다.

- **해결**: **[감사원 컨설팅]** 감사원은 폐기물 방치로 인한 환경 오염과 주민 피해가 심각하므로, 공사가 우선 예산을 투입해 폐기물을 처리(대집행 성격)하고, 추후 소송 결과에 따라 비용을 구상 청구하는 방식은 공익적 측면에서 타당하다고 판단했다.

- **결과**: 주민들의 생활 환경을 개선하고 2차 환경 오염 확산을 막았다.

Case 28 [아프리카돼지열병] "돼지값이 똥값인데 보상금도 줄이나요?" (2019년)

- 살처분 보상금 산정 기준의 합리적 개선 -

- **사안:** 아프리카돼지열병(ASF) 발생으로 돼지 도매가격이 급락했다. 기존 규정은 '살처분 당일 시세'를 기준으로 보상금을 지급하도록 되어 있었다.
- **쟁점:** 정부 방역에 적극 협조하여 살처분을 늦게 한 농가가 오히려 더 떨어진 시세를 적용받아 보상금을 적게 받는 역진 현상이 발생했다.
- **난관:** 규정대로라면 피해 농가의 손실이 눈덩이처럼 불어나 생계가 위협받는 상황이었다.
- **해결: [감사원 컨설팅]** 감사원은 이것이 국가적 재난 상황임을 고려하여, 피해 농가의 생계 안정을 위해 예외적으로 보상 기준을 변경할 필요가 있다고 보았다. 살처분 당일 시세가 낮을 경우, '전염병 발생 전월 평균 시세'를 적용할 수 있도록 유연하게 해석했다.
- **결과:** 피해 농가의 도산을 방지하고 국가 방역 시책에 대한 신뢰를 확보했다.

2. [불인정 사례] 안전 절차의 무단 생략

Case 29 [환경 평가] "협의가 늦어지니 그냥 승인합시다" (2023년, 면책 불인정)

- **사안**: 한 지자체가 도시관리계획을 변경하면서 환경청과 전략환경영향평가 협의를 거쳐야 했다.
- **사유**: 환경청은 "환경 보전이 필요하다"는 의견을 냈으나, 지자체는 이를 무시하고 추가 협의 없이 계획 변경을 강행했다. 환경 보전이라는 중요한 공익적 절차를 무시한 것은 재량권 남용이며, 절차적 정당성을 상실한 위법 행위이므로 면책될 수 없다.

Case 30 [산업단지 인허가] "소각장 증설, 허가해 줘도 될까요?" (2019년, 반려)

- **사안**: 환경부는 특정 산업단지 내 폐기물 처리 업체가 소각 시설 용량을 증설하려는데, 이를 허가해도 되는지 문의했다. 해당 산단은 관리기본계획상 특정 업종 입주가 제한되어 있었다.
- **사유**: 이는 「폐기물관리법」뿐만 아니라 「산업집적법」에 따른 입주계약 변경 가능 여부, 환경 영향성 등 복합적인 사실 판단이 필요한 사안이다. 허가권자가 관계 기관 협의 등을 통해 자체적으로 판단해야 할 고유 업무를 감사원에 떠넘긴 것으로 보아 반려했다.

제4절.

[행정효율/이견조정]
기관 간 핑퐁게임, 마침표를 찍다

기관 간 책임 떠넘기기는 기업을 가장 힘들게 하는 요소다. 감사원은 갈등의 심판관으로서 명확한 기준을 제시했다.

1. [인정 사례] 칸막이를 걷어낸 협업

Case 31 **[비용 분담] "새 도로 지어줬으니 헌 도로 땅은 공짜로 달라" (2023년)**

- **사안:** 댐 건설로 인해 기존 도로가 수몰되게 되자 사업시행자(공사)가 대체 도로를 새로 건설해 주었다. 공사는 "새 도로를 지어줬으니 기존 도로 부지는 무상으로 달라"고 요구했으나, 지자체(관리청)는 "일부는 돈 주고 사가라(유상 매입)"고 주장했다.

- **쟁점:** '공공시설 무상귀속' 범위에 대한 법령 해석 차이로 기관 간 갈등이 심화되어 사업 정산이 지연되었다.

- **난관:** 각 기관이 자신들에게 유리한 법령 해석만 고수하며 평행선을 달리고 있었다.

- **해결:** **[감사원 컨설팅]** 감사원은 대체 도로를 건설하여 기부채납했다면, 기능이 대체된 기존 도로는 현황과 관계없이 사업시행자에게 무상 귀속시키는 것이 법령 취지(이중 이득 방지)에 부합한다고 판단했다.

- **결과:** 지자체와 공사 간의 오랜 갈등이 종결되었고, 신속하게 사업을 마무리하고 정산을 완료할 수 있었다.

Case 32 [임상시험] "의료기기 회사 직원이 병원을 낼 수 있나?" (2019년)

- **사안**: 의료기기 개발 업체가 자사 장비의 임상시험을 위해 회사 소속 의사 명의로 의원을 개설하려 했다.
- **쟁점**: 의료법상 의료인이 아닌 자가 병원을 개설하는 이른바 '사무장 병원'은 불법이다. 지자체는 영리 목적 변질을 우려해 개설 신고 수리를 거부했다.
- **난관**: 기업 입장에서는 임상시험을 못 해 제품 개발이 중단될 위기였다.
- **해결**: **[감사원 컨설팅]** 감사원은 해당 장비가 대형이라 이동이 어렵고 현장 개설이 불가피하다는 특수성을 인정했다. 이에 '임상시험 연구 목적으로만 운영한다'는 엄격한 조건하에 개설 신고 수리를 허용했다.
- **결과**: 첨단 의료기기 임상시험이 재개되어 기술 개발이 가속화되었다.

Case 33 [드론 활용] "사람 대신 드론이 점검하면 안 되나요?" (2021년)

- **사안**: 한 공공기관이 시설물 안전 점검에 드론을 활용하려 했으나, 예산 집행 항목에 '드론 용역비'가 명시되어 있지 않았다.

- **난관**: 회계 담당자는 규정에 없는 항목이라며 예산 집행을 거부했고, 효율적인 신기술 도입이 좌절될 위기였다.

- **해결**: **[감사원 컨설팅]** 감사원은 드론 활용이 인력 점검보다 안전하고 효율적이며 예산 절감 효과가 크다는 점을 인정했다. 따라서 유사 항목(시설비 등)으로 예산을 집행할 수 있도록 허용하여 신기술 도입을 지원했다.

- **결과**: 스마트 안전 점검 도입으로 작업자 안전 확보 및 예산 절감을 달성했다.

Case 34 [규제 샌드박스] "실증특례 받으려는데 부처 간 의견이 달라요" (2021년)

- **사안**: E기업은 도심 내에서 자율주행 배달 로봇을 실증하고자 했다. 그러나 '도로교통법'상 로봇의 지위가 애매하여 운행 자체가 불법 소지가 있었다.
- **난관**: 경찰청과 지자체 간에 도로 점용 허가 및 안전 기준에 대한 해석이 달라 실증 사업이 멈춰 있었다.
- **해결**: **[감사원 컨설팅]** 감사원은 규제 샌드박스 제도의 취지를 살려, 안전 요원 배치 등 일정한 안전 조치를 전제로 실증 특례를 허용하는 것이 타당하다고 교통정리를 했다.
- **결과**: 도심 내 자율주행 로봇 실증이 시작되어 관련 데이터 축적 및 기술 고도화가 가능해졌다.

Case 35 [출연기관 지정] "여러 시가 같이 만든 재단, 누가 신고하나요?" (2019년)

- **사안**: 안양, 군포, 의왕, 과천시가 학교 급식 식자재 공동 구매를 위해 공동으로 재단법인을 설립했다.
- **쟁점**: 법령상 출연기관 지정 사실을 행안부장관에게 통보해야 하는데, 4개 시 중 누가 주무관청으로서 통보해야 하는지 규정이 없었다.
- **난관**: 사소한 절차 문제로 기관 운영의 법적 지위가 불안정한 상태였다.
- **해결**: **[감사원 컨설팅]** 감사원은 법령의 공백을 메우기 위해 합리적인 기준을 제시했다. 정관상 주사무소를 관할하는 시장(안양시장)이 대표로 통보하고, 나머지 지자체장들은 내용을 공유하는 방식으로 절차를 이행하면 된다고 판단했다.
- **결과**: 공동 출연기관의 법적 지위를 명확히 하고 행정 절차의 혼선을 해소했다.

Case 36 [해외자산 위탁] "계약 문구가 법이랑 조금 다른데 괜찮나요?" (2019년)

- **사안**: 우정사업본부는 자산 운용 효율성을 위해 한국투자공사(KIC)에 해외 자산을 위탁하려 했다. 그러나 KIC법상 위탁 계약 시 '운용 용도 제한'이 금지되어 있었다.

- **쟁점**: 우체국 예금은 원금 보장이 중요하므로 안전장치(투자 제한)가 필요한데, 법은 자율성을 강조하여 제한을 금지하고 있었다.

- **난관**: 법을 지키자니 돈이 위험하고, 안전을 챙기자니 법을 어겨야 하는 상황이었다.

- **해결**: **[감사원 컨설팅]** 감사원은 우체국 금융 자금은 고객 예금 등 부채 성격이 강해 안정성 확보가 필수적이라고 보았다. 따라서 법의 취지가 자율성 보장에 있더라도, 자금의 특수성을 고려하여 상호 협의 하에 운용 용도를 제한하는 계약을 체결하는 것은 법률 위반으로 보기 어렵다고 판단했다.

- **결과**: 안정성을 담보한 자산 위탁 계약 체결로 국부 증대 및 리스크 관리가 가능해졌다.

2. [불인정 사례] 원칙 없는 편의주의

Case 37 [채용 비리] "우리 직원 가족은 뽑지 맙시다" (2023년, 면책 불인정)

- **사안**: 한 공공기관이 비정규직의 정규직 전환 과정에서, 공정 채용 원칙을 무시하고 '재직자의 친인척'이라는 이유만으로 합리적 근거 없이 채용에서 배제하거나, 반대로 특혜를 주었다.
- **사유**: 채용의 공정성은 타협할 수 없는 가치다. 합리적 기준 없는 자의적인 채용 기준 적용은 적극행정이 아니라 채용 비리에 해당하므로 면책될 수 없다.

Case 38 [가족 수당] "부부가 공무원이면 수당은 한 명만" (2023년, 기준 제시)

- **사안**: 사립학교 교원 부부가 각각 가족수당을 중복으로 수령했다. 사립학교법상 관련 규정이 모호하여 환수 여부에 대한 논란이 있었다.
- **해결**: **[감사원 기준 제시]** 감사원은 사립학교도 공무원 수당 규정을 준용하므로, 공무원과 마찬가지로 부부 중 한 명만 수당을 받아야 한다고 보았다. 따라서 중복 지급된 수당은 환수하는 것이 타당하다는 명확한 기준을 제시했다.

Case 39 [예산 집행] "이미 계약하고 돈 줄 건데, 감사원 허락 좀 해주세요" (2019년, 반려)

• **사안**: 한국지역난방공사는 시설물 안전 진단 비용을 부담하기로 하고 이미 용역 계약까지 체결한 상태에서, 이 비용 집행이 배임에 해당하는지 뒤늦게 문의했다.

• **사유**: 사전컨설팅은 의사결정 전 단계에서 신청해야 한다. 이미 계약을 체결하여 예산 집행의 원인 행위가 완료된 사안에 대해, 사후에 감사원의 의견을 빌려 면책을 받으려는 것은 제도 취지에 어긋나므로 반려되었다.

Case 40 [예산 집행] "설계 검토는 조달청 말고 우리가 알아서 하면 안 될까요?" (2019년, 반려)

• **사안**: 청주시는 국비 지원 산업단지 재생사업을 추진하면서, 비용과 시간을 아끼기 위해 조달청의 설계 적정성 검토를 받지 않고 자체 심의로 갈음할 수 있는지 문의했다.

• **사유**: 기획재정부 지침은 보조금 낭비를 막기 위해 전문 기관인 조달청의 검토를 의무화하고 있다. 지자체의 편의를 위해 명확한 의무 절차를 생략해 달라는 요구는 수용할 수 없다.

제3장을 마치며

2019년부터 2023년까지의 40가지 사례들은 우리 행정이 어떻게 진화해 왔는지를 보여주는 바로미터다.

- **[인정 사례의 공통점]** 법령의 문구에 갇히지 않고 '제도의 취지'와 '공익'을 최우선으로 고려했다. 특히 코로나19나 경제 위기 같은 비상 상황에서는 과감한 규제 완화를 선택했다.
- **[불인정 사례의 공통점]** 적극행정이라는 명분을 내세웠지만, 실제로는 기본적인 절차를 무시하거나, 특혜를 제공하거나, 이미 저지른 일에 대한 면죄부를 구하는 경우였다.

사전컨설팅은 만능열쇠가 아니다. 하지만 공익을 향한 진정성과 합리적인 논리가 갖춰진다면, 그 어떤 규제의 자물쇠도 열 수 있는 가장 강력한 도구임은 틀림없다.

CHAPTER
4

[문제점] 좋은 제도가 왜 현장에서 멈추는가?

– '신청권 독점'이 낳은 병목 현상과 2024년 실태 점검의 경고 –

01.

막힌 통로: 기업은 원하고, 공무원은 주저한다

(1) 신청권의 독점 구조: "을(乙)은 신청할 수 없다"

현재 사전컨설팅 제도가 가진 가장 큰 구조적 모순은 바로 신청 자격이 철저히 행정기관 내부에 한정되어 있다는 점이다.

- **신청 가능자**: 중앙행정기관장, 지자체장, 공공기관장 (즉, 공무원)
- **신청 불가자**: 인허가 신청자, 계약 상대방, 규제 대상 기업 (즉, 민원인)

이러한 폐쇄적인 구조 하에서 기업은 아무리 억울한 규제에 부딪혀도 직접 감사원에 문을 두드릴 수 없다. 반드시 자신을 규제하고 있는 '갑(甲)'인 담당 공무원에게 "제발 감사원에 컨설팅 좀 신청해 주세요"라고 읍소해야만 하는 '청원(請願)적 구조'다. 기업의 생사가 걸린 문제를 공무원의 선의(善意)에만 의존해야 하는 불안정한 시스템인 것이다. 이로 인해 제도의 혜택을 받아야 할 당사자인 기업이 오히려 제도 접근에서 소외되는 모순적인 상황이 발생한다.

(2) 현장의 딜레마: "반려되면 내 책임인데?"

문제는 공무원 입장에서 사전컨설팅 신청은 득보다 실이 클 수 있는 '양날의 검'이라는 점이다.

- **성공 시**: 면책을 받고 문제를 해결할 수 있지만, 이는 사실상 '본전'이다. 업무를 처리했다는 안도감 외에 특별한 인센티브가 주어지는 경우는 드물다.
- **반려 시**: 감사원으로부터 "규정이 명확한데 왜 굳이 신청해서 행정력을 낭비하느냐"는 질책을 받거나, 주변으로부터 "안 되는 걸 되게 해달라고 떼쓴다", "업체랑 무슨 관계냐"는 오해를 살 수 있다. 심지어 감사원의 반려 통보는 '불가' 결정으로 인식되어 향후 업무 추진을 더욱 어렵게 만들기도 한다.

이러한 심리적·실질적 부담감 때문에 공무원들은 기업의 간절한 요청에도 불구하고 "자체적으로 판단하기엔 부담스럽다", "감사원 요건에 안 맞을 것 같다", "감사원에서 반려되면 더 이상 방법이 없다"는 이유로 신청 자체를 거부하거나 차일피일 미루는 경우가 비일비재하다. 결국 제도의 혜택을 가장 절실하게 받아야 할 기업은 배제되고, 공무원의 자의적인 판단에 따라 제도의 활용 여부가 결정되는 심각한 '병목 현상'이 발생하고 있다.

02.

소극행정의 또 다른 핑계가 되다

(1) 면책 만능주의의 함정: "일단 묻고 보자"

아이러니하게도, 적극행정을 위해 도입된 제도가 때로는 소극행정의 도피처로 악용되기도 한다. 자체적으로 충분히 판단할 수 있는 사안임에도 불구하고, 나중에 혹시 모를 감사 지적을 피하기 위해 습관적으로 사전컨설팅을 신청하는 '면책 보험용 신청'이 늘어나고 있다.

- **사 례:** 명확한 규정이 있거나 기존 선례가 있음에도, 혹은 상급 기관의 질의 회신 등으로 충분히 처리 가능한 사안임에도 "혹시 모르니 감사원에 물어보고 처리하겠다"며 민원 처리를 몇 달씩 지연시키는 경우

이는 감사원의 한정된 행정력을 낭비하게 할 뿐만 아니라, 하루하루가 급박한 기업에게는 '희망 고문'이 되어버린다. 신속한 결정을 내려줘야 할 공무원이 결정을 감사원에 미루는 사이, 기업의 비즈니스 기회는 날아가 버리고 금융 비용 등 유무형의 손실만 눈덩이처럼 불어나게 된다.

(2) 책임 회피의 수단: "감사원이 안 된다고 해서요"

반대로, 민원인의 요구를 거절하기 위한 핑계로 사전컨설팅이 악용되기도 한다. 담당자가 안 된다고 말하기 곤란하거나 민원이 강력할 때, 형식적으로 사전컨설팅을 신청한 뒤 반려되거나 기각되면 "우리는 노력했는데 감사원이 안 된다고 했다"는 명분을 내세워 책임을 회피하는 수단으로 전락하는 것이다.

이 과정에서 정작 기업이 주장하는 핵심 논리나 유리한 자료는 누락된 채, 공무원 입장에서 방어하기 좋은 논리 위주로 부실하게 신청되어 뻔한 반려 결과를 초래하기도 한다. 이는 "우리는 할 만큼 했다"는 면피용 알리바이를 만들기 위해 제도의 본질을 왜곡하는 행태다. 결과적으로 기업은 "감사원까지 갔는데 안 됐다"는 절망감만 안게 되고, 행정에 대한 불신은 더욱 깊어지게 된다.

03.

[Deep Dive] 2024년 운영실태 점검: 데이터가 말하는 현장의 한계

감사원은 2024년 자체감사기구를 대상으로 사전컨설팅 운영 실태를 점검했다. 이 보고서에 담긴 통계는 제도가 현장에서 여전히 겉돌고 있음을 적나라하게 보여준다.

(1) 여전한 인식의 간극: "제도가 있는 줄도 모른다"

감사원의 점검 결과에 따르면, 기초지자체 공무원들의 상당수가 사전컨설팅 제도의 존재나 구체적인 활용법을 제대로 인지하지 못하고 있는 것으로 나타났다.

- **제도 인지율**: 응답자의 약 절반 가량(43.9% 등)이 제도를 '대략적으로만 알고 있다'고 답하거나 잘 모르는 실정이다. 담당 공무원조차 확신이 없는데, 민원인인 기업에게 이 제도를 적극적으로 권유하기를 기대하기는 어렵다.

(2) 소극적인 안내와 홍보: "알아서 찾아오라?"

더욱 심각한 문제는 제도를 알고 있더라도 이를 민원인에게 적극적으로 알리지 않는다는 점이다.

- **안내 실태**: "신청할 사안이 있는 경우 감사원 등에 사전컨설팅을 신청하도록 안내하고 있는가?"라는 질문에 대해, 상당수의 기관이 '안내하지 않고 있다'거나 '연 1~2회 형식적인 안내에 그치고 있다'고 응답했다.
- **현 실**: 기업이 먼저 알고 찾아와서 읍소하지 않는 이상, 공무원이 먼저 "이 문제는 사전컨설팅으로 풀어봅시다"라고 제안하는 경우는 드물다는 것이 통계로 증명된 셈이다.

(3) 전문성 및 인력 부족의 악순환

설문조사에서 일선 담당자들은 제도 활성화를 위해 가장 필요한 것으로 '전담 인력 확보'와 '담당자 교육'을 꼽았다.

- **인력난**: 전담 인력이 없어 감사 업무와 병행하다 보니, 복잡한 법리 검토가 필요한 컨설팅 신청서 작성 자체가 공무원에게는 과중한 업무 부담이 된다.
- **작성의 어려움**: 신청서 작성의 난이도 또한 높은 장벽이다. 쟁점을 정리하고 갑설/을설의 법리적 근거를 구성하는 과정이 전문성을 요하기 때문에, "신청서 쓰기가 어려워서 포기했다"는 현장의 목소리가 높다.

CHAPTER 5

[제 언]
민간 참여형 모델로의 진화: 신청자격 확대

– 닫힌 행정에서 열린 소통으로, ‘협회 경유 신청제’의 제안 –

01.

왜 민간에게 신청권을 주어야 하는가?

(1) 행정의 최종 소비자는 '국민과 기업'이다

현재의 사전컨설팅 제도는 행정청이 '자신의 면책'과 '업무 편의'를 위해 신청하는 구조다. 하지만 행정 작용의 최종 목적지는 결국 국민과 기업이다.「감사원 사전컨설팅 신청자격 확대필요성 분석(2023. 9.)」보고서에 따르면, 현행 제도는 공무원이 신청을 기피하거나 자의적으로 판단할 경우 기업이 대응할 수단이 전무하다는 '제도적 사각지대'를 안고 있다.

이것은 헌법상 '국민의 청원권'과 '재판청구권'의 취지에도 부합하지 않는 비대칭적 구조다. 행정 서비스의 수요자인 민간이 억울함을 호소하고 직접 문제 해결을 요구할 수 있는 공식적인 통로(Channel)를 열어주는 것은 단순한 시혜가 아니라, 민주주의 국가의 행정이 갖춰야 할 법적 당위이자 의무다.

(2) 공무원의 '부작위(不作爲)'를 뚫을 송곳

공무원이 악의가 없더라도, 과중한 업무나 감사 부담, 혹은 전문성 부족 때문에 기업의 컨설팅 요청을 묵살하거나 차일피일 미루는 '부작위'는 현장에서 빈번하게 발생한다. 민간에게 신청권을 부여하는 것은 이러한 공무원의 소극적 태도를 깨우는 '메기 효과'를 가져올 것이다.

"내가 안 움직이면 기업이 직접 감사원에 물어볼 수 있다"는 가능성만으로도, 일선 공무원들은 민원 처리에 더욱 적극적이고 신중하게 임하게 될 것이다. 이는 공무원을 감시하고 압박하기 위함이 아니라, 건전한 긴장감을 불어넣어 행정 서비스의 질을 높이기 위함이다. 또한, 공무원이 미처 파악하지 못한 현장의 애로사항을 직접 전달함으로써 행정의 사각지대를 해소하는 효과도 기대할 수 있다.

(3) 이미 검증된 실험: 지자체의 성공 사례

민간 신청권은 전혀 새로운 모험이 아니다. 이미 경기도는 민원인이 사전컨설팅을 '신청해 달라고 의뢰'할 수 있는 제도를 선도적으로 운영 중이며, 경상남도는 한 발 더 나아가 2019년부터 이해관계자가 직접 도 감사위원회에 컨설팅을 신청할 수 있는 '직접 신청권'을 부여했다.

이러한 지자체의 과감한 실험은 "민원 폭주로 업무가 마비될 것"이라는 우려와 달리, 실질적인 규제 개혁 성과를 내며 제도의 효용성을 입증하고 있다. 실제로 경남의 경우, 기업이 직접 신청한 건들이 규제 개선으로 이어져 지역 경제 활성화에 기여한 사례들이 다수 보고되고 있다. 이제는 중앙 정부(감사원) 차원에서도 이러한 변화를 수용하여 제도를 전국적인 표준으로 격상시켜야 할 때다.

02.

부작용 방지를 위한 현실적 대안: '협회(단체) 경유 신청제'

물론, 민간에게 무제한적인 직접 신청권을 줄 경우 발생할 수 있는 부작용(악성 민원 남발, 떼법 식 요구, 사익 추구 변질 등)을 무시할 수 없다. 감사원의 행정력은 한정되어 있기 때문이다. 이에 본서는 법에 명시적 근거를 두고 공적 역할을 담당하는 협회를 통한 신청 방안을 가장 현실적이고 효율적인 대안으로 제안한다. 다만 그 구체적인 협회의 내역은 해당 규정의 별표 부분으로 구체화 할 필요가 있겠다.

(1) 3단계 필터링 구조: 공신력과 전문성의 결합

개별 기업이 난립하는 구조가 아닌, 공신력 있는 법정 단체(협회)가 1차 관문 역할을 수행하는 모델이다. 이는 감사원의 행정력 낭비를 막고 신청 사안의 공익성을 담보하는 핵심 장치다.

- **[1단계] 기업의 애로 접수**: 기업이 소속 협회(예: 대한건설협회, 중소기업중앙회, 벤처기업협회 등) 고충처리 센터에 규제 애로 사항을 신고한다.

- **[2단계] 협회의 전문적 스크리닝 (1차 필터링):** 협회 내 법무팀이나 자문단이 해당 사안을 전문적으로 검토한다. 단순 민원이나 명백한 법 위반 사항은 걸러내고, ① 법령의 모호성 ② 공익적 파급효과 ③ 다수 회원사의 공통된 문제인지를 선별한다. 이 과정에서 사안의 논리가 보강되고 정제되어 '신청할 만한 가치가 있는' 안건으로 다듬어진다.
- **[3단계] 감사원 신청:** 검증된 사안에 한해, '협회'의 명의로 감사원에 사전컨설팅을 신청한다. 감사원은 협회가 엄선한 사안인 만큼 신뢰를 가지고 검토할 수 있다.

(2) 기대 효과: 양질의 규제 발굴

이 시스템이 도입되면 다음과 같은 효과를 기대할 수 있다.

- **공익성 확보:** 개별 기업의 사익 추구가 아닌, 업계 전체의 문제로 의제가 격상되어 공익성이 강화된다.
- **행정 효율성:** 협회가 법리적 쟁점을 정리하여 신청하므로, 감사원의 검토 부담이 줄어들고 처리가 신속해진다. 질 낮은 민원은 협회 단계에서 걸러지므로 행정력 낭비를 막을 수 있다.
- **익명성 보장:** 개별 기업이 노출되지 않고 협회 명의로 신청하므로, 관할 관청의 '보복 행정'이나 '미운털' 우려를 덜고 안심하고 문제를 제기할 수 있다.

03.

[입법 제안] 관련 훈령의 개정 방향

이러한 변화를 실현하기 위해 거창한 법률 개정(감사원법 개정 등)까지는 필요하지 않다. 감사원 내부 규정(훈령)의 개정만으로도 즉시 시행이 가능하다. 구체적으로는 「감사제보의 처리에 관한 규정」과 「감사원 사전컨설팅 제도 운영규정」을 개정하여 민간의 신청 근거를 마련할 수 있다.

(1) 「감사제보의 처리에 관한 규정」 개정안: 제보의 개념 확장

현행 '감사제보'의 개념을 확장하여, 민간의 컨설팅 신청을 넓은 의미의 '제보' 일환으로 포섭하는 방식이다. 이는 기존의 감사원 업무 영역 내에서 민간 참여를 수용하는 가장 현실적이고 신속한 방법이다.

[개정 제안] 제3조(감사제보의 대상) 단서 신설(안)
... 다만, 기업활동과 관련된 감사제보(이하 "기업 감사제보"라 한다)는 감사원의 감사를 받는 기관, 단체, 공무원 등의 위법·부당행위, 소극적인 업무처리 또는 불합리한 제도 운영으로 인하여 기업활동에 불편 또는 부담을 주는 사항을 대상으로 하고, 사전컨설팅감사를 신청하는 감사제보(이하 "사전컨설팅감사 신청"이라 한다)는 중앙행정기관, 지방자

치단체 및 「공공감사에 관한 법률」 제2조에 따른 공공기관에서 인·허가 등 민원을 제기한 이해관계자에 대하여 의사결정의 어려움 등으로 이를 능동적으로 처리하지 못하여 이해관계자에게 불편 또는 부담을 주는 사항을 대상으로 한다.

[개정 제안] 제4조(적용의 범위) 단서 신설(안)
... 다만, 사전컨설팅감사 신청의 제출 및 접수, 처리 등은 「감사원 사전컨설팅 제도 운영규정」에서 정한 바에 따른다.

(2) 「감사원 사전컨설팅 제도 운영규정」 개정안: 절차의 구체화

사전컨설팅 운영의 핵심 규정인 이 훈령에 '이해관계자' 및 '이해관계자 협회'의 정의와 신청 절차를 명시하여 제도의 투명성과 예측 가능성을 높여야 한다.

[개정 제안] 제2조(정의) 신설(안)
3. "이해관계자"란 관계기관에 인·허가 등 관계기관의 업무에 관한 민원을 제기한 개인, 법인 또는 법인 아닌 단체를 말한다.
4. "이해관계자 협회"란 이해관계자가 속한 협회로서 법에 명시적 근거를 두고 공적 역할을 담당하는 별표에 규정된 협회를 말한다.

[개정 제안] 제5조(신청 및 접수) 제2항 신설(안)
② 이해관계자 협회가 감사원에 사전컨설팅감사를 신청하고자 하는 경우 '사전컨설팅감사 신청서'(별지 제1-1호서식)를 작성한 후 감사원에 제출하여야 한다.

CHAPTER 6

[결 론]
적극행정, 대한민국 기업의 새로운 경쟁력이 되다

01.

요약: 닫힌 행정에서 열린 행정으로

(1) 감사 공포를 넘어선 혁신

우리는 앞서 수많은 기업들이 규제라는 벽 앞에서 좌절하고, 공무원들이 감사라는 족쇄 때문에 주저하는 현실을 목격했다. 하지만 동시에 '사전컨설팅'이라는 제도를 통해 그 벽을 허물고 새로운 길을 만들어낸 20여 가지의 생생한 성공 사례들도 확인했다. 이것은 단순한 행정 절차의 변화가 아니라, 우리 사회가 문제를 해결하는 방식이 진화하고 있다는 증거다.

이 책에서 다룬 내용의 핵심은 명확하다.

규제는 불변의 진리가 아니다. 시대와 환경이 변하면 규제도 유연하게 해석되어야 하며, 그 해석의 기준은 '국민의 이익'이어야 한다.

사전컨설팅은 면책 도구가 아니다. 이는 공무원이 소신 있게 일하게 하고, 기업이 예측 가능한 환경에서 투자하게 만드는 '국가 경쟁력 강화의 도구'다.

(2) 성공을 위한 3가지 키워드

이 제도가 현장에서 제대로 작동하기 위해 우리가 기억해야 할 것은 다음 세 가지다.

- **적극성 (Proactivity)**: 안 되는 이유보다 되는 방법을 찾는 공무원의 의지. 이것이 모든 변화의 시작이다.
- **합리성 (Rationality)**: 사익과 공익의 조화를 찾아내는 감사원의 균형 감각. 무조건적인 허용이 아니라 원칙 있는 유연함이 필요하다.
- **투명성 (Transparency)**: 거짓 없이 정보를 공개하고 정당하게 요구하는 기업의 태도. 신뢰는 투명함에서 나온다.

02.

미래 제언: 기업하기 좋은 나라를 위한 법률가의 소명

(1) 민간 신청권 확대는 'Game Changer'

이제 우리는 한 걸음 더 나아가야 한다. 행정기관 내부의 전유물이었던 사전컨설팅 신청권을 과감하게 민간에게 개방해야 한다. 앞서 제안한 '협회(단체) 경유형 신청제'는 그 첫걸음이 될 것이다.

기업이 직접 목소리를 내고, 협회가 전문성을 바탕으로 이를 정제하며, 감사원이 공정하게 심판하는 이 '3각 협력 모델'이 정착된다면, 대한민국은 규제 개혁의 새로운 패러다임을 선도하는 국가가 될 것이다. 이것은 단순히 민원을 해결하는 차원을 넘어, 우리 경제의 역동성을 되살리는 게임체인저(Game Changer)가 될 것이다. 기업이 행정의 객체가 아니라 주체로서 규제 개혁에 참여하는 새로운 시대가 열리는 것이다.

(2) 함께 만드는 적극행정 생태계

적극행정은 공무원 혼자 하는 것이 아니다. 기업은 끊임없이 혁신을 시도하며 규제의 빈틈을 메워달라고 요구해야 하고, 정부는 그 요구를 귀찮은 민원이 아닌 '혁신의 신호'로 받아들여야 한다.

법은 기업을 옥죄는 그물이 아니라, 기업이 마음껏 뛰어놀 수 있도록 안전을 지켜주는 울타리가 되어야 한다. 사전컨설팅 제도가 그 튼튼한 울타리가 되어, 대한민국 모든 기업이 두려움 없이 도전하고 성장하는 미래를 기대한다.

"규제 때문에 안 된다"는 말이 사라지는 그날까지, 우리의 적극행정은 계속되어야 한다.

사례집

사전컨설팅 상세 사례 분석

본 사례집은 2019년부터 2024년까지 사전컨설팅 제도로 접수된 실제 사례들을 심층 분석한 것이다. 제도의 태동기부터 현재까지 현장에서 어떤 고민들이 있었고, 감사원이 어떠한 논리와 기준으로 적극행정의 가이드라인을 제시했는지 구체적으로 살펴봄으로써 실무자들의 이해를 돕고자 한다.

제1절.

[경제/기업지원] 기업의 손톱 밑 가시를 뽑다

1. 인정 사례

Case 01 **[인용] "이 기술은 저 회사밖에 모르는데 입찰을 해야 하나요?"**

- 기술 보안 및 연계성이 필수적인 연구개발 사업의 수의계약 인정 -

- **사안**: 전북 자동차융합기술원은 군용 및 상용차 개발 국책사업을 추진하면서, 원천 기술을 보유한 A사(타타대우상용차)의 기본설계 도면을 제공받아 이를 기반으로 상세 설계를 진행해야 했다.
- **쟁점**: 「지방계약법」상 용역 계약은 일반경쟁입찰이 원칙이다. 그러나 A사는 기술 보안 유지를 이유로 자신들이 지정한 특정 업체(B사)와 계약할 것을 요구했고, 그렇지 않을 경우 핵심 기술 제공이 어렵다는 입장이었다.

• **난관:** 원칙대로 경쟁입찰을 진행하자니 원천 기술 제공사가 사업 참여를 거부하여 사업 자체가 무산될 위기였고, 특정 업체와 수의계약을 하자니 특혜 시비가 우려되는 진퇴양난의 상황이었다.

• **해결: [감사원 컨설팅]** 감사원은 해당 사업이 A사의 상용차 플랫폼(핵심 기술)을 기반으로 하므로, A사가 지정한 업체 외의 다른 업체가 수행할 경우 기술 유출 우려가 있고 사업의 호환성이 떨어진다고 판단했다. 따라서 이는 '특정인의 기술이 필요하여 경쟁을 할 수 없는 경우'에 해당하므로 수의계약 체결이 가능하다고 해석했다.

• **결과:** 핵심 기술 유출 우려 없이 적기에 연구개발 사업을 착수하여 지역 자동차 산업 경쟁력을 확보했다.

Case 02 [인용] "신용 낮은 국가의 사업 수주, 심사 기준을 낮춰도 되나요?"

- 한국수출입은행 특별계정 설치에 따른 심사 기준 완화 -

- **사안:** 정부는 경제 활력을 위해 이라크 등 국가신용도는 낮지만 우리 기업의 진출 수요가 높은 국가의 사업 수주를 지원하고자 한국수출입은행에 '특별계정'을 설치하기로 했다.
- **쟁점:** 「한국수출입은행법」상 일반계정 대출 시에는 상환의 확실성에 대해 '확실하고 충분한 심사'를 거쳐야 한다고 규정되어 있다. 그러나 신용도가 낮은 국가의 사업은 구조적으로 이 기준을 충족하기 어려워, 특별계정 설치 후에도 실무진들이 감사 지적을 우려해 지원을 꺼리는 상황이었다.
- **난관:** 법령상 특별계정에 대해서는 심사 기준에 대한 명시적 규정이 없어, 일반계정과 동일한 엄격한 잣대를 들이대면 정책금융 지원이라는 당초 목적을 달성할 수 없었다.
- **해결: [감사원 컨설팅]** 감사원은 특별계정(법 제18조 제5항)은 일반적인 심사 기준으로는 지원이 어렵지만 정책적으로 필요한 경우를 위해 만들어진 별도의 조항임을 강조했다. 따라서 일반계정에 적용되는 '확실하고 충분한 심사' 의무 규정(법 제25조 제1항)이 특별계정에는 적용되지 않는다고 해석했다.
- **결과:** 수출입은행은 저신용 국가 사업에 대해서도 정책적 필요성과 사업성을 종합적으로 고려하여 자금을 지원할 수 있게 되었고, 우리 기업의 해외 수주 경쟁력을 높이는 계기가 되었다.

Case 03 [인용] "회사가 망하게 생겼는데, 과징금을 깎아줘도 됩니까?"

- 기업 회생계획안에 포함된 과징금 면책 동의 -

- **사안**: 공정거래위원회로부터 116억 원의 입찰담합 과징금을 부과받은 A식품기업이 경영난으로 회생절차(법정관리)에 들어갔다. 기업은 과징금의 80%를 면책(탕감)하고 나머지만 갚겠다는 회생계획안을 제출했고, 채권자인 공정위의 동의가 필요했다.

- **쟁점**: 일반적으로 세금이나 벌금 등 공익적 채권은 감면 대상이 아니다. 공정위 내부에서는 과징금을 면책해 주는 것에 동의할 법적 근거가 불명확하여 주저하고 있었다.

- **난관**: 공정위가 동의하지 않으면 회생계획이 부결되어 기업은 파산하게 된다. 파산 시 공정위가 회수할 수 있는 돈(청산가치)은 18억 원에 불과하지만, 회생 시에는 23억 원을 받을 수 있고 110여 개 협력업체의 연쇄 도산도 막을 수 있는 상황이었다.

- **해결**: **[감사원 컨설팅]** 감사원은 「채무자회생법」상 면책이 금지되는 청구권 목록에 '조세, 벌금' 등은 있지만 '과징금'은 명시되어 있지 않다는 점에 주목했다(대법원 판례 인용). 따라서 기업의 청산보다 회생이 국가 재정(채권 회수) 및 경제적 파급효과(협력업체 보호) 측면에서 더 유리하다면, 공정위가 과징금 일부 면책이 포함된 회생계획안에 동의하는 것은 가능하다고 판단했다.

- **결과**: 공정위의 동의로 기업은 파산을 면하고 경영 정상화의 기회를 얻었으며, 협력업체들의 피해를 최소화했다.

Case 04 [인용] "마차를 운영하고 싶은데 허가해 줄 법이 없습니다"

- 법령 미비 시 사법상 계약을 통한 신규 관광사업 허용 -

- **사안**: 단양군의 폐지된 도로(현재 탐방로 및 자전거도로로 사용)에서 민간 사업자가 유럽형 관광마차 사업을 하겠다고 신청했다.

- **쟁점**: 관련 법령상 마차 사업에 대한 인허가 규정이 전무했다. 승마장업도 아니고, 도로점용 허가 대상도 아니어서 허가를 내줄 근거도, 그렇다고 막을 근거도 모호했다.

- **난관**: 마차는 「도로교통법」상 '차(車)'에 해당하여 도로 통행 자체는 불법이 아니지만, 안전사고나 환경오염(분뇨 악취) 우려가 있어 단양군은 고민에 빠졌다.

- **해결**: **[감사원 컨설팅]** 감사원은 인허가 규정이 없다고 해서 손을 놓고 있을 것이 아니라, 지자체와 사업자 간의 '협의(사법상 계약)'를 통해 문제를 해결할 수 있다고 보았다. 즉, 별도의 허가증을 발급하는 대신, 안전 배상 책임, 운행 구간 제한, 청결 유지 의무 등을 담은 '사용 협의서'를 작성하여 사업자에게 공적 책임을 부과하는 방식으로 사업을 허용하도록 했다.

- **결과**: 규제 사각지대에 있던 신규 관광 사업을 양성화하여 지역 관광을 활성화하되, 안전과 환경에 대한 안전장치를 마련했다.

Case 05 [인용] "재공고 입찰도 유찰됐는데, 꼭 최저가 업체랑 계약해야 하나요?"

- 재공고 유찰 후 수의계약 시 계약 상대자 결정 방법 -

- **사안:** 인천국제공항공사는 제4활주로 계기착륙시설 구축 사업을 위해 경쟁 입찰을 공고했으나, A사 단독 응찰로 유찰되었다. 재공고 입찰마저 A사 단독 응찰로 유찰되자, 공사는 수의계약을 추진하게 되었다.

- **쟁점:** 경쟁사인 B사는 입찰 조건이 불리하다며 입찰을 포기한 상태였다. 공사는 A사 단독 견적으로 수의계약을 할지(시행령 제30조), 아니면 B사도 포함하여 견적을 받아 더 유리한 조건을 제시한 업체와 계약해야 할지(시행규칙 제32조) 고민했다.

- **난관:** A사와 단독 계약 시 경쟁 부재로 인한 가격 효율성 저하가 우려되었고, B사를 포함하면 입찰을 포기한 업체에 기회를 준다는 공정성 논란이 있을 수 있었다.

- **해결: [감사원 컨설팅]** 감사원은 「국가계약법 시행령」에 따라 재공고 입찰이 유찰된 경우 수의계약이 가능하며, 이때 1인 견적(A사)만 받아도 되고, 다수(A사, B사 등)로부터 견적을 받아 더 유리한 조건을 선택해도 된다고 해석했다. 즉, 발주처가 사업의 긴급성, 계약의 공정성, 예산 절감 등을 종합적으로 고려하여 가장 유리한 방식을 선택할 재량이 있음을 확인해 주었다.

- **결과:** 공사는 법적 불확실성을 해소하고, 사업 상황에 맞춰 가장 효율적인 계약 방식을 선택할 수 있게 되었다.

Case 06 [인용] "산단 내 식당, 왜 우리 회사 직원만 써야 하나요?"

- 산업단지 내 소규모 기업들을 위한 공동 집단급식소 설치 허용 -

- **사안:** 화성바이오밸리 산업단지에 입주한 소규모 기업(50인 미만)들이 개별적으로 급식소를 운영하기 어려워, 여러 업체가 모여 '공동 집단급식소'를 설치하고 운영하기로 했다.

- **쟁점:** 「식품위생법」은 소규모 업체의 공동 급식소 운영을 허용하고 있으나, 「산업집적법」은 공장 부대시설인 식당을 '해당 공장 종업원만 이용'하도록 규정하고 있어 법령 간 충돌이 발생했다. 인근 일반 식당들은 이를 이유로 '불법 영업'이라며 민원을 제기했다.

- **난관:** 화성시는 「식품위생법」상 적법하게 신고를 수리했으나, 「산업집적법」 위반 소지가 있다는 이유로 신고 수리를 거부하거나 취소해야 하는지 딜레마에 빠졌다. 경찰과 검찰은 무혐의 처분을 내렸으나, 민원은 계속되었다.

- **해결:** **[감사원 컨설팅]** 감사원은 「식품위생법」과 「산업집적법」의 입법 목적이 다르다는 점을 강조했다. 급식소 설치 신고는 '식품위생법'상 요건(위생 등)을 갖추면 수리해줘야 하는 것이 원칙이며, 타 법령(산업집적법) 위반 여부는 별개의 문제라고 보았다. 또한, 소규모 기업의 복지 증진이라는 현실적 필요성을 인정하고, 산업부도 관련 규제 개선을 추진 중인 점을 고려하여, 화성시가 「산업집적법」 위반 우려를 이유로 신고 수리를 거부해서는 안 된다고 판단했다.

- **결과:** 소규모 기업 근로자들의 식사 해결 어려움을 해소하고, 기업 간 상생 협력 모델을 안착시켰다.

Case 07 [인용] "혁신제품을 사준다더니 검사 기준이 너무 까다롭습니다"

- 기술혁신 시제품 시범구매 사업의 검사 기준 완화 및 불용 처리 -

- **사안**: 조달청은 상용화 전 단계의 혁신적인 시제품을 정부 예산으로 구매해 공공기관에서 써보게 하는 '시범구매 사업'을 추진했다. 문제는 납품 단계에서의 검사 기준이었다.

- **쟁점**: 계약 예규상 납품 물품은 계약서대로 완벽한지 '검사'하고 1년간 '보증'해야 한다. 그러나 시제품은 테스트 과정에서 성능을 확인하는 것이 목적이라, 처음부터 완벽한 성능(테스트 수행계획서상 목표치)을 요구하면 납품 자체가 불가능할 수 있었다.

- **난관**: 엄격한 기준을 적용하자니 혁신 제품 도입이 막히고, 느슨하게 하자니 계약 규정 위반이 우려되는 상황이었다.

- **해결**: **[감사원 컨설팅]** 감사원은 이 사업의 본질이 '완제품 구매'가 아니라 '시제품 테스트 기회 제공'임에 주목했다. 따라서 납품 단계에서는 '조달시스템에 등록된 규격(기본 사양)' 수준으로만 검사·보증을 받고, 이후 현장 테스트 결과는 별도의 용역 수행 결과로 처리하는 것이 타당하다고 해석했다. 또한, 테스트가 끝난 시제품은 소유권을 수요기관에 넘겨주기 위해 '불용 결정'을 하는 것도 가능하다고 보았다.

- **결과**: 스타트업 등의 혁신 기술이 공공조달 시장에 진입할 문턱을 낮추고, 테스트 후 활용 방안까지 명확히 했다.

Case 08 [인용] "기존 시스템과 연결해야 하는데, 따로 발주해도 되나요?"

- 인천공항 수하물처리시설(BHS)의 분리발주 허용 -

- **사안:** 인천국제공항은 제4활주로 신설에 따라 새로운 수하물처리시설(4단계)을 설치하고, 이를 기존 시설(3단계)과 연결해야 했다. 기존 3단계 시설은 독일 A사(지멘스)가 설치한 것이었다.
- **쟁점:** 공사는 4단계 신설과 3단계 연결 공사를 묶어서(통합) 발주할지, 따로(분리) 발주할지 고민했다. 통합 발주하면 관리하기 편하지만, 기존 시스템을 잘 아는 A사에게만 절대적으로 유리해 다른 업체들의 진입이 막힐 우려가 있었다.
- **난관:** 다른 글로벌 경쟁사들은 "통합 발주하면 입찰에 참여하지 않겠다"고 반발했고, A사는 통합 발주를 선호했다.
- **해결:** **[감사원 컨설팅]** 감사원은 공정한 경쟁 유도를 위해 '분리 발주'가 바람직하다고 판단했다. 신규 4단계 시설은 경쟁 입찰로 다양한 업체의 참여를 유도하되, 기존 3단계 시설의 개조·연결 공사는 기술적 호환성과 책임 소재를 고려해 기존 업체인 A사와 수의계약을 맺는 것이 합법적이고 합리적이라고 교통정리를 했다.
- **결과:** 기술적 안정성을 확보하면서도 입찰의 공정성을 해치지 않는 '솔로몬의 지혜'를 발휘했다.

Case 09 [인용] "소재 · 부품 국산화가 시급한데, 찍어서 지원해도 됩니까?"

- 일본 수출규제 대응을 위한 '정책지정' R&D 과제 선정 허용 -

• **사안**: 일본의 수출 규제 사태로 핵심 소재·부품의 국산화가 발등의 불이 되었다. 산업통상자원부는 시급성을 고려해 공모 절차를 생략하고 특정 기업을 지정해 지원하는 '정책지정' 방식과, 성공 확률을 높이기 위해 여러 기업에 중복 지원하는 '복수지원' 방식을 도입하려 했다.

• **쟁점**: 특정 기업을 비공개로 지정하는 것은 특혜 시비를, 중복 지원은 예산 낭비 논란을 불러일으킬 수 있었다. 실무진은 감사 지적을 우려해 소극적일 수밖에 없었다.

• **해결**: **[감사원 컨설팅]** 감사원은 국가적 위기 상황에서 신속한 기술자립이 무엇보다 중요하다는 점을 인정했다. 법령상 산업부 장관에게 R&D 운영에 대한 광범위한 재량이 부여되어 있으므로, 내부 통제 장치(선정위원회 심의 등)를 마련하여 공정성을 확보한다면, 기업 위주의 정책지정과 중복 지원도 가능하다고 판단했다.

• **결과**: 핵심 소재·부품 기업들이 신속하게 R&D 자금을 지원받아 국산화 개발에 착수할 수 있는 길을 열어주었다.

Case 10 [인용] “리콜하랬더니 다 뜯어고치라니요? SW만 바꾸면 되는데...”

- 전력량계 리콜 방식의 합리적 개선 (SW 업그레이드 허용) -

- **사안**: 한전이 납품받은 전력량계 125만 대에서 데이터 전송 시각 오류가 발생했다. 기계 결함이 아니라 내장 소프트웨어(펌웨어) 문제였다.
- **쟁점**: 계약서상 리콜은 ‘수리, 교체, 환급’이 원칙이었다. 기계를 떼어내 전량 교체하려면 비용이 1,000억 원이나 들고 시간도 수년이 걸려 납품 업체(중소기업)들의 연쇄 부도가 우려되었다. 반면, 소프트웨어만 업그레이드하면 62억 원이면 충분했다.
- **난관**: ‘업그레이드’가 계약상 ‘수리’의 범주에 포함되는지 불명확했고, 한전은 원칙대로 교체를 요구해야 하는지 고민했다.
- **해결**: **[감사원 컨설팅]** 감사원은 리콜의 본질적 목적이 ‘하자 제거 및 재발 방지’에 있다는 점을 강조했다. 기술적 검증을 통해 소프트웨어 업그레이드만으로도 결함이 완벽히 해소된다면, 굳이 막대한 사회적 비용을 치르며 기계를 교체할 필요가 없다고 보았다. 따라서 업그레이드 방식도 유효한 리콜 조치로 인정했다.
- **결과**: 중소기업들의 도산을 막고, 국가 예산 낭비와 행정력 소모를 획기적으로 줄인 대표적인 적극행정 사례다.

Case 11 [인용] "전염병 때문에 돼지값이 폭락했는데, 보상금 기준을 바꿔도 되나요?"

- 아프리카돼지열병(ASF) 살처분 보상금 지급 기준의 소급 적용 허용 -

- **사안**: 아프리카돼지열병 발생으로 돼지 가격이 급락했다. 현행 규정은 '살처분 당일 시세'로 보상금을 주도록 되어 있어, 살처분이 늦어진 농가는 더 적은 보상금을 받게 되는 불합리한 상황이었다.

- **쟁점**: 농식품부는 보상금 기준을 '전염병 발생 전월 평균 시세(더 높음)'로 변경하는 고시 개정을 추진했으나, 이를 개정 전 살처분 농가에도 소급 적용할 수 있는지가 문제였다.

- **해결**: **[감사원 컨설팅]** 감사원은 이것이 국민에게 혜택을 주는 '시혜적 소급입법'에 해당하므로 입법 재량으로 허용된다고 보았다. 따라서 개정 규정을 소급 적용하여 더 높은 금액을 보상하되, 만약 살처분 당일 시세가 더 높았던 초기 농가가 있다면 그들에게 불리하지 않도록 '유리한 가격을 적용한다'는 경과 규정을 두어 농가들의 신뢰를 보호하도록 했다.

- **결과**: 전염병 방역에 협조한 피해 농가들의 경제적 손실을 최소화하고 보상 형평성을 제고했다.

Case 12 [인용] "술도 앱으로 주문하고 매장에서 찾아가면 안 되나요?"

- 주류의 스마트오더(Smart Order) 방식 통신판매 허용 -

- **사안**: 최근 스타벅스 사이렌오더처럼 모바일 주문이 일상화되었으나, 주류 업계는 규제 때문에 이를 도입하지 못하고 있었다. 국세청 고시는 주류의 통신판매(온라인 주문 등)를 엄격히 금지하고 있기 때문이다.
- **쟁점**: 스마트폰 앱으로 술을 주문·결제하고 매장에서 수령하는 방식(스마트오더)이 금지된 '통신판매'에 해당하는지가 불분명했다.
- **난관**: IT 기술 발전에 따른 소비 트렌드 변화를 반영해야 한다는 요구와, 청소년 보호 및 주류 유통 질서 확립이라는 규제 명분이 충돌했다.
- **해결**: **[감사원 컨설팅]** 감사원은 스마트오더 방식이라도 '최종 수령'은 매장에서 대면으로 이루어진다는 점에 주목했다. 판매자가 수령 시점에 신분증을 확인한다면 청소년 판매 금지라는 규제 목적을 달성할 수 있으므로, 단순한 결제 편의를 위한 스마트오더 방식은 허용하는 것이 타당하다고 판단했다.
- **결과**: 주류 산업의 유통 혁신을 이끌고 소상공인의 매장 운영 효율성과 소비자 편의를 동시에 높였다.

Case 13 [인용] "서류가 늦어서 유턴기업 혜택을 못 받는다니요?"

- 해외 진출 기업의 국내 복귀(U-turn) 지원 요건 완화 -

- **사안:** 중국에 진출했던 A기업은 국내 복귀를 위해 현지 공장을 폐쇄하고 한국 공장을 신설했다. 그러나 중국 정부의 행정 처리가 지연되어 '청산 종결 서류'가 법정 기한보다 늦게 발급되었고, 이 때문에 KOTRA로부터 유턴기업 선정을 거부당할 위기에 처했다.

- **쟁점:** 「해외진출기업 복귀법」은 선정 신청일 이전에 해외 사업장을 청산할 것을 요건으로 한다. 형식적인 서류 일자만 보면 요건 미비였다.

- **난관:** 기업의 귀책사유가 아닌 상대국(중국)의 행정 지연 때문에 실질적인 투자를 하고도 지원을 못 받는 불합리한 상황이었다.

- **해결:** **[감사원 컨설팅]** 감사원은 A기업이 신청일 이전에 이미 공장 가동을 중단하고 자산을 매각하는 등 '실질적인 청산 절차'를 마쳤음을 확인했다. 서류 발급 지연은 불가항력적인 사유이므로, 형식적 서류 일자보다는 실질적인 청산 사실을 인정하여 유턴기업으로 선정하는 것이 제도의 취지(국내 투자 활성화)에 부합하다고 보았다.

- **결과:** 기업의 억울함을 해소하고 국내 복귀 투자를 성공적으로 유치했다.

Case 14 [인용] "염전에 태양광 패널을 설치하면 안 되나요?"

- 염전 바닥을 활용한 수중 태양광 발전 허용 -

- **사안**: 천일염 가격 폭락으로 어려움을 겪는 염전 어업인들이 소득 증대를 위해 염전 증발지(물 가두는 곳) 위에 태양광 패널을 설치하여 전기와 소금을 동시에 생산하고자 했다.

- **쟁점**: 「천일염산업법」상 염전은 소금 생산 목적으로만 사용해야 하므로, 태양광 발전 시설 설치가 가능한지 불분명했다.

- **해결**: **[감사원 컨설팅]** 감사원은 염전의 바닥에 태양광 시설을 설치하더라도 소금 생산 기능을 유지한다면(수중 태양광), 이는 염전의 본래 기능을 훼손하지 않으면서 어업인의 추가 소득을 창출하는 상생 모델이라고 보았다. 따라서 이를 염전의 목적 외 사용으로 보지 않고 허용하도록 했다.

- **결과**: 쇠퇴하는 염전 산업에 신재생에너지라는 새로운 활로를 열어 주었다.

Case 15 [인용] "혁신기업에 돈 빌려줬다 떼이면 징계받나요?"

- 신산업 혁신기업 지원 임직원에 대한 고의·중과실 배제 추정 -

- **사안**: 산업은행은 정부의 혁신성장 정책에 맞춰 신산업 분야 기업에 대한 자금 지원을 확대하려 했다. 그러나 신산업은 실패 위험이 커서, 실무자들은 대출 부실 발생 시 징계 등 신분상 불이익을 우려해 소극적일 수밖에 없었다.

- **쟁점**: 「금융위원회의 설치 등에 관한 법률」 등은 고의나 중과실이 없는 경우 면책하도록 규정하고 있으나, '중과실'의 판단 기준이 모호하여 실무자들의 불안감을 해소하기 어려웠다.

- **난관**: 적극적으로 지원하다가 결과가 나쁘면 책임을 져야 한다는 부담감 때문에, 자금 지원이 꼭 필요한 혁신 기업들이 적기에 자금을 받지 못할 우려가 컸다.

- **해결**: **[감사원 컨설팅]** 감사원은 금융위와 산업은행이 마련한 '면책제도 개편방안'을 승인했다. 사적인 이해관계가 없고 규정과 절차를 준수하여 혁신기업을 지원했다면, 부실이 발생하더라도 고의나 중과실이 없는 것으로 '추정'하여 면책 범위를 대폭 강화하는 내용이다.

- **결과**: 금융 공공기관 직원들이 감사 부담을 덜고 혁신 성장 분야에 모험자본을 적극적으로 공급할 수 있는 환경을 조성했다.

Case 16 [인용] "전시회 같이 여는데, 꼭 입찰해야 하나요?"

- 문화재청과 민간 재단 간의 공동 전시회 개최 협약 허용 -

- **사안:** 문화재청(국립고궁박물관)은 '궁중 보자기' 등을 주제로 한 특별전을 개최하면서, 전문성을 가진 민간 재단(서울디자인재단)과 공동으로 주최하고자 했다.

- **쟁점:** 국가계약법상 용역은 경쟁 입찰이 원칙이다. 특정 재단과 '공동 주최 협약'을 맺고 예산을 분담하는 방식이 특정 업체에 일감을 주는 수의계약 특혜로 비칠 우려가 있었다.

- **난관:** 디자인 전문성이 필수적인 전시였으나, 입찰을 거칠 경우 해당 재단이 선정된다는 보장이 없어 전시 퀄리티를 장담할 수 없었다.

- **해결: [감사원 컨설팅]** 감사원은 이 사업이 단순한 용역 발주가 아니라, 양 기관이 각자의 자원(유물, 디자인 역량)을 투입하여 공익적 가치(문화유산 홍보)를 창출하는 '공동 협력 사업'의 성격을 가진다고 보았다. 따라서 국가계약법상의 계약이 아닌 '협약' 방식을 통해 공동 주최하는 것이 가능하다고 판단했다.

- **결과:** 기관 간 칸막이를 없앤 협업을 통해 수준 높은 전시 콘텐츠를 국민에게 제공했다.

Case 17 [인용] "소상공인 대출 줄이 너무 긴데, 은행이 대신 심사하면 안 됩니까?"

- 코로나19 긴급 경영안정자금 대출 심사 업무의 시중은행 위탁 허용 -

• **사안:** 코로나19로 소상공인들의 대출 신청이 폭증하여 지역신용보증재단 앞에는 새벽부터 긴 줄이 이어졌다. 재단 인력만으로는 심사가 지연되어 자금이 제때 공급되지 못했다.

• **쟁점:** 「지역신용보증재단법」상 보증 심사는 재단의 고유 업무이므로, 이를 민간 시중은행에 위탁하는 것이 법적 근거가 없고 책임 소지가 불분명하다는 논란이 있었다.

• **난관:** 법을 지키자니 소상공인이 망하고, 위탁을 하자니 법 위반이 되는 긴박한 상황이었다.

• **해결:** **[감사원 컨설팅(패스트트랙)]** 감사원은 이것이 국가적 재난 상황에서 소상공인의 생존권이 달린 문제임을 직시했다. 중기부가 시중은행에 심사 업무를 위탁할 수 있도록 관련 고시를 개정하거나, 적극행정위원회 의결을 거친다면 사후에 면책해 주기로 결정했다.

• **결과:** 대출 심사 속도가 획기적으로 빨라져 소상공인들이 적기에 유동성을 확보할 수 있었다.

Case 18 [인용] "입찰이 계속 유찰되는데, 유일한 희망인 이 업체와 계약해도 될까요?"

- 인천공항 탑승교 설치 사업의 수의계약 허용 -

- **사안**: 인천국제공항 4단계 건설사업에 필요한 '원격탑승교' 구매 입찰이 3번이나 유찰되었다. 유일하게 입찰에 참여한 A업체와 수의계약을 하고 싶었으나, 특혜 시비가 두려웠다.

- **쟁점**: 재공고 입찰 유찰 시 수의계약이 가능하지만, 1,200억 원 규모의 대형 사업을 단독 견적으로 진행하는 것에 대한 부담이 컸다.

- **해결**: **[감사원 컨설팅]** 감사원은 이미 충분한 경쟁 기회를 부여했음에도 다른 업체가 참여하지 않았고, 공기 준수가 시급하다는 점을 고려했다. 따라서 유일한 응찰자인 A사와 수의계약을 체결하는 것이 국가계약법상 허용되며, 기술적 검증을 철저히 한다면 문제가 없다고 확인해 주었다.

- **결과**: 핵심 시설의 적기 확보를 통해 공항 건설 일정 차질을 방지했다.

Case 19 [인용] "코로나로 박람회가 취소됐는데, 온라인으로 열면 안 되나요?"

- 코로나19 확산 방지를 위한 핀테크 박람회의 온라인 개최 허용 -

- **사안**: 금융위원회는 매년 개최하던 '코리아 핀테크 위크' 박람회를 코로나19 확산 우려로 오프라인 개최가 불가능해지자 온라인 박람회로 전환하려 했다.

- **쟁점**: 기획재정부의 예산 집행 지침상 '행사비'는 오프라인 행사를 전제로 편성된 것이라, 이를 온라인 플랫폼 구축비 등 '정보화 사업비' 성격으로 전용하여 집행하는 것이 가능한지가 문제였다.

- **난관**: 예산의 목적 외 사용 금지 원칙에 저촉될 우려가 있어 실무진이 주저하고 있었다.

- **해결**: **[감사원 컨설팅]** 감사원은 코로나19라는 국가적 재난 상황에서 감염병 확산을 방지하면서도 핀테크 기업 지원이라는 정책 목표를 달성하기 위해서는 온라인 전환이 불가피하다고 보았다. 따라서 당초 편성된 행사 예산을 온라인 개최 비용으로 변경하여 집행하는 것은 '적극행정'의 일환으로 허용된다고 판단했다.

- **결과**: 세계 최초의 온라인 핀테크 박람회를 성공적으로 개최하여 핀테크 기업들의 홍보 및 투자 유치를 지원했다.

Case 20 [인용] "코로나로 힘든데 전기요금 좀 깎아주면 안 됩니까?"

- 코로나19 피해 소상공인 등을 위한 전기요금 감면 및 납부유예 -

- **사안:** 코로나19로 인한 경기 침체로 소상공인과 취약계층의 어려움이 가중되자, 산업통상자원부와 한국전력공사는 전기요금 감면 및 납부기한 연장을 추진했다.

- **쟁점:** 전기사업법 및 한전 약관상 요금 감면은 제한적으로 규정되어 있어, 대규모 감면 조치를 시행할 법적 근거가 명확하지 않았다. 또한, 공기업인 한전의 재무 건전성 악화에 대한 배임 우려도 있었다.

- **난관:** 법령 개정이나 약관 변경 절차를 밟기에는 시간이 너무 오래 걸려, 당장 생계가 막막한 소상공인들에게 적기에 지원하기 어려웠다.

- **해결:** **[감사원 컨설팅]** 감사원은 이것이 재난 상황에서의 긴급한 민생 안정 대책임을 감안했다. 산업부가 한전의 공익적 역할을 고려하여 정책적으로 결정한 사항이라면, 한전 이사회가 경영상의 합리적 판단을 거쳐 요금 감면을 의결하는 것은 배임에 해당하지 않는다고 해석하여 신속한 지원을 가능케 했다.

- **결과:** 수백만 소상공인과 취약계층의 공공요금 부담을 덜어주어 경제적 위기 극복에 기여했다.

Case 21 [인용] "10년 넘게 멈춘 골프장 공사, 사업자 바꿔서 다시 하면 안 되나요?"

- 장기 중단된 골프장 조성 사업의 대체 사업자 지정 및 계획 변경 승인 -

- **사안**: 강원도 홍천의 한 골프장 조성 사업이 시행사의 부도로 10년 가까이 방치되어 있었다. 새로운 사업자가 나타나 사업권을 인수하고 공사를 재개하려 했으나, 기존 사업 승인이 취소되지 않은 상태라 중복 승인 문제가 있었다.
- **쟁점**: 「체육시설법」상 기존 사업 계획 승인을 취소한 뒤에야 새로운 사업자를 지정할 수 있는지, 아니면 '변경 승인' 형식을 통해 사업자 명의를 바꿀 수 있는지가 쟁점이었다. 기존 사업자는 연락 두절 상태라 취소 절차를 밟기도 어려웠다.
- **난관**: 원칙적인 절차(취소 후 신규 승인)를 고집하면 청문 등 행정 절차에 시간이 오래 걸려 새 사업자도 투자를 포기할 상황이었다.
- **해결**: **[감사원 컨설팅]** 감사원은 해당 사업장이 장기간 방치되어 산림 훼손과 재해 위험이 크다는 점에 주목했다. 기존 사업자가 사실상 사업 수행 능력을 상실했고, 새 사업자가 부지 소유권을 모두 확보했다면, '변경 승인'을 통해 신속하게 사업 주체를 변경하고 공사를 재개하도록 하는 것이 국토의 효율적 이용과 재해 예방이라는 공익에 부합한다고 판단했다.
- **결과**: 흉물로 방치되었던 공사 현장이 정상화되어 지역 경제 활성화와 안전 확보에 기여했다.

Case 22 [인용] "함정 시운전 중 사고 나면 누가 책임지나요?"

- 함정 시운전 보험료의 총사업비 반영 허용 -

- **사안**: 방위사업청은 군함 건조 후 시운전(시험평가) 단계에서 발생하는 사고 위험에 대비하기 위해 '시운전 보험' 가입을 의무화하려 했다.
- **쟁점**: 기획재정부의 「총사업비 관리지침」상 보험료 반영 근거가 명확하지 않았다. 조선업체들은 불황으로 경영난을 겪고 있어, 보험료를 업체가 전액 부담할 경우 건조 사업 참여를 기피하거나 부실해질 우려가 있었다.
- **난관**: 국가 예산으로 민간 업체의 리스크를 덜어주는 보험료를 지원하는 것이 타당한지에 대한 논란이 있었다.
- **해결**: **[감사원 컨설팅]** 감사원은 함정 시운전이 고위험 업무이며, 사고 발생 시 조선소의 파산은 물론 전력화 지연이라는 국가 안보상 손실로 이어진다는 점을 중시했다. 따라서 시운전 보험료를 '관급(정부부담)'으로 총사업비에 반영하여 국가가 리스크를 분담하는 것이 방위산업 생태계 보호와 안정적 전력화에 기여한다고 판단했다.
- **결과**: 조선업체의 부담을 완화하고 함정 건조 사업의 안정성을 확보했다.

Case 23 [인용] "호텔과 병원을 꼭 짓게 하고 싶은데, 조건을 걸어도 되나요?"

- 도시개발사업 조성토지 공급 시 자격 제한 및 조건 부여 허용 -

- **사안**: 의왕시는 백운밸리 도시개발사업을 추진하면서, 업무복합시설용지에는 '4성급 호텔'을, 의료복합시설용지에는 '종합병원'을 유치하고자 했다. 이를 위해 토지 공급 시 신청 자격을 제한하거나, 지정 용도로 사용해야 하는 의무 조건을 걸고 싶어 했다.
- **쟁점**: 「도시개발법」상 조성 토지 공급은 경쟁입찰이 원칙이다. 특정 시설 유치를 위해 자격을 제한하는 것이 법령상 허용된 '기반시설의 원활한 설치를 위해 필요한 경우'에 해당하는지가 문제였다.
- **난관**: 경쟁 입찰 원칙만 고수할 경우, 수익성 높은 오피스텔 등만 난립하고 정작 주민에게 필요한 호텔이나 병원은 들어오지 않을 우려가 있었다.
- **해결**: **[감사원 컨설팅]** 감사원은 종합의료시설은 법령상 '기반시설'에 해당하므로 자격 제한이 가능하다고 보았다. 호텔 등 비(非)기반시설의 경우에도 도시의 자족 기능 확보를 위해 필요한 경우, 지정권자(시장)에게 공급 계획을 변경 제출하여 승인을 받는다면, 합리적인 범위 내에서 자격 제한이나 공급 조건을 부여하는 것이 가능하다고 유연하게 해석했다.
- **결과**: 도시 기능에 필수적인 앵커 시설(호텔, 병원) 유치를 위한 제도적 기반을 마련했다.

Case 24 [인용] “안 쓰는 기름을 팔고 필요한 기름으로 바꿔도 됩니까?”

- 비축유 유종 교체(두바이유→바스라라이트유) 허용 -

- **사안:** 한국석유공사는 비상시를 대비해 원유를 비축하고 있다. 그런데 비축 중인 ‘두바이유’는 국내 정유사들의 수요가 줄어든 반면, ‘바스라라이트유’의 수요는 늘어나고 있었다. 공사는 두바이유를 팔고 그 돈으로 바스라라이트유를 사서 비축(교체)하려 했다.

- **쟁점:** 석유비축 계획상 비축유 교체는 ‘비상시 석유 수급 차질’ 등 제한적인 경우에만 허용되는 것으로 해석될 소지가 있었다. 단순히 효율성을 위해 교체하는 것이 가능한지 불분명했다.

- **난관:** 규정이 모호하여 담당자들은 나중에 “멀쩡한 기름을 왜 팔았냐”는 지적을 받을까 봐 의사결정을 미루고 있었다.

- **해결:** **[감사원 컨설팅]** 감사원은 국내 정유 설비의 고도화로 선호 유종이 바뀐 시장 상황을 반영해야 한다고 보았다. 비축유를 수요가 높은 유종으로 교체하는 것은 국가 자산의 가치를 높이고 위기 대응 능력을 강화하는 조치이므로, 관련 규정을 적극적으로 해석하여 허용했다.

- **결과:** 국가 비축 자산의 운용 효율성을 높이고 국내 정유 산업의 경쟁력을 지원했다.

Case 25 [인용] “공장 설비를 같이 쓰면 방산업체 지정이 안 되나요?”

- 생산시설을 공유하는 업체의 방산업체 지정 요건 완화 -

- **사안:** ㈜한화는 유도무기(천무) 생산을 위해 보은2공장을 신설하면서, 일부 공정(탄약 적재 등)은 인근의 보은1공장 시설을 함께 사용(공유)하고자 했다.
- **쟁점:** 「방위사업법」상 방산업체로 지정받으려면 생산 시설을 ‘보유’해야 한다. 물리적으로 분리된 별도 공장에서 시설을 공유하는 것이 ‘보유’ 요건을 충족하는지가 불분명했다.
- **난관:** 원칙적으로 시설을 따로 갖추라고 하면 막대한 중복 투자가 필요하고 생산 일정도 지연될 상황이었다.
- **해결:** **[감사원 컨설팅]** 감사원은 ‘보유’의 개념을 물리적 소유뿐만 아니라 ‘사용 권한 확보’까지 포괄하는 것으로 해석했다. 두 공장 모두 한화 소유이고, 시설 공유가 생산 능력이나 보안에 문제를 주지 않는다면, 중복 투자 방지와 효율성을 위해 방산업체 지정을 허용하는 것이 타당하다고 판단했다.
- **결과:** 불필요한 설비 투자를 막고 군 전력화 일정을 준수할 수 있도록 지원했다.

Case 26 [인용] "공항 짓는 건설사에 폐교를 빌려줘도 됩니까?"

- 공익사업 시공사에 대한 공유재산(폐교) 수의계약 대부 허용 -

• **사안**: 울릉공항 건설 공사를 맡은 대림산업 컨소시엄은 현장 사무소와 숙소가 필요해, 인근의 폐교(울릉서중학교)를 빌려달라고 교육청에 요청했다.

• **쟁점**: 「공유재산법」상 대부는 경쟁입찰이 원칙이다. 특정 건설사에게 수의계약으로 빌려주는 것이 특혜인지가 문제였다.

• **해결**: **[감사원 컨설팅]** 감사원은 울릉공항 건설이 「공익사업법」에 따른 국책 사업임에 주목했다. 해당 폐교를 공항 건설을 위한 현장 사무소로 사용하는 것은 공익사업 수행에 필수적인 지원이므로, '공익사업을 위해 필요한 경우'로 보아 수의계약이 가능하다고 판단했다.

• **결과**: 국책 사업의 원활한 추진을 지원하고 유휴 공유재산의 활용도를 높였다.

Case 27 [인용] "대기업도 어려운데, 자산 매입 지원해주면 안 되나요?"

- 코로나19 위기 극복을 위한 기업자산 매각지원 프로그램 대상 확대 -

- **사안**: 코로나19 장기화로 기업들의 유동성 위기가 심화되자, 한국자산관리공사(캠코)는 기업 자산을 사들여 유동성을 공급하는 프로그램을 추진했다. 기존에는 중소·중견기업 위주였으나, 대기업까지 포함하고 지원 방식도 다양화(B&H 등)하려 했다.

- **쟁점**: 캠코 내부 규정이나 설립 목적상 대기업 지원이나 직접 투자 방식이 적절한지, 부실 발생 시 배임 책임은 없는지 우려가 있었다.

- **난관**: 실무진들은 "대기업 특혜"나 "손실 발생 시 징계"를 걱정하여 적극적인 지원을 주저했다.

- **해결**: **[감사원 컨설팅]** 감사원은 전례 없는 경제 위기 상황에서 기업의 연쇄 도산을 막기 위한 선제적 조치의 필요성을 인정했다. 정부 관계부처 합동 대책의 일환으로 추진되는 점을 고려하여, 대기업을 포함한 자산 매입 프로그램을 적극적으로 운영하되, 규정 준수 시 사후에 결과 책임을 묻지 않는 면책 특권을 부여했다.

- **결과**: 기업들이 자산을 적기에 매각하여 유동성을 확보함으로써 흑자 도산을 방지하고 고용을 유지할 수 있었다.

Case 28 [인용] "군사보호구역에서 풀렸는데, 군부대 허락을 또 받아야 합니까?"

- 군사기지 보호구역 해제 지역 내 건축 인허가 시 군 협의 의무 면제 -

- **사안**: 파주 운정지구(상업용지)에 고층 복합시설을 지으려는 사업자가 있었다. 해당 지역은 이미 2008년에 군사기지 보호구역에서 해제되었으나, 관할 군부대는 "작전성 검토 결과 고도 제한(131m)을 넘으면 안 된다"며 반대 의견을 냈다.

- **쟁점**: 파주시는 보호구역이 해제되었음에도 관행적으로 군과 협의를 해왔는데, 군의 반대를 이유로 건축 허가를 불허해야 하는지, 아니면 군 협의 자체가 불필요한지 혼란스러웠다.

- **난관**: 군의 작전상 필요성 주장과, 규제 해제 지역에서의 재산권 행사가 정면으로 충돌했다.

- **해결**: **[감사원 컨설팅]** 감사원은 법령상 협의 의무는 '보호구역 안'에서만 적용된다는 점을 명확히 했다. 이미 보호구역에서 해제된 지역이라면 법적으로 군부대와 협의할 의무 자체가 없으므로, 파주시는 군의 반대 의견에 구속되지 않고 자체적으로 인허가 여부를 판단하면 된다고 결론 내렸다.

- **결과**: 그림자 규제로 남아있던 군사 규제를 걷어내고 지역 개발 사업의 불확실성을 해소했다.

Case 29 [인용] "카지노 영업장, 이사 못 가는데 수의계약 됩니까?"

- 대체 불가능한 영업장 임대차 계약의 수의계약 허용 -

- **사안**: 공공기관인 GKL(그랜드코리아레저)은 서울 코엑스 등에서 외국인 전용 카지노를 운영 중이었다. 임대차 계약 만료를 앞두고 경쟁 입찰을 해야 하는지, 현 건물주와 수의계약을 해야 하는지 문제였다.
- **쟁점**: 국가계약법상 임대차는 경쟁 입찰이 원칙이다. 그러나 카지노는 허가받은 장소에서만 영업해야 하고, 보안 시설 등 인테리어 비용만 수백억 원이 들어 이사가 사실상 불가능했다.
- **해결**: **[감사원 컨설팅]** 감사원은 카지노업의 특수성(장소적 제한, 막대한 시설 투자비)을 고려할 때, 다른 건물로 이전하는 것이 사실상 불가능하여 경쟁이 성립될 수 없는 경우에 해당한다고 보았다. 따라서 현 임대인과 수의계약으로 계약을 연장하는 것이 예산 절감 및 영업 연속성 측면에서 타당하다고 판단했다.
- **결과**: 불필요한 입찰 절차와 이전 비용 낭비를 막고 안정적인 영업 환경을 보장했다.

Case 30 [인용] "땅 주인이 바뀌었는데, 시공사를 못 바꿉니까?"

- 개발사업 부지 소유권 변동 시 건축 관계자 변경 신고 수리 허용 -

- **사안**: 제주도 엠버리조트 조성 사업이 중단되면서, 사업 부지가 신탁 공매를 통해 새로운 주인(KB부동산신탁)에게 넘어갔다. 새 주인은 기존 시공사를 배제하고 새로운 시공사를 선정하려 했으나, 관청은 "기존 사업 시행자의 동의가 없다"며 변경 신고를 받아주지 않았다.

- **쟁점**: 관련 법령이나 조례에 사업 시행자 변경에 대한 명확한 규정이 없었고, 기존 시행사는 사업권을 뺏기지 않으려 버티고 있었다.

- **해결**: **[감사원 컨설팅]** 감사원은 개발 사업의 핵심은 '토지 소유권'에 있다고 보았다. 정당한 법적 절차(신탁 공매)를 통해 토지 소유권이 넘어갔다면, 실질적인 사업 주체도 바뀐 것으로 보는 것이 합리적이다. 따라서 기존 시행자의 동의가 없더라도 토지 소유권을 확보한 새 주인의 신청을 받아 건축 관계자(시공사 등)를 변경해 주는 것이 타당하다고 판단했다.

- **결과**: 알박기 등으로 중단된 개발 사업의 정상화 길을 열어주었다.

Case 31 [인용] "코로나로 장사가 안되는데 평가까지 받으라니요?"

- 코로나19 여파에 따른 고속도로 휴게소 운영 서비스 평가 유예 -

- **사안:** 한국도로공사는 매년 고속도로 휴게소 운영 실태를 평가하여 계약 연장 여부를 결정한다. 그러나 2020년은 코로나19로 인한 이동 제한과 매장 운영 축소 등으로 휴게소 매출이 급감하고 서비스 제공이 불가능한 상황이었다.

- **쟁점:** 계약서상 평가는 매년 실시하게 되어 있어, 평가를 생략하거나 유예할 근거가 명확하지 않았다. 평가를 강행하면 불가항력적인 사유로 점수가 깎여 계약이 해지되는 억울한 업체가 발생할 수 있었다.

- **난관:** 평가를 안 하면 5년 계약 기간 중 평가 횟수가 줄어들어, 전체 종합평가의 공정성 시비가 일 수 있었다.

- **해결:** **[감사원 컨설팅]** 감사원은 코로나19 상황이 운영업체의 귀책 사유가 없는 불가항력적 재난 상황임을 인정했다. 정상적인 평가가 불가능한 상황에서 평가를 강행하는 것은 불합리하므로, 2020년도 평가를 유예(미실시)하고 해당 연도를 제외한 나머지 기간의 성과만으로 계약 연장 여부를 결정하는 것이 타당하다고 판단했다.

- **결과:** 휴게소 운영업체들의 부담을 덜어주고, 재난 상황에서의 계약 관리에 유연성을 부여했다.

Case 32 [인용] "공장을 샀는데 입주 승인을 다시 받아야 합니까?"

- 지식산업센터 양도 신고에 따른 신규 취득자의 입주 승인 허용 -

- **사안:** 나주 혁신도시 내 지식산업센터를 분양받은 사람이 사정상 입주 전에 제3자에게 분양권을 양도했다. 양수인은 적법하게 양도 신고를 마쳤으나, 지자체는 "최초 분양자가 아니라서 입주 승인 대상인지 불명확하다"며 처리를 미뤘다.
- **쟁점:** 「산업집적법」상 양도 신고가 수리되면 양수인이 기존 입주 대상자의 지위를 승계하는 것으로 볼 수 있는지, 아니면 별도의 까다로운 입주 심사를 다시 받아야 하는지가 문제였다.
- **난관:** 입주 승인이 지연되면서 양수인은 잔금을 치르고도 등기나 사업 개시를 못 하는 재산권 침해를 겪었다.
- **해결:** **[감사원 컨설팅]** 감사원은 양수인이 법령에 따라 적법하게 양도 신고를 마쳤다면, 실질적인 입주 자격을 갖춘 것으로 보아야 한다고 판단했다. 따라서 지자체는 불필요한 서류 요구 없이 양수인의 입주 승인 신청을 즉시 수리해야 한다고 해석했다.
- **결과:** 기업의 행정 절차 부담을 줄이고 지식산업센터의 원활한 입주와 가동을 지원했다.

Case 33 [인용] "관광단지에서 빠지는데 농지로 원상복구해야 합니까?"

- 관광단지 제척 부지에 대한 농지보전부담금 환급 및 원상회복 의무 면제 -

- **사안:** 경북 경주시 감포해양관광단지 조성 사업 중, 사업성이 떨어지는 일부 부지(농지)를 관광단지에서 제외(제척)하기로 했다.

- **쟁점:** 해당 부지는 과거에 농지 전용 협의를 거쳐 관광단지로 편입되었던 곳이다. 이를 다시 농지로 돌리려면(제척), 원칙적으로는 '농지로 원상복구'를 해야 한다. 하지만 해당 부지는 이미 형질 변경이 많이 이루어져 원상복구가 사실상 불가능하거나 막대한 비용이 드는 상태였다.

- **난관:** 법령대로 원상복구를 강제하면 사업시행자에게 과도한 부담이 되고, 현실적으로 농지 복원도 어려운 상황이었다.

- **해결:** **[감사원 컨설팅]** 감사원은 해당 부지가 관광단지 지정 해제로 인해 더 이상 개발 사업을 하지 않게 된 경우이므로, 무리한 원상복구를 요구하기보다는 현실적인 토지 이용 현황을 고려해야 한다고 보았다. 따라서 원상복구 의무를 면제하고, 이미 납부한 농지보전부담금을 환급해 주는 것이 타당하다고 판단했다.

- **결과:** 현실과 동떨어진 규제 적용을 배제하고 사업시행자의 불합리한 부담을 해소했다.

Case 34 [인용] “소송 중이라고 허가 심사를 멈추면, 사업 접으란 얘깁니까?”

- 마이데이터(본인신용정보관리업) 허가 심사 중단 요건의 유연한 적용 -

• **사안**: 금융위원회는 마이데이터 사업을 허가제로 전환하면서 기존 사업자들의 허가 신청을 받았다. 그런데 일부 신청 기업(대주주)이 형사 소송 중에 있어, 규정에 따라 ‘심사 중단’ 통보를 받았다.

• **쟁점**: 「신용정보업감독규정」은 대주주에 대한 소송이 진행 중이면 심사를 중단하도록 되어 있다. 그러나 판결 확정까지는 수년이 걸릴 수 있어, 기존에 서비스를 제공하던 기업들은 하루아침에 영업을 접어야 할 위기였다. 이는 850만 명에 달하는 소비자들의 불편으로 이어질 수 있었다.

• **난관**: 규정을 지키자니 혁신 산업의 싹을 자르고 소비자 피해가 발생하며, 규정을 무시하자니 특혜 시비가 우려되었다.

• **해결**: **[감사원 컨설팅]** 감사원은 심사 중단 제도의 취지가 ‘부적격자의 진입 방지’에 있으나, 이것이 ‘기존 사업자의 생존권 박탈’로 이어지는 것은 과도하다고 보았다. 따라서 소송 결과에 따라 허가를 취소하거나 대주주를 변경하는 ‘조건부 허가’를 내주는 것이 소비자 보호와 산업 육성이라는 공익에 부합한다고 판단했다.

• **결과**: 핀테크 기업들의 사업 중단을 막고 마이데이터 산업의 연착륙을 지원했다.

Case 35 [인용] "임대업은 지원 제외라는데, 직원 식당 임대도 안 됩니까?"

- 투자보조금 지원 대상 업종 판단 기준 완화 (부수적 임대업 허용) -

- **사안:** 익산시는 제조업체인 A기업과 투자 협약을 맺고 보조금을 지원하려 했다. A기업은 공장 내 구내식당과 매점을 운영하기 위해 해당 공간을 타인에게 임대주었다.

- **쟁점:** 익산시 조례는 '부동산업(임대업)'을 영위하는 경우 보조금 지원 대상에서 제외한다. 공장 건물 일부를 임대준 것이 '부동산업 영위'에 해당하여 보조금 환수 사유가 되는지 문제였다.

- **난관:** 주된 사업은 제조업이고 임대는 직원 복지를 위한 부수적 행위인데, 이를 이유로 전체 투자를 부정하는 것은 불합리하다는 지적이 있었다.

- **해결:** **[감사원 컨설팅]** 감사원은 조례의 취지가 '부동산 투기 목적'의 투자를 배제하려는 것이라고 해석했다. 제조업을 주업으로 하면서 직원 후생복지나 시설 관리를 위해 부수적으로 임대하는 경우는 지원 제외 대상인 '부동산업'으로 보지 않는 것이 타당하다고 판단했다.

- **결과:** 기업의 정상적인 경영 활동을 위축시키는 과도한 규제 해석을 바로잡았다.

Case 36 [인용] "수소충전소 지을 땅이 없는데, 시 산하기관에 빌려줘도 됩니까?"

- 수소충전소 설치를 위한 국유재산 전대(재임대) 허용 -

- **사안**: 창원시는 산업통상자원부가 관리하는 국유지를 빌려 수소충전소를 지으려 했다. 운영은 전문성을 가진 시 산하 '창원산업진흥원'에 맡기려 했는데, 국유재산법상 지자체가 빌린 땅을 다시 남에게 빌려주는(전대) 것은 원칙적으로 금지되어 있었다.

- **쟁점**: 전대가 허용되는 예외 기관(지방공기업 등) 목록에 '지자체 출자·출연기관(진흥원)'은 명시되어 있지 않았다.

- **난관**: 법령 문구에 갇히면 수소충전소 부지 확보가 무산될 위기였다.

- **해결**: **[감사원 컨설팅]** 감사원은 창원산업진흥원이 시가 100% 출연한 기관으로 사실상 지방공기업과 유사한 공공성을 갖고 있다는 점에 주목했다. 또한 수소차 보급이라는 국가 시책에 부합하고 공익적 목적이 크므로, 해당 진흥원을 전대가 허용되는 '유사한 기관'으로 폭넓게 해석하여 부지 문제를 해결해 주었다.

- **결과**: 부족한 수소 인프라 확충을 위한 부지 확보의 난관을 해소했다.

Case 37 [인용] “무기 정비 도구 개발도 방산 원가로 쳐줍니까?”

- 무기체계 창정비 요소 개발 사업의 방산원가 적용 허용 -

- **사안:** 방위사업청은 무기체계 개발이 끝난 후, 이를 수리·정비하는 데 필요한 장비나 공구(창정비 요소)를 별도 사업으로 개발하려 했다. 이때 업체에게 이윤을 보장해 주는 ‘방산원가’를 적용할지, 일반 용역 원가를 적용할지가 문제였다.

- **쟁점:** 창정비 요소는 무기 그 자체는 아니어서 방산원가 적용 대상인 ‘무기체계 연구개발’에 해당하는지 불명확했다. 일반 원가로 하면 이윤이 적어 업체들이 참여를 꺼렸다.

- **해결: [감사원 컨설팅]** 감사원은 정비 장비가 없으면 무기 운용이 불가능하므로, 이는 무기체계의 필수적인 구성 요소라고 보았다. 따라서 별도 사업으로 추진하더라도 방산원가를 적용하여 업체의 적정 이윤을 보장해 주는 것이 안정적인 국방 전력 유지에 도움이 된다고 판단했다.

- **결과:** 방산 기업의 참여 유인을 높여 무기체계의 후속 군수지원을 안정화했다.

Case 38 [인용] "규제가 강화됐는데, 기존 공장은 영원히 증축 못 합니까?"

- 용도지역 변경으로 규제 대상이 된 기존 공장의 시설 증설 허용 -

- **사안:** 경기 광주시의 식품업체(청미)는 2002년부터 공장을 운영해 왔다. 이후 국토계획법 개정으로 해당 지역이 '계획관리지역'으로 변경되면서, 특정 규모 이상의 폐수배출시설 설치가 금지되었다. 업체는 노후 시설 개선과 HACCP 인증을 위해 공장 증설이 절실했다.

- **쟁점:** 「국토계획법」은 기존 공장에 대한 특례(기득권 보호)를 인정하지만, 「물환경보전법」 등 개별 규제와의 충돌 시 어떻게 적용할지가 불분명했다. 원칙적으로는 '건축 불가'였다.

- **난관:** 위생 기준(HACCP)을 맞추려면 증설이 필수적인데, 규제 때문에 투자가 막혀 폐업 위기에 몰린 상황이었다.

- **해결:** **[감사원 컨설팅]** 감사원은 해당 기업이 법령 개정 전부터 적법하게 운영해 왔고, 증설하려는 시설이 오염물질 배출을 늘리지 않거나(동결) 오히려 저감하는 현대화 시설이라면, 이를 허용하는 것이 기존 사업자의 신뢰 보호와 지역 경제 활성화라는 공익에 부합한다고 판단했다.

- **결과:** 규제 샌드위치에 갇힌 장수 기업의 애로를 해소하고 설비 투자를 이끌어냈다.

Case 39 [인용] "법이 좋아졌는데, 예전 과제도 혜택을 볼 수 있나요?"

- 국가연구개발혁신법 시행 이전 과제에 대한 기술료 감면 적용 -

- **사안:** 2021년 「국가연구개발혁신법」이 시행되면서 R&D 성공 시 납부하는 기술료 요율이 대폭 인하되었다. 산업통상자원부는 법 시행 이전에 협약된 구(舊) 과제들에 대해서도 인하된 요율을 적용할 수 있는지 문의했다.

- **쟁점:** 법 부칙에는 적용례가 명시되어 있지 않아, 원칙적으로는 협약 당시의 구 규정(높은 요율)을 따라야 했다. 이로 인해 신·구 과제 수행 기업 간 형평성 논란이 있었다.

- **난관:** 이미 체결된 협약 내용을 사후에 변경하는 것이 법적 안정성을 해칠 우려가 있었다.

- **해결:** **[감사원 컨설팅]** 감사원은 혁신법의 취지가 연구개발 기업의 부담 완화에 있음을 강조했다. 기술료 납부 의무가 아직 확정되지 않은 종료 과제라면, 기업에게 유리한 신법 규정을 소급 적용하는 것이 정책 목적과 형평성에 부합한다고 판단했다.

- **결과:** 코로나19 등으로 어려움을 겪는 R&D 수행 기업들의 재정 부담을 완화했다.

Case 40 [인용] "학교 급식이 멈췄는데, 식재료 업체는 다 망하란 겁니까?"

- 코로나19 휴업에 따른 학교급식 위탁업체 손실보상 허용 -

- **사안**: 인천시교육청은 각급 학교와 위탁 급식 계약을 맺었으나, 코로나19로 등교가 중지되면서 급식이 중단되었다. 급식 업체들은 인건비 등 고정비 손실을 호소하며 보상을 요구했다.
- **쟁점**: 계약서상 '불가항력'에 의한 계약 해제 시 보상 규정은 있었으나, '일시 중지'에 대한 보상 규정은 명확하지 않았다. 교육청은 "일하지 않았으니 줄 수 없다"는 입장이었다.
- **난관**: 재난 상황에서 업체의 귀책사유 없이 발생한 손해를 외면하면 급식 산업 기반이 붕괴될 우려가 있었다.
- **해결**: **[감사원 컨설팅]** 감사원은 코로나19에 따른 등교 중지는 발주기관(교육청)의 지시에 의한 것으로 볼 수 있으며, 계약상대자의 책임 없는 사유로 발생한 손해라고 판단했다. 따라서 실비 범위 내(인건비, 4대 보험료 등)에서 고정 비용을 보전해 주는 것이 타당하다고 해석했다.
- **결과**: 줄도산 위기에 처한 학교 급식 업체들의 생존을 지원하고 향후 안정적인 급식 재개를 도모했다.

Case 41 [인용] "정책이 바뀌어 공사가 섰는데, 물가 오른 건 줘야죠"

- 공공주택지구 지정 및 해제로 인한 공사 중지 기간의 간접비 보상 허용 -

- **사안**: 시흥시는 도로 개설 공사를 하던 중, 해당 지역이 보금자리주택지구로 지정되면서 공사를 타절(중단)했다가, 지구 지정이 해제되자 6년 만에 공사를 재개했다. 시공사는 그동안의 물가 변동분과 현장 유지비용(간접비)을 달라고 요구했다.

- **쟁점**: 시흥시는 "국가 정책(지구 지정) 때문에 중단된 것이지 시의 잘못이 아니다"라며 보상을 거부했고, 시공사는 "시가 발주자로서 책임져야 한다"고 맞섰다. 계약서에는 이런 장기 중단 시 보상 규정이 없었다.

- **난관**: 귀책사유가 불분명한 상황에서 지자체 예산으로 보상금을 주는 것이 적법한지 논란이 있었다.

- **해결**: **[감사원 컨설팅]** 감사원은 비록 시흥시의 직접적인 잘못은 아니지만, '사정 변경의 원칙'을 적용했다. 예측할 수 없었던 정책 변경으로 시공사가 입은 실질적인 손해를 보전해 주는 것이 신의성실의 원칙에 부합하므로, 물가 변동분과 관리 비용을 지급하는 것이 타당하다고 판단했다.

- **결과**: 억울한 손해를 입은 건설사의 권익을 구제하고 공사 재개를 원활하게 했다.

Case 42 [의견제시] "경제자유구역 연결 도로인데, 국비 좀 보태주면 안 됩니까?"

- 경제자유구역 진입도로 건설비 국비 지원 가능 여부 판단 -

- **사안:** 울산시는 기존 산업단지 일부를 경제자유구역으로 지정받았다. 그리고 산단 내부 도로를 경제자유구역의 '진입도로'로 보아 국비 지원(50%)을 요청했다.

- **쟁점:** 산업부는 해당 도로가 이미 산단 계획에 포함되어 있던 도로이므로, 경제자유구역 지정을 이유로 국비를 추가 지원하는 것은 중복 지원이라며 난색을 표했다.

- **해결:** **[감사원 컨설팅]** 감사원은 해당 도로가 경제자유구역 지정으로 인해 교통 수요가 증가하고 핵심 기반 시설로서의 기능이 강화되었다면, 비록 기존 계획에 있던 도로라 하더라도 경제자유구역의 활성화를 위해 국비를 지원할 수 있는 재량이 있다고 보았다. (단, 교통 수요 영향 등을 종합 고려하도록 의견 제시)

- **결과:** 경제자유구역의 기반 시설 확충을 위한 재정 지원의 길을 열어 주었다.

Case 43 [인용] “카드 쓰면 돈을 돌려준다는데, 이게 보조금입니까?”

- 상생소비지원금(카드 캐시백) 사업의 보조금 법적 성격 인정 및 추진 허용 -

- **사안**: 기획재정부는 코로나19로 위축된 소비를 진작시키기 위해, 신용카드 사용액이 늘어나면 증가분의 10%를 돌려주는 ‘상생소비지원금’ 사업(예산 7,000억 원)을 추진했다.
- **쟁점**: 일반 국민에게 카드 사용 실적에 따라 현금을 주는 것이 「보조금법」상 ‘보조금’에 해당하는지, 그리고 카드사를 통해 지급하는 방식이 적법한지 불분명했다.
- **해결**: **[감사원 컨설팅]** 감사원은 소비 회복이라는 공익적 목적을 달성하기 위해 국가가 반대급부 없이 지급하는 금원이므로 ‘보조금’에 해당한다고 보았다. 또한, 전 국민 대상의 신속한 집행을 위해 카드사를 간접보조사업자로 지정하여 전달 체계를 구축하는 방식도 효율성을 위한 적극행정으로 인정했다.
- **결과**: 전 국민 소비 촉진 캠페인을 적기에 시행하여 내수 경기 활성화를 도모했다.

Case 44 [인용] "반도체 공장에 물을 대야 하는데, 국가 하천을 지나도 됩니까?"

- 용인 반도체클러스터 공업용수관로의 하천 점용 허가 -

- **사안**: 용인 반도체 클러스터의 핵심인 SK하이닉스 공장 가동을 위해서는 남한강(여주시)에서 물을 끌어와야 했다. 용수 관로가 국가 하천인 '복하천'을 따라 4.8km 구간을 지나가야 했다.
- **쟁점**: 「하천법」상 하천 점용 허가는 공익사업 등에 주로 내주는데, 특정 민간 산단을 위한 전용 수도관 매설이 하천 점용 허가 대상이 되는지 논란이 있었다.
- **해결**: **[감사원 컨설팅]** 감사원은 반도체 산업이 국가 경제의 핵심 안보 자산이며, 산업단지 용수 공급은 필수 기반 시설임을 강조했다. 따라서 해당 관로를 공익에 기여하는 시설로 폭넓게 해석하여 하천 점용을 허가하도록 했다.
- **결과**: 국가 전략 산업인 반도체 클러스터의 적기 착공을 위한 핵심 난제를 해결했다.

Case 45 [인용] "공기업 연구소를 유치하는데, 시 예산을 지원해도 되나요?"

- 혁신도시 이전 공공기관(한국가스공사) 연구 시설 건립비 지원 허용 -

- **사안**: 대구광역시는 한국가스공사의 'K-R&D 캠퍼스(연구소)'를 대구 혁신도시에 유치하면서 110억 원을 지원하기로 했다.

- **쟁점**: 「지방자치법」 등은 지자체가 국가나 공공기관의 청사 건축비를 부담하는 것을 원칙적으로 금지(전가 금지)하고 있다. 연구소 건립비 지원이 이에 해당하는지 문제였다.

- **해결**: **[감사원 컨설팅]** 감사원은 해당 규정이 강압적인 비용 전가를 막기 위한 것이지, 지자체가 지역 발전과 기업 유치를 위해 자발적으로 지원하는 것까지 금지하는 것은 아니라고 해석했다. 「혁신도시법」상 공공기관 유치 지원 근거를 들어 예산 지원이 가능하다고 판단했다.

- **결과**: 지역 전략 산업(에너지) 관련 앵커 시설을 유치하여 지역 경제 활성화를 지원했다.

Case 46 [인용] "반도체 장비가 없는데, 중고라도 사면 안 됩니까?"

- 공공 연구기관의 중고(재제조) 연구장비 구매 예외적 허용 -

- **사안**: 한국생산기술연구원(생기연)은 국내 반도체 소부장(소재·부품·장비) 기업들을 지원하기 위해 핵심 장비인 '노광기(Lithography)'를 구매해야 했다. 하지만 전 세계적인 반도체 슈퍼사이클로 인해 신품 장비는 구하기도 어렵고 가격이 폭등하여 확보된 예산(약 18억 원)으로는 구매가 불가능했다.

- **쟁점**: 「물품구매계약일반조건」 등 조달 규정상 공공기관은 원칙적으로 품질이 보증된 '신품'을 구매해야 한다. 중고품 구매는 매우 예외적인 경우에만 허용되는데, 명확한 선례가 없어 담당자는 결정을 내리지 못하고 있었다.

- **난관**: 장비 도입이 지연될수록 영세한 국내 중소기업들의 기술 개발과 시제품 제작도 올스톱될 위기였다. 생기연은 제조사가 성능을 보증하는 '재제조(Refurbished) 중고 장비'라도 사고 싶었으나, 감사 지적을 우려해 주저했다.

- **해결**: **[감사원 컨설팅]** 감사원은 반도체 소부장 육성이라는 국가적 과제의 시급성과, 글로벌 공급난으로 인해 신품 구매가 사실상 불가능하다는 '시장의 불가피성'을 인정했다. 국내 유일한 공급업체가 제조사 인증과 무상 A/S(3년)를 보장한다는 점을 확인하고, 이를 「국가계약법 시행령」상 '수의계약 사유(경쟁이 성립될 수 없는 경우)'로 폭넓게 해석하여 중고 물품 구매를 허용했다.

- **결과**: 핵심 연구 장비를 적기에 확보하여 반도체 중소기업들의 기술 자립과 시제품 생산을 차질 없이 지원할 수 있게 되었다.

Case 47 [인용] "수돗물 파는 건 불법인데, 원수는 팔아도 되나요?" (울릉군)

- 상수원보호구역 내 용천수(원수)의 먹는샘물 제조 허용 -

- **사안:** 울릉군은 풍부하게 솟아나는 추산용천수(상수원수) 중 바다로 버려지는 여유 물량을 활용해 먹는샘물(생수) 사업을 하려 했다. 이를 위해 민관 합작법인을 설립하고 도수관로(수돗물 파이프)에서 별도의 관을 분기하여 공장에 물을 공급하고자 했다.
- **쟁점:** 「수도법」 제13조는 "누구든지 수돗물을 용기에 넣어 판매할 수 없다"고 규정하고 있다(영리행위 금지). 환경부는 도수관로를 흐르는 물도 수도시설의 일부이므로 '수돗물'에 해당하여 판매가 불가능하다는 입장이었다.
- **난관:** 이미 수백억 원을 들여 공장까지 지어놨는데, 원수(raw water)를 수돗물로 보느냐 아니냐 하는 해석 차이로 사업이 좌초될 위기였다.
- **해결: [감사원 컨설팅]** 감사원은 해당 물이 정수 처리를 거친 '마시는 수돗물'이 아니라, 자연 상태의 '원수(용천수)'라는 점에 주목했다. 또한, 버려지는 물을 활용하는 것이므로 상수원 고갈 우려가 없고, 기업이 수질개선부담금을 납부하는 등 공익적 기여가 있다는 점을 고려했다. 따라서 도수관로를 거친다는 이유만으로 판매 금지 대상인 수돗물로 보는 것은 과도한 규제라며, 원수 공급 및 샘물 제조 판매가 가능하다고 판단했다.
- **결과:** 울릉도의 수자원을 활용한 지역 특화 사업을 가능케 하여 지역 경제 활성화와 세수 증대에 기여했다.

Case 48 [인용] "임상시험 해야 하는데, 회사 안에 병원을 지으면 안 됩니까?"

- 연구개발 목적의 기업 내 의원 개설 신고 수리 허용 -

- **사안:** 의료기기 업체인 ㈜다원메닥스는 붕소중성자 포획치료(BNCT) 시스템을 개발했다. 임상시험을 하려면 의료기관이 필요한데, 이 장비는 가속기와 차폐시설을 포함한 거대 설비(300억 원 상당)라 병원으로 옮길 수가 없었다. 업체는 연구소 내에 의원을 개설하여 임상시험을 하려 했다.

- **쟁점:** 「의료법」상 영리법인(회사)은 의료기관을 개설할 수 없다. 회사 소속 의사 명의로 개설하면 소위 '사무장 병원(불법)'으로 오해받을 소지가 컸다. 관할 보건소는 위법성 논란 때문에 개설 신고 수리를 거부하고 있었다.

- **난관:** 장비를 옮길 수도, 병원을 지을 수도 없는 진퇴양난 속에서 혁신 의료기술 개발이 중단될 상황이었다.

- **해결:** **[감사원 컨설팅]** 감사원은 이 장비가 국가 R&D 지원을 받은 혁신 의료기기이며, 설비 특성상 이동이 불가능하다는 '기술적 특수성'을 인정했다. 해당 의원이 일반 환자를 진료하여 돈을 버는 것이 아니라, 오직 '임상시험 연구 목적'으로만 제한적으로 운영된다면 사무장 병원의 폐해(영리 추구, 과잉 진료)가 없다고 보았다. 따라서 식약처 승인 등을 전제로 의원 개설 신고를 수리하도록 허용했다.

- **결과:** 첨단 암 치료 기술의 임상시험이 재개되어 국내 바이오 헬스 산업의 경쟁력을 높였다.

Case 49 [인용] "금리가 오르는데, 절차 다 밟다가 기회 놓칩니다"

- 민간투자사업(거가대교) 자금재조달 시 주무관청의 사전 동의 허용 -

• **사안:** 경상남도는 '부산~거제간 연결도로(거가대교)' 민자사업의 통행료 인하 재원을 마련하기 위해, 사업시행자에게 저금리로 대출을 갈아타는 '자금재조달'을 요청했다. 한국은행 기준금리 인상이 예고된 상황이라 하루라도 빨리 금융 약정을 맺어야 이익(공유이익 약 650억 원 예상)을 극대화할 수 있었다.

• **쟁점:** 「민간투자사업기본계획」에 따르면, 자금재조달을 하려면 먼저 KDI 공공투자관리센터(PIMAC)의 검토와 기재부 협의를 거친 후 주무관청이 동의해야 한다. 이 절차에만 통상 4개월이 걸리는데, 그사이 금리가 오르면 자금재조달의 효과가 사라질 위기였다.

• **난관:** 절차를 지키자니 수백억 원의 이익이 날아가고, 절차를 건너뛰고 먼저 동의해주자니 규정 위반이 되는 딜레마였다.

• **해결:** **[감사원 컨설팅]** 감사원은 자금재조달의 목적이 '통행료 인하를 통한 국민 편익 증진'에 있음을 강조했다. 금리 인상기라는 긴박한 시장 상황을 고려할 때, 절차적 형식보다 실질적 이익 확보가 우선이라고 보았다. 따라서 주무관청이 우선 금융 약정 체결에 동의하여 금리를 고정하고, 추후 PIMAC 검토 결과를 반영하여 변경 실시협약을 맺는 '선(先) 동의, 후(後) 보완' 방식을 허용했다.

• **결과:** 적기에 자금재조달을 완료하여 막대한 공유이익을 확보하고, 이를 통해 도민들의 통행료 부담을 낮출 기반을 마련했다.

Case 50 [인용] "어차피 다시 흙을 쌓을 건데, 굳이 원상복구 해야 합니까?"

- 공익사업(해양치유센터) 부지의 농지 원상복구 의무 면제 -

- **사안**: 경북 울진군은 해양치유센터 건립 부지(농지)에 재해복구 공사에서 나온 흙을 임시로 쌓아두었다(타용도 일시사용 허가). 이후 센터 착공을 위해 농지전용 허가를 받으려 하자, 규정상 "일단 흙을 치워 농지로 원상복구한 뒤 다시 전용 허가를 받으라"는 요구를 받았다.

- **쟁점**: 「농지법」상 일시사용 기간이 끝나면 농지로 복구하는 것이 원칙이다. 그러나 센터를 지으려면 어차피 다시 흙을 4~5m 높이로 쌓아야 했다. 원칙대로라면 흙을 치웠다가 다시 쌓는 데 15억 원이 낭비되고 공사도 지연될 상황이었다.

- **난관**: 법령은 '원상복구 후 전용'을 원칙으로 하고 있어, 담당 공무원이 임의로 복구 의무를 면제해주기 어려웠다.

- **해결**: **[감사원 컨설팅]** 감사원은 해당 부지가 이미 군유지·국유지로서 공익사업이 확정되어 있고, 5개월 뒤 바로 착공할 예정이라는 점에 주목했다. 농지로 복구해도 경작할 시간이 없고, 오히려 예산 낭비와 사업 지연만 초래하므로 '원상복구가 부적절한 예외적인 경우'로 인정했다. 따라서 원상복구 없이 바로 농지전용 협의를 진행하도록 허용했다.

- **결과**: 15억 원의 예산 낭비를 막고 국책 사업인 해양치유센터 건립 속도를 높였다.

Case 51 [인용] "산지전용 기간이 끝났는데 연장해 줄 수 있나요?"

- 실시계획 인가 관청의 실수로 누락된 산지전용 기간 연장 협의 인정 -

- **사안**: 경북 고령군은 골프장 조성 사업의 실시계획을 변경하면서, 사업자가 신청한 산지전용 기간 연장 건을 담당 공무원의 실수로 경상북도(산지전용 허가권자)와 협의하지 않은 채 인가해버렸다. 뒤늦게 이를 알았을 때는 이미 산지전용 기간이 만료된 상태였다.
- **쟁점**: 「산지관리법」상 기간 연장은 만료 전에 허가를 받아야 한다. 이미 기간이 끝났으므로 원칙적으로는 연장이 불가능하고, 처음부터 다시 신규 허가를 받아야 했다. 이 경우 사업자는 대체산림조성비 등 약 27억 원을 추가 부담해야 하는 상황이었다.
- **난관**: 공무원의 명백한 업무 미숙으로 인한 피해를 기업이 고스란히 떠안아야 하는 불합리한 상황이었으나, 기간 도과라는 법적 하자를 치유할 근거가 마땅치 않았다.
- **해결**: **[감사원 컨설팅]** 감사원은 인·허가 의제 제도의 취지가 '창구 단일화'에 있다는 점을 강조했다. 사업자는 기간 만료 전에 고령군에 정상적으로 연장 신청을 했으므로, 고령군이 이를 누락했더라도 사업자는 기간 내에 의무를 이행한 것으로 보아야 한다고 해석했다. 따라서 고령군의 귀책사유로 협의가 지연된 것일 뿐이므로, 현시점에서도 산지전용 기간 연장 협의가 가능하다고 판단했다.
- **결과**: 행정청의 실수로 인한 기업의 막대한 손실(27억 원)과 사업 지연을 방지하고 행정의 신뢰를 회복했다.

Case 52 [인용] "땅 면적이 틀린데 측량을 못하면, 공사는 언제 합니까?"

- 등록사항정정 대상 토지의 지적측량(현황·복원) 예외적 허용 -

- **사안**: 한국토지주택공사(LH)와 국가철도공단(KR)은 도로 및 철도 건설을 위해 토지를 수용해야 했다. 그런데 일부 토지의 대장상 면적과 실제 면적이 달라 '등록사항 정정 대상 토지'로 묶여 있었다.

- **쟁점**: 「공간정보관리법 시행령」은 등록사항 오류가 있으면 정정이 완료될 때까지 지적측량을 정지시킬 수 있다고 규정한다. 땅 주인이 정정 신청을 거부하면 측량 자체가 불가능해 토지 수용 재결 신청도 못 하고 공사가 무기한 중단될 위기였다.

- **난관**: 과거 감사원이 "오류 토지에 대한 측량을 자제하라"고 지적한 바 있어, 한국국토정보공사(LX)는 모든 측량을 거부하고 있었다.

- **해결**: **[감사원 컨설팅]** 감사원은 과거 지적 사항의 취지가 '분할측량'처럼 공부 정리가 필요한 경우에 한정된 것이라고 명확히 했다. 반면, '지적현황측량'이나 '경계복원측량'은 공부상 면적을 건드리지 않고 현황만 확인하는 것이므로 오류 정정 전이라도 실시 가능하다고 해석했다. 또한, 공익사업의 시급성을 고려할 때 측량 정지로 인한 사회적 손실이 너무 크다는 점을 인정했다.

- **결과**: 중단되었던 도로·철도 건설 사업의 토지 보상 절차를 재개하여 국책 사업의 지연을 막았다.

Case 53 [인용] "건물주가 신고 안 했는데, 세입자는 입주 못 하나요?"

- 혁신도시 내 건축물 양수인의 입주승인 신청 수리 허용 -

- **사안**: 대구혁신도시 클러스터 내 지식산업센터를 분양받은 기업(양수인)이 입주 승인을 신청했다. 그런데 건물을 판 원소유자(양도인)가 법령상 의무인 '양도 신고'를 하지 않고, 양도 가격 제한(조성원가 수준)도 위반하여 비싸게 판 상태였다.
- **쟁점**: 「혁신도시법」상 양도인은 양도 신고를 해야 한다. 대구시는 양도인이 의무를 어겼으므로, 그 물건을 산 양수인의 입주 승인도 해줄 수 없다고 보았다.
- **난관**: 양수인은 비싼 돈을 주고 건물을 샀는데, 전 주인의 잘못 때문에 입주를 못 하고 사업도 못 하는 억울한 상황이었다. 유사 소송에서 법원은 양수인의 손을 들어준 바 있다.
- **해결**: **[감사원 컨설팅]** 감사원은 '양도 신고(양도인의 의무)'와 '입주 승인(양수인의 권리)'은 별개의 제도라고 판단했다. 법령상 양도 신고 수리가 입주 승인의 선결 조건이라는 규정이 없고, 양도인의 잘못을 양수인에게 전가하여 입주를 막는 것은 부당하다고 보았다. 따라서 양도인의 위반 여부와 상관없이 양수인의 입주 승인 신청은 수리해야 한다고 결정했다.
- **결과**: 선의의 피해 기업을 구제하고, 행정 소송 패소로 인한 불필요한 행정력 낭비를 예방했다.

Case 54 [인용] "쌀값이 폭락하는데, 통계 방식 좀 바꿔주세요"

- 산지쌀값 조사 방식 변경 및 병행 공표에 따른 공공비축미 매입 허용 -

- **사안**: 농식품부는 매년 수확기에 공공비축미를 매입하는데, 매입 가격은 통계청이 조사한 '산지쌀값'을 기준으로 한다. 그런데 최근 쌀값이 폭락(전년 대비 24.4% 하락)한 상황에서, 통계청이 산지쌀값 조사 방식을 변경(비추정평균 방식 도입)하면서 쌀값이 더 떨어질 것으로 예상되었다.

- **쟁점**: 새로운 통계 방식을 적용하면 쌀값이 약 4% 더 하락하여 농민들의 피해가 가중될 우려가 있었다. 농식품부는 농민 보호를 위해 기존 방식과 변경 방식을 병행 공표하고, 그중 농민에게 유리한 가격(기존 방식)으로 매입할 수 있는지 물었다.

- **난관**: 통계의 정확성을 위해 방식을 개선한 것인데, 정책적 이유로 과거 방식을 적용하여 더 비싼 값에 쌀을 사주는 것이 예산 낭비나 통계 원칙 훼손으로 비칠 수 있었다.

- **해결**: **[감사원 컨설팅]** 감사원은 쌀이 국민의 주식이며 식량 안보의 핵심임을 강조했다. 쌀값 폭락으로 인한 농가 피해를 막고 쌀 산업 기반을 보호하는 것은 헌법상 국가의 의무라고 보았다. 또한 통계청도 시계열 단절 방지를 위해 병행 공표가 가능하다는 입장임을 확인했다. 따라서 한시적으로 두 가지 통계 방식을 병행하고, 농민에게 유리한 기존 방식으로 매입 가격을 결정하는 것은 공익적 목적을 위한 불가피한 조치로서 가능하다고 판단했다.

- **결과**: 쌀값 하락으로 고통받는 농민들의 소득을 보전하고 식량 안보 기반을 강화했다.

Case 55 [인용] "물류단지 좀 살리고 싶은데, 땅 비율 규제가 발목을 잡네요"

- 물류단지 재정비 사업 시 토지이용계획 비율(물류시설용지) 예외 적용 허용 -

- **사안**: 충청남도는 천안 물류단지가 노후화되고 물동량이 감소하자, 활성화를 위해 재정비 사업을 추진했다. 주민들을 위해 공공청사나 문화·체육시설(지원시설)을 늘리고 싶었으나, 「물류단지개발지침」 상 '물류시설용지 비율 60% 이상' 규정에 막혔다. 지원시설을 늘리면 물류시설 용지가 52.4%로 줄어들기 때문이다.

- **쟁점**: 지침은 물류단지의 본래 기능을 유지하기 위해 물류시설 용지 비율을 엄격히 제한하고 있다. 이를 어기면서까지 지원시설을 늘리는 것이 타당한지가 문제였다.

- **난관**: 규정을 지키면 주민들이 원하는 편의시설을 지을 수 없고, 규정을 어기면 특혜 시비나 난개발 우려가 있었다.

- **해결**: **[감사원 컨설팅]** 감사원은 해당 물류단지가 준공된 지 오래되어 지역 여건이 변했고(인구 증가, 물동량 감소), 지자체가 설치하려는 시설이 주민자치센터 등 공익적 성격의 '행정서비스 지원 복합시설'이라는 점에 주목했다. 지침에도 '지역 여건을 감안하여 필요한 경우 예외를 인정한다'는 단서 조항이 있으므로, 이를 적극적으로 해석하여 물류시설 용지 비율을 60% 미만으로 조정하는 예외 적용이 가능하다고 판단했다. 단, 공공 주체가 공익 목적으로 추진하는 경우로 한정했다.

- **결과**: 노후 물류단지에 활력을 불어넣고, 입주민과 종사자를 위한 필수 편의시설을 확충할 수 있게 되었다.

Case 56 [인용] "학교 안에 건물을 못 짓는데, 학생들은 어디서 잡니까?"

- 학교(숙명여대) 점유 국유지 내 영구시설물(기숙사 등) 축조 허용 -

• **사안**: 숙명여자대학교는 1938년 조선총독부(이왕직)로부터 국유지 사용 승낙을 받아 현재까지 학교 부지로 사용 중이다(대법원이 무상 사용권 인정). 학교 측은 부족한 기숙사와 대강당 등을 국유지 위에 신축하려 했다.

• **쟁점**: 「국유재산법」 제18조는 국유지 위에 건물 등 영구시설물 축조를 금지하고 있다. 국유재산의 소유권을 보존하기 위해서다. 기재부는 법령상 금지된 행위를 허용해 줘도 되는지 고민했다.

• **난관**: 원칙대로라면 학생들은 계속 외부 원룸을 전전해야 하고, 2010년 태풍으로 무너진 대강당도 다시 지을 수 없어 체육 수업조차 제대로 못 하는 상황이었다.

• **해결**: **[감사원 컨설팅]** 감사원은 숙명여대가 판결에 의해 '기한 없는 무상사용권'을 가지고 있어 국가가 당장 해당 토지를 다른 용도로 활용하기 어렵다는 점을 인정했다. 또한, 기숙사 등 교육 시설 확충은 학생들의 안전과 학습권을 보장하고 대학의 공공성을 높이는 일이므로, '국유재산의 활용 가치를 높이는 경우'에 해당한다고 보았다. 따라서 법 제18조의 예외 조항을 적용하여 영구시설물 축조를 허용했다.

• **결과**: 숙명여대의 오랜 숙원 사업인 기숙사 및 교육 시설 건립이 가능해져 교육 환경을 획기적으로 개선했다.

Case 57 [인용] "공익사업인데 임대료 좀 깎아주면 안 됩니까?"

- 공공기관(남동발전) 소유 부지의 스마트양식장 임대료 감면 허용 -

• **사안**: 한국남동발전은 지자체(강원도, 고성군)와 함께 국정과제인 '스마트양식 클러스터' 사업을 추진했다. 발전소 온배수 활용이 무산되자, 대신 남동발전 소유의 회처리장 부지를 양식장 용지로 빌려주기로 했다.

• **쟁점**: 남동발전 사규상 임대료는 감정평가액(약 10.5억 원)이 원칙이다. 그러나 고성군은 공익사업임을 감안해 주변 시세(약 1.3억 원) 수준으로 감면해 달라고 요청했다.

• **난관**: 규정대로 받자니 사업비 부담으로 국정과제 추진이 어렵고, 깎아주자니 배임 논란이 우려되었다.

• **해결**: **[감사원 컨설팅]** 감사원은 이 사업이 정부 국정과제로서 수산물 생산 혁신이라는 공익적 목적이 크다는 점을 확인했다. 또한, 사업이 성공하면 발전소 주변 지역주민과의 상생 발전에도 기여하므로 남동발전의 이익에도 부합한다고 보았다. 따라서 사규의 예외 조항('기타 사장이 필요하다고 인정하는 경우')을 적용하여 임대료 감면이 가능하다고 판단했다.

• **결과**: 에너지 공기업과 지자체의 협력을 통해 미래 수산 산업 육성의 기반을 마련했다.

Case 58 [인용] "3개 공사를 묶어서 감리하면 돈이 11억이나 아껴지는데요?"

- 인접한 3개 공사의 건설사업관리용역(감리) 통합 발주 및 설계변경 허용 -

- **사안**: 수원시는 황구지천 하수처리시설 건설공사 현장 내에 '하수 재이용수 설치공사'와 '상부 체육시설 조성사업'을 추가로 추진하게 되었다. 3개 공사가 같은 현장에서 겹쳐서 진행되는 상황이었다.

- **쟁점**: 원칙적으로 별개 공사는 감리 용역도 따로 발주해야 한다. 그러나 좁은 현장에 감리단이 3개나 들어오면 간섭과 혼선이 생기고, 책임 소재도 불분명해질 우려가 있었다.

- **난관**: 이미 하수처리시설 공사 감리 계약이 체결된 상태에서, 나머지 2개 공사 감리까지 기존 업체에게 몰아주는 것(설계변경)이 특혜로 비칠 수 있었다.

- **해결**: **[감사원 컨설팅]** 감사원은 3개 공사가 동일 현장에서 동시 진행되고 공정이 서로 긴밀히 연결(지하 시설과 지상 체육시설 등)되어 있어, 별도 발주 시 현장 관리에 심각한 곤란이 예상된다고 보았다. 또한 통합 감리를 하면 중복 인력을 줄여 약 11억 원의 예산을 절감할 수 있다는 점도 확인했다. 따라서 이를 '계약 목적 달성을 위해 필요한 경우'로 인정하여 통합 발주(기존 계약 변경)를 허용했다.

- **결과**: 예산 절감과 현장 관리 효율성, 책임 소재 명확화라는 세 마리 토끼를 잡았다.

Case 59 [인용] "기숙사를 지었는데 등기를 못 내준다니요?"

- 지식산업센터 내 기숙사의 구분소유(개별 등기) 허용 -

• **사안**: 과천시 지식산업센터 내에 기숙사를 분양받은 기업들이 소유권 이전 등기를 하려 했으나, 과천시는 "조례상 기숙사는 구분소유가 안 된다"며 이를 거부했다.

• **쟁점**: 「집합건물법」은 구분소유를 원칙적으로 허용하지만, 과천시 조례는 투기 방지 등을 이유로 지식산업센터 기숙사의 구분소유를 제한하고 있었다. 상위법과 자치법규의 충돌 상황이었다.

• **난관**: 등기가 안 되면 기업들은 재산권 행사를 못 하고, 담보 대출도 막혀 자금난에 처할 위기였다. 이미 분양까지 다 끝난 상태에서 뒤늦게 규제를 들이대는 것은 신뢰보호 원칙에도 어긋났다.

• **해결**: **[감사원 컨설팅]** 감사원은 해당 조례가 투기 방지라는 목적은 있으나, 이미 적법하게 분양받은 실수요 기업들의 재산권을 과도하게 침해한다고 보았다. 또한, 산업단지 활성화라는 상위법의 취지를 고려할 때, 개별 호실에 대한 구분소유(등기)를 허용하는 것이 타당하다고 판단했다.

• **결과**: 입주 기업들의 재산권을 보호하고 정상적인 경영 활동을 지원했다.

Case 60 [인용] "쌀값이 폭락해서 손해를 봤는데, 정부가 보전해 줍니까?"

- 공공비축미 매입(시장격리) 참여 민간 사업자(RPC) 손실보상 허용 -

- **사안**: 2022년 쌀값 폭락을 막기 위해 정부는 민간 미곡종합처리장(RPC)들에게 쌀을 매입(시장격리)하도록 했다. 그런데 쌀값이 예상보다 더 떨어져 RPC들은 정부 정책을 따랐다가 큰 손실을 보게 되었다.
- **쟁점**: 「양곡관리법」상 손실 보상 근거가 명확지 않았다. 기재부는 예산으로 민간 사업자의 경영 손실을 보전해 주는 것이 적절한지 고민했다.
- **난관**: 보상을 안 해주면 민간 RPC들이 줄도산할 위기였고, 향후 정부의 쌀 수급 정책에 아무도 협조하지 않을 것이 뻔했다.
- **해결**: **[감사원 컨설팅]** 감사원은 이번 손실이 경영 잘못이 아니라 정부의 시장격리 조치 이행 과정에서 발생한 정책적 손실임을 인정했다. 농가 소득 안정과 식량 안보라는 공익적 목적을 위해 민간이 희생한 것이므로, 예산의 범위 내에서 손실을 보전해 주는 것이 국가의 책무라고 판단했다.
- **결과**: 쌀 산업 붕괴를 막고 민·관 협력 기반의 양곡 수급 안정화 체계를 유지했다.

Case 61 [인용] "컨소시엄 중 한 곳이 제재를 받았는데, 다 탈락입니까?"

- 부산항 북항 재개발 사업 우선협상대상자 지위 유지 허용 -

- **사안**: 부산항만공사는 북항 재개발 사업의 우선협상대상자로 한 컨소시엄을 선정했다. 그런데 컨소시엄 구성원 중 한 건설사(GS건설)가 인천 아파트 붕괴 사고로 영업정지 처분을 받게 되었다.

- **쟁점**: 공모 지침서에는 '사업 신청 자격이 상실되면 우선협상대상자 선정을 취소할 수 있다'고 되어 있었다. 한 곳의 잘못으로 컨소시엄 전체의 자격을 박탈해야 하는지가 문제였다.

- **난관**: 전체 취소를 하면 수조 원대 국책 사업이 수년간 표류하게 되고, 유지를 하자니 부실 시공 업체에 특혜를 준다는 비판이 우려되었다.

- **해결**: **[감사원 컨설팅]** 감사원은 제재받은 건설사를 제외하더라도 나머지 구성원만으로 사업 수행이 충분히 가능하다면, 전체의 지위를 박탈하는 것은 비례의 원칙에 어긋난다고 보았다. 따라서 제재받은 업체를 배제하거나 지분을 조정하는 조건으로 컨설팅 지위를 유지하도록 했다.

- **결과**: 대형 국책 사업의 중단을 막고, 부산엑스포 유치 지원 등 국가적 과제를 차질 없이 추진하도록 했다.

Case 62 [인용] "매출이 반토막 났는데, 특허수수료 좀 깎아주세요"

- 재난(코로나19)으로 인한 면세점 특허수수료 감경 허용 -

• **사안**: 기획재정부는 코로나19로 매출에 타격을 입은 면세점 업계를 지원하기 위해 2020~2021년 특허수수료를 감경해 주었다. 2022년에도 관광객 감소 등 여파가 지속되자, 면세점들은 2022년분 수수료도 감경해 달라고 요청했다.

• **쟁점**: 「관세법 시행규칙」상 감경 대상은 '재난으로 영업에 현저한 피해를 입은 경우'다. 2022년은 사회적 거리두기가 해제되는 등 상황이 호전되어 '재난 상황'으로 볼 수 있는지가 쟁점이었다.

• **난관**: "거리두기가 끝났는데 무슨 재난이냐"는 원칙론과 "여전히 적자 상태"라는 현장의 목소리가 충돌했다.

• **해결**: **[감사원 컨설팅]** 감사원은 재난기본법상 '재난'은 감염병 확산뿐만 아니라 그로 인한 '경제적 피해'까지 포괄한다고 해석했다. 2022년 면세점 매출이 2019년 대비 여전히 70% 수준에 불과한 점을 들어, 재난의 영향이 지속되고 있다고 보았다. 따라서 2022년분 특허수수료도 감경(50%)하는 것이 타당하다고 판단했다.

• **결과**: 면세점 업계의 재정 부담을 완화하고 관광 산업 회복을 지원했다.

Case 63 [인용] "입찰 공고 후에 벌점 받았는데, 이번 평가에서 깎나요?"

- 건설기술용역 사업수행능력 평가 시 벌점 적용 기준일 명확화 -

• **사안**: 한국수자원공사는 건설기술 용역 입찰을 진행했다. 입찰에 참여한 A업체는 '입찰 공고일' 이후에 다른 현장에서 부실 벌점을 받았다. 공사는 이 벌점을 이번 입찰 평가에 반영해야 하는지 고민했다.

• **쟁점**: 「건설기술진흥법」 등에는 평가 기준일이 명확지 않았다. 평가 시점에 벌점이 확정되었으니 깎아야 한다는 의견과, 공고일 기준으로 해야 한다는 의견이 맞섰다.

• **난관**: 벌점을 반영하면 A업체는 탈락할 가능성이 높고, 반영하지 않으면 경쟁 업체가 반발할 상황이었다.

• **해결**: **[감사원 컨설팅]** 감사원은 입찰의 공정성과 안정성을 위해 '입찰 공고일'을 기준으로 평가하는 것이 원칙이라고 보았다. 공고일 이후에 발생하거나 확정된 벌점까지 소급하여 반영하는 것은 참여 업체의 예측 가능성을 해친다고 판단했다. 따라서 공고일 이후 부과된 벌점은 이번 평가에서 제외하도록 했다.

• **결과**: 입찰 행정의 예측 가능성을 높이고 불필요한 분쟁을 예방했다.

Case 64 [인용] "검사 장비를 들이려는데, 공장 용도가 아니라고요?"

- 산업단지 내 비파괴검사시설 설치를 위한 입주 허용 -

- **사안:** 경기도의 한 산업단지 입주 기업이 제품 품질 관리를 위해 '비파괴검사시설(X-ray)'을 설치하려 했다. 관리기관은 "검사 시설은 제조업이 아니라 서비스업(기술서비스) 시설"이라며 산업시설구역 내 설치를 불허했다.

- **쟁점:** 산업단지 관리기본계획상 해당 구역은 '제조업'만 입주 가능하다. 검사 공정을 제조업의 일부로 볼지, 별개의 서비스업으로 볼지가 문제였다.

- **해결: [감사원 컨설팅]** 감사원은 해당 검사 시설이 외부 수주 물량을 처리하는 전문 검사소가 아니라, 자사 생산 제품의 품질을 확인하기 위한 필수 부대 시설이라는 점에 주목했다. 이는 제조 공정의 연장선상이므로, 별도의 비제조업 시설로 보아 입주를 막는 것은 불합리하다고 판단했다. 따라서 부대 시설로서 설치를 허용했다.

- **결과:** 기업의 품질 경쟁력 강화를 지원하고 경직된 산단 입주 규제를 합리화했다.

Case 65 [인용] “가짜 데이터센터가 전기를 다 선점했는데, 공급을 거절해도 됩니까?”

- 수도권 전력 공급 안정화를 위한 대용량 전기공급 거부 기준 마련 -

• **사안**: 최근 데이터센터(Data Center) 수요가 폭증하면서 수도권에 전기 사용 신청이 빗발쳤다. 한국전력공사(한전)가 파악한 2032년까지의 수도권 데이터센터 전력 수요는 63GW에 달해, 계획된 공급 용량(27GW)을 2배 이상 초과했다. 문제는 상당수가 실제 사업 의지가 없는 부동산 투기 목적의 ‘허수 신청(알박기)’이라는 점이었다.

• **쟁점**: 「전기사업법」상 한전은 정당한 사유 없이 전기 공급을 거부할 수 없다(보편적 공급 의무). 그동안 한전은 현재 설비가 부족하더라도 미래에 지어질 ‘계획 설비’까지 고려하여 긍정적으로 공급 검토를 해왔으나, 이대로라면 허수 신청자들이 전력 용량을 모두 선점하여 정작 필요한 실수요 기업이나 일반 국민이 전기를 못 쓰게 될 위기였다.

• **난관**: 허수 신청을 걸러내기 위해 ‘현재 설치된 공급 설비’만을 기준으로 깐깐하게 심사하여 공급을 거부하고 싶었으나, 이는 미래 시점의 공급 능력을 고려하던 기존 관행과 배치되어 법적 다툼의 소지가 있었다.

• **해결**: **[감사원 컨설팅]** 감사원은 수도권 전력난 우려와 ‘알박기’ 폐해의 심각성을 인정했다. 비록 법령상 ‘계획 설비’도 공급 능력에 포함해서 보는 것이 맞지만, 실수요자가 아닌 투기 수요를 차단하기 위해 합리적인 기준(지역별·기간별 계획 설비 규모 고려 등)을 마련하여 전기 공급을 거부하는 것은 ‘정당한 사유’에 해당한다고 판단했다. 즉, 무조건적인 거부가 아니라, 객관적 기준을 통해 ‘가짜 수요’를 걸러내는 적극적 조치를 허용한 것이다.

• **결과**: 데이터센터 전력 공급의 ‘허수’를 걷어내고, 수도권 전력망의 안정성을 확보하여 실수요 기업과 국민의 피해를 예방했다.

Case 66 [인용] "학교 땅 판 돈, 묶어두지 말고 불려서 쓰게 해 주세요"

- 교육용 기본재산 처분대금의 수익용 재산 전환 허용 -

- **사안**: 학교법인 풍문학원은 학교 이전 후 남은 교육용 기본재산 매각 대금 82억 원을 보유하고 있었다. 이를 학교 회계(교비회계)에 넣어두었는데, 추가로 땅을 사거나 건물을 지을 수 없는 상황(그린벨트 등)이라 돈이 묶여 있었다.
- **쟁점**: 「사립학교법」은 교비회계 돈을 다른 회계로 옮기는 것을 엄격히 금지한다. 학원은 이 돈을 법인회계로 옮겨 수익용 재산(정기예금 등)으로 굴려 수익을 내고 싶어 했다.
- **난관**: 법조문만 보면 전출 금지에 걸려 자금을 효율적으로 운용할 수 없는 상황이었다.
- **해결**: **[감사원 컨설팅]** 감사원은 대법원 판례를 인용하여, 교육용 재산 확보율이 충분하다면 남는 돈을 수익용으로 전환하는 것이 가능하다고 보았다. 돈을 법인회계로 옮겨 수익을 창출하고, 그 수익을 다시 학교로 보내 교육 환경 개선에 쓴다면 사립학교의 건전한 육성이라는 법 취지에 부합한다고 판단했다.
- **결과**: 유휴 자금을 효율적으로 운용하여 학교 재정을 튼튼히 하고 학생 지원을 확대할 길을 열었다.

Case 67 [인용] "공장 위 기숙사, 공장 기준으로 소방시설을 하면 위험하지 않나요?"

- 공장과 기숙사가 혼재된 특정소방대상물의 소방시설 설치 기준 강화 -

- **사안**: 소방청은 1층은 공장, 2층은 기숙사로 된 건물의 건축 허가 동의를 검토하고 있었다. 현행법상 '공장'으로 분류하면 수동 비상경보설비만 설치하면 되지만, '복합건축물'로 보면 자동화재탐지설비 등 더 강화된 기준을 적용해야 했다.

- **쟁점**: 「산업집적법」 등 관련 법령상 기숙사는 공장의 부대시설로 간주되므로 주된 용도인 '공장' 기준을 따라야 한다는 의견과, 사람이 거주하는 기숙사의 특성상 안전을 위해 '복합건축물'로 보아야 한다는 의견이 대립했다.

- **난관**: 공장 기준으로 완화해 주자니 화재 시 기숙사에 거주하는 근로자들의 인명 피해가 우려되는 상황이었다.

- **해결**: **[감사원 컨설팅]** 감사원은 기숙사가 법령상 반드시 설치해야 하는 의무 시설이 아님을 확인했다. 무엇보다 '근로자가 상시 거주하여 화재 시 인명 피해 위험이 크다'는 실질적 위험성을 최우선으로 고려했다. 따라서 국민의 생명과 안전을 위해 해당 건물을 '복합건축물'로 보아 강화된 소방시설 설치 기준을 적용하는 것이 타당하다고 판단했다.

- **결과**: 화재 안전 사각지대를 해소하여 근로자들의 생명을 보호하는 적극적인 해석을 내렸다.

Case 68 [인용] "땅이 꺼져 공장이 무너지는데, 책임 비율 따지느라 공사를 미룰 순 없습니다"

- 국가식품클러스터 지반침하 피해비용 선지급 허용 -

- **사안**: LH가 조성한 익산 국가식품클러스터 산업단지에서 지반 침하가 발생해 입주 기업 4곳의 공장이 균열되는 등 피해가 속출했다. 법원 감정 결과 LH의 과실 비율은 약 34%(9억 2천만 원)로 추산되었으나, 소송이 진행 중이라 책임 비율이 최종 확정되지 않은 상태였다.

- **쟁점**: 「예산집행지침」상 책임 분담 내용이 확정되지 않은 상태에서 예산을 집행하는 것은 원칙적으로 제한된다. LH는 나중에 돈을 못 돌려받을까 봐(채권 회수 불투명) 지급을 주저하고 있었다.

- **난관**: 책임 공방을 벌이는 사이 지반 침하는 계속 진행되어 가스 누출, 화재 등 대형 안전사고 발생 위험이 커지고 있었고, 입주 기업의 피해는 눈덩이처럼 불어났다.

- **해결**: **[감사원 컨설팅]** 감사원은 '국민의 안전 확보'와 '피해 확산 방지'가 예산 집행의 형식적 원칙보다 우선한다고 보았다. 지금 보강 공사를 하지 않으면 나중에 더 큰 하자가 발생해 LH의 손해 배상액이 늘어날 수 있다는 점도 고려했다. 따라서 채권 보전 조치를 전제로 LH가 추산된 책임 금액을 선지급하여 지반 보강 등 안전 조치를 취하도록 허용했다.

- **결과**: 붕괴 위험에 노출된 입주 기업의 안전을 확보하고 조속한 경영 정상화를 지원했다.

Case 69 [인용] "폐기물 기준이 바뀌었는데, 옛날 처분도 취소해 줍니까?"

- 법령 개정에 따른 기존 행정처분(폐기물 제거명령) 철회 허용 -

- **사안**: 밀양시는 폐기물 재활용 성토재를 쓴 업체에게 토양오염 기준 위반이라며 폐기물 제거 명령을 내렸다. 그런데 이후 환경부 규칙이 개정되어 성토재 자체에 대해서는 오염 기준을 적용하지 않게 되었다.

- **쟁점**: 이미 대법원에서 밀양시 승소 판결까지 난 확정된 처분이었다. 법이 바뀌었다고 해서 이미 확정된 처분을 행정청이 스스로 철회할 수 있는지, 특혜 시비는 없는지가 문제였다.

- **난관**: 법적 안정성을 해친다는 우려와, 개정된 법 취지에 맞게 불필요한 규제는 풀어줘야 한다는 주장이 대립했다.

- **해결**: **[감사원 컨설팅]** 감사원은 환경부의 규칙 개정이 애초에 과도했던 규제를 바로잡는 취지였음을 확인했다. 「행정기본법」상 사정 변경으로 처분을 유지할 필요가 없게 된 경우 철회가 가능하다는 점을 들어, 비록 확정 판결을 받은 처분이라도 개정된 법령 취지에 맞게 철회하는 것이 타당하다고 판단했다.

- **결과**: 과도한 규제로 인한 기업의 부담을 덜어주고, 변화된 법령 환경에 맞춘 유연한 행정을 구현했다.

Case 70 [인용] "민원 때문에 도로를 돌려야 하는데, 돈이 더 들어도 됩니까?"

- 고성·통영 국도건설공사 노선 변경에 따른 총사업비 조정 허용 -

- **사안**: 부산지방국토관리청은 국도 77호선 건설 공사를 하던 중, 마을 고립과 조망권 침해를 우려하는 주민들의 강력한 반대에 부딪혔다. 5년간의 협의 끝에 마을을 우회하는 노선으로 변경하기로 합의했으나, 이로 인해 사업비가 당초보다 증가하게 되었다.

- **쟁점**: 기획재정부 「총사업비 관리지침」은 원칙적으로 민원 해결을 위한 설계 변경으로 인한 사업비 증액을 인정하지 않는다. 다만, '주민 편익이 크게 증가하는 경우'에는 예외를 두고 있다.

- **난관**: 민원 때문에 나랏돈을 더 쓴다는 비판(예산 낭비)과, 공사 지연으로 인한 사회적 손실 사이에서 갈등했다.

- **해결**: **[감사원 컨설팅]** 감사원은 노선 변경 시 단순 공사비는 64억 원 증가하지만, 보상비를 현재 기준으로 재산정하면 오히려 전체 총사업비는 18억 원 감소한다는 경제적 분석에 주목했다. 또한, 노선 변경으로 마을 고립 해소, 우량 농지 보전, 교통사고 예방 등 주민 편익이 획기적으로 증대되고, 장기 미개통 시 사회적 손실이 크다는 점을 인정하여 총사업비 조정을 허용했다.

- **결과**: 5년 묵은 갈등을 해결하고 공사를 재개하여 지역 교통망 확충을 가속화했다.

Case 71 [인용] "공사비가 폭등해서 산단 조성을 못 하겠습니다"

- 개발제한구역 훼손지 복구 대상지 변경을 통한 산업단지 조성 지원 -

- **사안**: 창원시는 방위산업 육성을 위해 '덕산 일반산업단지'를 조성 중이었다. 당초 개발제한구역(GB) 해제 조건으로 인근 '신촌공원'을 훼손지 복구 대상지로 정했으나, 공사비 폭등으로 복구 비용이 2배 가까이(43억→83억) 뛰면서 산단 분양가 상승과 기업 입주 포기가 우려되었다.

- **쟁점**: 창원시는 비용 절감을 위해 복구 대상지를 다른 곳으로 바꾸거나 현금(보전부담금) 납부로 전환하고 싶어 했으나, 국토부는 "이미 결정된 복구 대상지를 단순 경제성 이유로 바꾸거나, 대체 훼손지가 있는데도 돈으로 때우는 건 안 된다"는 입장이었다.

- **난관**: 원칙을 고수하면 산단 조성이 무산되어 지역 경제 핵심인 방위산업 클러스터 구축에 차질이 빚어질 상황이었다.

- **해결**: **[감사원 컨설팅]** 감사원은 이 사업이 국가 전략 산업인 방위산업 육성이라는 공익적 목적이 크다는 점을 강조했다. 경제 여건 악화라는 불가피한 사정 변경을 인정하여, 기존과 동일한 면적과 예산(43.5억 원) 범위 내에서 관내 다른 훼손지를 선정하여 복구하는 계획 변경은 가능하다고 판단했다. (단, 아예 복구하지 않는 보전부담금 전환은 불가하다고 선을 그음)

- **결과**: 40억 원의 비용 증가를 막아 산단 분양가를 안정화하고 기업 유치를 지원했다.

Case 72 [인용] “공사 허가 나기 전인데, 흙을 미리 좀 팔면 안 됩니까?”

- 산업단지계획 승인 전 토사 반출 허용을 통한 예산 절감 -

- **사안**: 전남 강진군은 ‘강진 제2일반산업단지’를 조성 중이었다. 2024년 3월에 계획 승인 고시가 날 예정이었으나, 인근 고속도로 공사 현장 등에서 성토용 흙이 급하게 필요했다. 산업단지 공사에서 나오는 흙(사토) 98만㎥를 미리 반출하면 사토 처리 비용 59억 원을 아끼고 공기도 7개월 단축할 수 있는 기회였다.
- **쟁점**: 원칙적으로 토석 채취 등 개발행위는 산업단지 계획 승인 고시 후에 가능하다. 승인 전 심의 단계에서 흙을 외부로 반출하는 것이 법적으로 가능한지 불분명했다.
- **난관**: 절차를 지키느라 승인 후까지 기다리면 인근 공사 현장의 골든타임을 놓치고, 강진군은 아까운 흙을 돈을 들여 버려야 하는 비효율이 발생했다.
- **해결**: **[감사원 컨설팅]** 감사원은 「산업입지법」상 개발사업에 지장이 없다면 군수가 허가할 수 있다는 점을 확인했다. 승인권자인 전라남도도 이에 긍정적이었고, 예산 절감과 공익적 효과가 명백하므로, 심의 결과 확정 전이라도 개발에 지장을 주지 않는 범위 내에서 토사 반출을 허용했다.
- **결과**: 자원의 효율적 재활용을 통해 59억 원의 예산을 절감하고 지역 공사 현장의 자재난을 해소했다.

Case 73 [인용] "입찰이 계속 유찰되는데, 예정가격을 현실화해도 됩니까?"

- 대전역사 내 매장 입찰 예정가격 변경(최저 수수료율 적용 배제) 허용 -

- **사안:** 코레일유통은 대전역사 내 '성심당' 매장 임대차 계약 만료를 앞두고 입찰을 진행했으나, 내부 규정상 최저 수수료율(17%) 기준 때문에 5차례나 유찰되었다. 성심당은 기존처럼 매출액의 5% 수준을 원했다.

- **쟁점:** 내부 규정을 따르자니 계속 유찰되어 매장이 공실이 될 위기였고, 규정을 바꿔 수수료율을 낮추자니 특혜 시비가 우려되었다.

- **해결:** **[감사원 컨설팅]** 감사원은 계속된 유찰로 인해 당초 예정가격으로는 계약 체결이 불가능한 상황임을 확인했다. 「국가계약법」을 준용하여, 낙찰자가 없는 경우 예정가격을 변경하여 새로운 입찰에 부칠 수 있다고 판단했다. 특히, 감정가격 적용이 어려운 특수한 경우이므로 '견적가격'을 기준으로 예정가격을 재산정하는 것이 가능하다고 보았다.

- **결과:** 경직된 내부 규정 대신 상위 법령을 유연하게 적용하여 공실 위기를 막고 합리적인 계약 체결의 길을 열었다.

2. 불인정 사례

Case 74 **[반려] "민원으로 설계를 다시 하는데, 수의계약은 안 되나요?"**

- 사업계획 변경에 따른 재설계 용역의 수의계약 가능 여부 -

- **사안**: 인천광역시 동부교육지원청은 예술고등학교 증축 공사를 위해 설계공모를 거쳐 설계를 완료하고 착공했으나, 인근 주민들의 일조권 침해 민원으로 공사가 중단되었다. 교육청은 주민 협의를 통해 건물 배치를 변경하기로 하고 재설계를 추진하게 되었다.

- **사유**: 교육청은 공사 지연에 따른 학생들의 학습권 피해를 막고 예산 효율성을 높이기 위해, 기존 설계 업체와 '수의계약'으로 재설계 계약을 맺고 싶어 했다. 그러나 감사원은 「지방계약법 시행령」상 수의계약은 천재지변이나 긴급한 행사에 준하는 경우에만 가능한데, 민원 제기에 따른 재설계는 이에 해당하지 않는다고 보았다. 또한, 「건축서비스산업 진흥법」상 일정 규모 이상의 공공 건축물은 '설계공모'가 원칙이므로, 기존 계약이 종료된 후 새로운 설계를 한다면 원칙대로 다시 설계공모를 거쳐야 한다고 판단하여 수의계약 요청을 기각했다.

Case 75 [기각] "핵심 부품, 우리가 직접 사서 주면 더 싸고 빠르지 않을까요?"

- 무기체계 부품 조달 방식(관급 vs 도급) 변경의 타당성 -

• **사안**: 방위사업청은 전술정보통신체계(TICN) 사업의 핵심 부품인 '전원체계(발전기)' 조달 방식을 두고 고민했다. 기존처럼 체계종합업체가 알아서 사 오게 하는 '도급' 방식 대신, 방사청이 직접 사서 업체에 주는 '관급' 방식으로 바꾸면 예산을 아낄 수 있다고 보았다.

• **쟁점**: 도급은 책임 소재가 명확하고 납기 관리가 쉬운 반면 비싸고, 관급은 싸지만 하자 책임이 불분명해질 수 있다. 특히 방사청은 관급으로 하면 입찰 절차 때문에 전력화 시기가 늦어진다는 이유로 도급을 선호했다.

• **사유**: 감사원은 최근 감사 결과(K-2 전차 파워팩 사례)를 들어, 사업비 규모가 크고 기술적 독립성이 높은 부품은 관급이 유리할 수 있다는 점을 지적했다. 또한, 관급으로 하더라도 사전 심사 절차 등을 단축하면 납기를 맞출 수 있으므로, 단지 납기가 늦어진다는 이유만으로 비싼 도급 방식을 고집하는 것은 타당하지 않다고 판단했다. 예산 효율성과 사업 관리의 합리성을 종합적으로 고려해야 한다는 취지로 기각했다.

Case 76 [기각] “호텔을 짓고 싶은데 땅 주인에게 조건을 걸어도 되나요?”

- 도시개발사업 토지 공급 시 법령에 없는 조건 부여 금지 -

- **사안**: 의왕시 백운밸리 개발사업자인 백운PFV는 업무시설용지가 잘 안 팔리자, 이곳에 4성급 호텔 등을 유치하고 싶어 했다. 그래서 땅을 살 사람의 자격을 ‘호텔 운영 확약서를 낸 자’ 등으로 제한하고 싶어 했다.
- **사유**: 도시개발법상 조성 토지는 ‘경쟁 입찰’이 원칙이다. 예외적으로 학교나 병원 같은 ‘기반시설’ 설치를 위해서는 자격을 제한할 수 있지만, 호텔이나 일반 업무시설은 기반시설이 아니다. 감사원은 시행자가 임의로 법령에 없는 까다로운 자격 요건(호텔 의무화 등)을 걸어 경쟁을 제한하는 것은 허용될 수 없다고 판단했다. 이는 특정 업체에 대한 특혜나 과도한 재산권 제약이 될 수 있기 때문이다.

Case 77 [기각] "도로 위아래로 건물을 짓는데, 도로 소유권은 안 드려도 되죠?"

- 입체도시계획도로 무상귀속 범위 및 점용허가 필요성 -

• **사안**: 의정부시 미군 반환 공여구역 개발 사업자가 주상복합건물을 지으면서 단지 내를 통과하는 도시계획도로를 개설하기로 했다. 특이한 점은 도로의 상공과 지하 공간을 활용해 건물을 짓기 위해 도로를 '입체적 범위(지하 1.5m ~ 지상 10m)'로만 결정하고, 도로 부지 자체는 시에 기부채납(무상귀속)하는 대신 '구분지상권'만 설정해 주겠다고 제안한 것이다.

• **쟁점**:

1. 도시계획시설(도로) 무상귀속 시 '소유권'을 받아야 하는지, '구분지상권'만 받아도 되는지.
2. 도로의 상·하부 공간(연결통로, 지하주차장) 사용이 '도로점용허가' 대상인지.

• **사유**:

1. 무상귀속: 「국토계획법」 및 대법원 판례상 개발행위로 설치된 공공시설은 관리청에 '소유권'이 귀속되는 것이 원칙이다. 구분지상권만 설정하면 도로의 유지·관리나 장래 확장이 어렵고, 공공시설의 안정성이 사유 건축물의 수명에 종속되는 문제가 발생한다. 따라서 토지 소유권 전체를 무상귀속받아야 한다.
2. 도로점용: 도로 부지의 소유권이 시에 귀속되므로, 그 상·하부 공간을 사적으로 사용하는 행위(건물 연결통로, 지하주차장 등)는 당연히 '도로점용허가' 대상이다. 특히 지하주차장처럼 영구적·전속적으로 사용하는 시설은 도로 유지·관리에 지장을 줄 수 있으므로

허가에 신중해야 한다.

• **결과**: 공공용지의 사유화를 방지하고 도시계획시설의 공공성을 확보하는 원칙을 재확인했다.

Case 78 [반려] "산단 입주 불가 업종이라는데, 변경허가 해줘도 됩니까?"

- 타 법령과의 충돌에 대한 소관 부처의 자체 판단 사항 -

• **사안**: 진주 상평산단에서 30년간 영업해 온 폐기물처리업체가 소각시설을 증설(변경허가)하려 했다. 진주시는 "산단 관리계획상 입주 불가 업종"이라며 반대했고, 환경부는 허가를 내줘도 될지 고민했다.

• **사유**: 해당 업체는 이미 적법하게 입주해 운영 중인 상태였다. 감사원은 시설 증설이 「산업집적법」상 새로운 입주 계약이나 변경 승인 대상이 아니라면, 진주시의 반대와 무관하게 환경부가 「폐기물관리법」에 따라 자체적으로 허가 여부를 판단할 재량 사항이라고 보았다. 법령 해석의 문제가 아닌 재량 판단의 영역이라며 반려했다.

Case 79 [기각] "금리를 낮추라고 은행에 지도해도 됩니까?"

- 법적 근거 없는 금리 인하 행정지도 불가 -

- **사안**: 금융위원회는 서민들의 이자 부담을 줄여주기 위해, 금융기관들에게 대출 최고금리를 인하하도록 안내하거나 구제 제도를 도입하도록 지도할 수 있는지 문의했다.

- **사유**: 금리는 시장 원리에 따라 결정되는 것이 원칙이다. 감사원은 법률에 명시적 근거 없이 행정기관이 민간 금융회사의 금리 결정에 개입하거나 강제적인 지도를 하는 것은 관치 금융 논란을 일으킬 수 있고 시장 자율성을 침해할 소지가 있다며 기각했다.

Case 80 [반려] "아직 땅도 안 샀는데 기부채납 면제해달라뇨?"

- 사업 요건 미충족 상태에서의 가정적 상황에 대한 질의 반려 -

- **사안**: 대구광역시는 민간공원 특례사업을 추진하면서, 민간사업자가 공원 부지 외에 산업단지 등을 개발할 경우 내야 하는 '지가상승분 기부금'을 면제해 줄 수 있는지 문의했다.

- **사유**: 해당 사업자는 아직 도시공원법에 따른 인허가 절차도 완료하지 않았고, 가장 중요한 '사업 부지 소유권'조차 확보하지 못한 상태였다. 감사원은 기부금 납부 의무가 발생할지조차 불투명한 '가정적 상황'에 대해 미리 컨설팅을 해줄 수는 없다며 반려했다. 이는 구체적인 처분 요건이 갖춰진 후 신청해야 한다는 원칙을 확인한 것이다.

Case 81 [반려] "이미 지어진 아파트인데, 개발부담금을 내야 하나요?"

- 법원 판결 등으로 부과 기준이 확립된 사안에 대한 질의 반려 -

- **사안**: 경기도(하남시)는 택지개발사업이 끝난 토지에 주택을 건설한 사업자에게 '개발부담금'을 부과할지 고민했다.
- **사유**: 대법원 판례는 이미 개발부담금이 부과되어 조성이 완료된 택지에서 이루어지는 건축 사업에는 다시 부담금을 부과할 수 없다고 명확히 판시하고 있다. 감사원은 법원 판결과 관련 규정에 따라 자체적으로 판단할 수 있는 사안을 면피성으로 문의한 것으로 보아 반려했다.

제2절.

[국민권익/불편해소] 꽉 막힌 민원, 상식으로 뚫다

1. 인정 사례

Case 01 [인용] "수십 년 농사지은 땅, 법이 바뀌었다고 나가라니요"

- 대부 면적 제한 규정 적용의 예외를 인정한 도유지 수의매각 허용 -

• **사안**: 충청남도는 과거 간척지 등을 농민들에게 대부해 왔으나, 2006년 「공유재산법」 개정으로 수의계약(경쟁 없이 계약) 가능한 농지 면적이 1만㎡로 제한되었다.

• **쟁점**: 1만㎡를 초과하여 장기간 경작해 온 농민들은 법 개정으로 인해 경작권을 잃거나 경쟁 입찰에 내몰려 삶의 터전을 잃을 위기에 처

했다. 법령상 면적 제한 규정이 명확하여 지자체는 이러지도 저러지도 못하는 상황이었다.

- **난관:** 법대로 하면 대규모 영농을 하던 농민들이 하루아침에 생계 수단을 잃게 되고, 농민들을 보호하려니 명백한 법령 위반이 되는 상황이었다.
- **해결: [감사원 컨설팅]** 감사원은 해당 농민들이 1990년대부터 간척지 조성에 기여하며 장기간 경작해 온 특수성과 기득권(신뢰)을 인정했다. 법 개정 이전부터 형성된 신뢰 관계와 영농의 효율성을 고려하여, 종합대책 수립을 전제로 1만㎡를 초과하더라도 기존 경작자에게 수의매각할 수 있도록 허용했다.
- **결과:** 농민들의 집단 민원을 해소하고 안정적인 영농 활동을 보장했다.

Case 02 [인용] "설립자가 사망했는데 유치원이 문을 닫아야 하나?"

- 폐원 위기 유치원 정상화를 위한 사회적협동조합 대상 국유재산 임대 허용 -

- **사안:** 공무원연금공단 소유 시설을 임차해 운영하던 유치원의 설립자가 사망했다.
- **쟁점:** 「고등학교 이하 각급 학교 설립·운영 규정」상 사립유치원은 설립자가 교지(땅)와 교사(건물)를 직접 소유해야만 인가가 난다. 임차 방식으로는 신규 설립자 명의로 인가를 받을 수 없어 유치원이 폐원될 위기였다.
- **난관:** 유치원이 폐원되면 당장 원아들과 학부모들이 갈 곳을 잃게 되지만, 법령상 임차 시설에서의 유치원 운영은 엄격히 금지되어 있어 공단도 뾰족한 수가 없었다.
- **해결:** **[감사원 컨설팅]** 감사원은 관련 규정의 예외 조항을 적극적으로 탐색했다. 공공기관이 '사회적협동조합'에 임대하는 경우에는 예외적으로 자기 소유가 아니어도 유치원 설립이 가능하다는 점을 찾아내어, 학부모와 교사가 구성한 사회적협동조합에 수의계약으로 시설을 임대하도록 허용했다.
- **결과:** 유치원 폐원에 따른 유아 교육 공백을 막고, 사회적 경제 조직을 통한 새로운 운영 모델을 마련했다.

Case 03 [인용] "경찰 신원조회가 늦었는데, 임용일을 소급해 줄 수 없나요?"

- 신원조사 회신 지연에 따른 사립유치원 교사 임용일 소급 인정 -

• **사안:** 경기도 북부 관내 사립유치원들은 3월 1일 자로 교사들을 임용하기 위해 2월에 신원조사를 의뢰했으나, 경찰청 조직 개편과 사립유치원 개학 연기 사태 등으로 업무가 폭증하여 신원조사 회신이 3월 중순에야 도착했다. 이로 인해 이미 3월 1일부터 근무하고 있던 교사 328명의 서류상 임용일이 늦어지게 되었다.

• **쟁점:** 「교육공무원 임용령」 제6조는 공무원의 '임용일자 소급 금지'를 규정하고 있다. 교육청은 사립유치원 교사에게도 이 규정이 준용되어 소급이 불가능한지, 아니면 구제 가능한지가 불분명했다. 임용일이 늦어지면 교사들은 호봉 승급과 경력 산정에서 불이익을 받게 되는 상황이었다.

• **난관:** 일부 교육청은 인사 일관성을 위해 소급을 엄격히 제한하고 있었으나, 교사들에게 아무런 귀책 사유가 없음에도 행정 지연으로 인한 불이익을 감수하게 하는 것은 불합리하다는 지적이 있었다.

• **해결: [감사원 컨설팅]** 감사원은 「사립학교법」이 교원의 자격·복무에 대해서는 국·공립 규정을 준용하지만, '임용'에 대해서는 명시적인 준용 규정이 없다는 점에 주목했다. 따라서 사립유치원 교사에게 소급 금지 규정이 당연히 적용되는 것은 아니며, 이번 사안은 개인의 잘못이 아닌 외부 요인(행정 지연)에 의한 특수한 상황이므로 교사들의 권리 구제를 위해 임용일자를 실제 근무일(3.1.)로 소급하는 것이 타당하다고 판단했다.

• **결과:** 328명 교사들의 임용일자가 정상화되어 호봉 및 경력 불이익을 해소하고 교원들의 사기를 진작시켰다.

Case 04 [인용] "유명 작가를 위해 지은 집, 수의계약으로 빌려줘도 되나요?"

- 특수 목적으로 조성된 행정재산의 수의계약 사용허가 -

- **사안**: 화천군은 소설가 이외수 작가를 위해 '감성테마문학공원'을 조성하고 집필실을 지어 무료로 거주하게 했으나, 법원 판결에 따라 앞으로는 사용료를 받아야 했다.

- **쟁점**: 공유재산(집필실)을 빌려줄 때는 '일반경쟁입찰'이 원칙이다. 그러나 이 시설은 애초에 이외수 작가의 거주와 집필 활동을 목적으로 지어진 곳이라 다른 사람에게 빌려주는 것은 의미가 없었다.

- **난관**: 경쟁 입찰을 하면 작가가 쫓겨날 수 있고, 수의계약을 하자니 법적 근거가 미약해 특혜 시비가 우려되었다.

- **해결**: **[감사원 컨설팅]** 감사원은 해당 공원이 작가의 유명세를 활용한 문학마을 조성을 위해 만들어졌고, 작가의 거주가 사업의 필수 전제조건이라는 특수성을 인정했다. 따라서 이는 「공유재산법 시행령」상 '재산의 목적·성질상 일반입찰이 곤란한 경우'에 해당한다고 보아, 지자체 조례로 근거를 마련한 후 이외수 작가와 수의계약을 체결할 수 있다고 판단했다.

- **결과**: 행정재산의 합법적 관리 체계를 갖추면서도, 문학공원의 설립 취지와 운영의 연속성을 보장했다.

Case 05 [인용] "돈을 맡기면서 어디에 투자할지 정해주면 안 되나요?"

- 한국투자공사(KIC) 위탁 자산의 운용 제한 금지 법령 준수 -

- **사안:** 우정사업본부(우체국 금융)는 해외 투자 수익률을 높이기 위해 자산 일부를 한국투자공사(KIC)에 위탁하려 했다. 이때 고객 돈인 만큼 안전성을 위해 투자처나 방식을 구체적으로 지정(제한)하고 싶어 했다.
- **쟁점:** 「한국투자공사법」 제30조는 정부의 과도한 간섭을 막기 위해 위탁 기관이 KIC의 '운용 용도 및 방식을 제한하는 것을 금지'하고 있다. (단, 한국은행 등 일부 예외 존재)
- **난관:** 우정사업본부는 "서로 합의하면 괜찮지 않느냐"고 주장했으나, 법령 위반 소지가 컸다.
- **해결: [감사원 컨설팅]** 감사원은 해당 조항이 KIC의 자산 운용 독립성을 보장하기 위한 강행 규정임을 확인했다. 우정사업본부는 법령상 예외 기관(기금 관리 주체 등)에 해당하지 않으므로, 당사자 간 합의가 있더라도 법령을 위반하여 운용 제한 조건을 계약서에 넣을 수 없다고 명확히 선을 그었다.
- **의의:** 적극행정이라 하더라도 명문화된 법령의 취지(기관의 독립성 보장)를 정면으로 거스르는 합의는 불가능함을 확인시켜 준 사례다.

Case 06 [인용] "실수로 설치한 보행로, 다시 철거해도 될까요?"

- 생태통로 내 잘못 설치된 인공 구조물(데크) 철거 및 예산 낭비 처리 -

- **사안**: 구례군은 주민 편의를 위해 야생동물 이동 통로인 '생태통로' 안에 사람이 다닐 수 있는 '데크 보행로'를 설치했다. 그러나 이는 「생태통로 설치 및 관리 지침」상 금지된 행위(인공 구조물 설치 불가, 흙길만 가능)였다. 환경단체의 반발로 공사가 중단되었다.
- **쟁점**: 이미 2억 원 넘는 예산을 들여 설치한 시설물을 다시 예산을 들여 철거하는 것이 '예산 낭비'로 지적될까 봐 구례군은 결정을 내리지 못하고 있었다.
- **난관**: 잘못된 행정을 바로잡으려니 예산 낭비라는 또 다른 문제가 발생하는 진퇴양난의 상황이었다.
- **해결**: [감사원 컨설팅] 감사원은 잘못된 행정은 바로잡는 것이 원칙임을 분명히 했다. 생태통로의 본래 목적(야생동물 보호)을 훼손하는 시설물은 규정 위반이므로 철거하여 원상복구하는 것이 타당하다고 판단했다. 다만, 예산 낭비 부분에 대해서는 담당자의 고의/과실 여부를 철저히 조사하고, 향후 교부세 감액 등의 불이익을 감수하더라도 원칙대로 처리하도록 했다.
- **의의**: "이미 돈을 썼으니 어쩔 수 없다"는 식의 행정 관행에 경종을 울리고, 환경 보호라는 공익적 가치를 우선시한 사례다.

Case 07 [인용] "규정이 바뀌어서 학위를 못 준다니, 학생들은 어떡합니까?"

- 외국대학 교육과정(프랜차이즈) 운영 기준의 소급 적용 허용 -

- **사안:** 인하대와 부천대는 우즈베키스탄 현지 대학(IUT, BUT)에 교육과정을 수출하고, 현지 학생들에게 국내 학위를 수여하려 했다.
- **쟁점:** 2018년 교육부가 관련 운영 기준(국내 교수 수업 비율 등)을 강화하면서, 이미 입학해 공부하고 있던 기존 학생들이 졸업할 때 학위를 받지 못할 위기에 처했다. 대학들의 귀책사유로 기준을 맞추지 못한 것이라 원칙적으로는 학위 수여가 불가능했다.
- **난관:** 규정을 지키자니 애꿎은 학생들이 피해를 보고 국가 신인도가 추락할 상황이었다.
- **해결:** **[감사원 컨설팅]** 감사원은 비록 대학의 잘못이 있다 하더라도, 학생들에게는 귀책사유가 없다는 점과 교육 수출 장려라는 정책 취지를 고려했다. 따라서 교육부가 '경과 규정'을 신설하여 소급 적용함으로써, 기존 입학생들에게 예외적으로 학위를 수여하는 길을 터주는 것이 타당하다고 판단했다.
- **결과:** 한국 교육을 믿고 선택한 외국인 유학생들의 신뢰를 보호하고, K-에듀의 해외 진출 기반을 다졌다.

Case 08 [인용] "설계는 따로 하고 공사는 같이 해도 되나요?"

- 동일 부지 내 유사 국비 사업의 통합 발주 허용 -

- **사안**: 행정안전부는 거창군 동일 부지에 '승강기 시험타워'와 '세계 승강기 허브도시' 조성 사업을 추진 중이었다. 예산 절감 등을 위해 이미 진행 중인 시험타워 설계 용역에 허브도시 설계 과업을 추가하고, 나중에 공사도 묶어서 발주하고 싶어 했다.

- **해결**: [감사원 컨설팅]
  1. 설계 통합 불가: 두 사업은 목적이 별개이므로, 기존 계약에 새로운 과업을 끼워 넣는 것은 부당한 수의계약 소지가 있어 불허했다.
  2. 공사 통합 허용: 국가계약법상 통합 발주 금지 규정은 없다. 오히려 같은 부지의 유사 공사를 묶어서 발주하면 효율성이 높아지므로, 설계 후 공사 단계에서의 통합 발주는 가능하다고 판단했다.

Case 09 [인용] "지하철 공사 때문에 손님이 끊겼는데 임대료 다 내라뇨?"

- 공사로 인한 통행 제한 시 지하도상가 대부료 감면 -

- **사안:** 부산시가 BRT(중앙버스전용차로) 공사를 하면서 지하도상가 인근 횡단보도를 없애고 통행을 제한했다. 이로 인해 상가 유동 인구가 급감하자 상인들이 대부료(임대료) 감면을 요청했다.

- **쟁점:** 조례상 대부료 감면은 '재산의 사용을 제한했을 때' 가능하다. 부산시는 상가 문을 닫게 한 것은 아니므로(간접 피해) 감면 대상이 아니라고 보았다.

- **해결:** **[감사원 컨설팅]** 감사원은 공사로 인해 주된 진입로가 폐쇄되어 시민들의 접근이 현저히 곤란해졌다면, 이는 사실상 사용·수익에 중대한 제한을 초래한 것으로 보아야 한다고 판단했다. 따라서 매출 피해 등을 고려해 대부료를 감면해 주는 것이 적극행정이라고 해석했다.

- **결과:** 공익사업으로 인해 피해를 본 소상공인들의 고충을 덜어주고 행정의 신뢰를 높였다.

Case 10 [인용] "지하철역 안에 약국을 낼 수 있나요?"

- 도시철도 역사 내 약국 개설 등록 규제 완화 -

- **사안:** 서울시는 지하철 이용 시민들의 편의를 위해 역사 내 상가에 약국을 유치하고자 했다. 그러나 보건소마다 약국 개설 허가 기준을 다르게 해석하여 일부 지역에서는 개설이 거부되고 있었다.

- **쟁점:** 「약사법」은 약국이 '건축물 안'에 있어야 하고 '독립된 공간'이어야 한다고 규정한다. 지하철 역사는 건축물 대장이 없는 경우가 많고, 개방된 공간이라 독립성 요건을 충족하는지가 논란이었다.

- **난관:** 건축물 대장이 없다는 형식적 이유로 약국 개설을 막는 것은 시민들의 의약품 구매 편의를 저해한다는 지적이 있었다.

- **해결: [감사원 컨설팅]** 감사원은 지하철 역사도 건축법상 건축물에 해당하며, 상가 구획이 벽이나 문으로 명확히 구분되어 물리적인 독립성을 갖춘다면 약국 개설 요건을 충족한 것으로 보아야 한다고 판단했다.

- **결과:** 지하철 역사 내 약국 개설의 법적 불확실성을 해소하여 시민들이 출퇴근길에 편리하게 약국을 이용할 수 있게 되었다.

Case 11 [인용] "학생들 안전 체험관, 교육청이 돈을 보태도 되나요?"

- 지자체 주관 안전체험관 건립에 교육청 대응투자 허용 -

- **사안**: 강원도교육청은 학생들의 안전 교육을 위해 강원도가 추진하는 '소방안전체험관' 건립 사업에 20억 원을 대응투자(보태기)하려 했다.
- **쟁점**: 「지방재정법」상 교육비특별회계는 교육감이 관할하는 교육·학예 사무에 써야 한다. 도지사가 짓고 소방본부가 운영하는 시설에 교육청 예산을 쓰는 것이 적법한지 논란이 있었다.
- **난관**: 자체적인 체험관을 짓기에는 예산이 부족하고, 지자체 시설을 이용하자니 예산 지원 근거가 모호했다.
- **해결**: **[감사원 컨설팅]** 감사원은 학생 안전 교육은 교육감의 중요한 책무 중 하나이며, 해당 시설이 학생들의 의무 교육과정(안전체험)에 필수적으로 활용된다면 교육 목적에 부합한다고 보았다. 따라서 협약을 통해 학생 이용 우선권을 확보하는 조건으로 예산을 지원하는 것은 가능하다고 판단했다.
- **결과**: 중복 투자를 막고 예산을 절감하면서도 학생들에게 양질의 안전 교육 시설을 제공할 수 있게 되었다.

Case 12 [인용] "노인 일자리가 멈췄는데, 월급 먼저 드리면 안 됩니까?"

- 코로나 19로 중단된 노인일자리 사업 활동비 선지급 허용 -

• **사안:** 코로나 19 확산으로 노인 일자리 사업이 전면 중단되었다. '일하지 않으면 돈을 주지 않는다'는 원칙 때문에 생계가 막막한 저소득층 노인들이 발생했다.

• **쟁점:** 보조금 관리 규정상 '실적에 따른 지급'이 원칙이다. 일도 안 했는데 돈을 먼저 주는 것은 규정 위반이었다.

• **난관:** 규정을 지키자니 취약계층의 생존이 위협받는 재난 상황이었다.

• **해결:** **[감사원 컨설팅(패스트트랙)]** 감사원은 코로나 19라는 특수 상황에서 노인 빈곤 문제 해결이라는 사업의 근본 취지를 고려했다. 활동비를 먼저 지급하여 생계를 지원하고, 코로나가 진정된 후 추가 활동을 통해 근로 시간을 채우도록 하는 '선지급 후정산' 방식을 전격 허용했다.

• **결과:** 54만 명의 노인들에게 생계비를 긴급 지원하여 사회 안전망을 작동시켰다.

Case 13 [인용] "돌아가신 뒤에야 억울함이 풀렸는데, 퇴직금은 못 받나요?"

- 징계 파면 후 사망한 공무원의 파면 처분 취소 시 퇴직급여 지급 -

- **사안**: 공무원 A씨는 뇌물 수수 혐의로 파면되었으나, 소송 중에 사망했다. 이후 대법원에서 무죄 판결이 확정되어 파면 처분은 취소되었다. 유족들은 A씨의 퇴직급여(연금 등)를 청구했으나, 지급 근거가 불명확했다.

- **쟁점**: 공무원연금법은 '퇴직한 공무원'에게 급여를 지급한다고 되어 있는데, A씨는 사망 시점에 '파면된 상태(공무원 아님)'였다가 사후에 파면이 취소된 특수한 경우였다. 사망한 사람을 복직시킬 수도 없어 '퇴직'의 개념을 적용하기 애매했다.

- **난관**: 법령의 문구만 보면 지급 근거가 없어 보였지만, 억울하게 누명을 쓰고 돌아가신 분의 명예 회복과 유족의 생계 보호라는 정의의 관점이 충돌했다.

- **해결**: **[감사원 컨설팅]** 감사원은 파면 처분이 취소되면 A씨는 소급하여 공무원 신분을 회복한 것으로 보아야 하며, 사망 시점에 '재직 중 사망'한 것으로 간주하는 것이 법리적으로 타당하다고 보았다. 따라서 유족에게 정상적인 퇴직유족급여를 지급하는 것이 당연한 권리 구제라고 판단했다.

- **결과**: 잘못된 행정 처분으로 고통받은 유족의 눈물을 닦아주고 실질적인 피해 보상을 실현했다.

Case 14 [인용] “전 국민 재난지원금, 절차 다 지키면 언제 줍니까?”

- 코로나 19 긴급재난지원금 지급 절차 간소화 -

- **사안**: 행정안전부는 전 국민 대상 긴급재난지원금을 지급해야 했다. 그러나 기존 사회보장급여법상 절차(소득·재산 조사, 가구원 변동 확인 등)를 모두 거치면 지급까지 수개월이 걸릴 상황이었다.

- **쟁점**: 신속한 지급을 위해 ‘3월 29일 기준 주민등록 세대’로 가구 구성을 고정하고, 이후의 변동이나 개별적인 사실혼 관계 등을 일일이 따지지 않고 지급해도 되는지가 문제였다. 이는 일부 사각지대나 형평성 논란을 낳을 수 있었다.

- **난관**: 완벽한 형평성을 추구하다가는 재난 지원의 시의성을 놓치게 되는 딜레마였다.

- **해결**: **[감사원 컨설팅]** 감사원은 긴급재난지원금의 목적이 ‘신속한 소비 진작과 생계 안정’에 있음을 강조했다. 일부 예외적인 케이스를 검증하느라 전체 지급이 늦어지는 것보다, 기준일을 고정하여 절차를 획기적으로 단축하는 것이 공익에 부합한다고 판단했다. (단, 이의신청 절차는 마련토록 함)

- **결과**: 사상 초유의 전 국민 지원금을 최단기간 내에 지급하여 민생 안정에 기여했다.

Case 15 [인용] "재난지원금 줬다고 한전한테 돈 내놓으라 해야 하나요?"

- 산불 피해 이재민 구호비에 대한 구상권 청구 포기 허용 -

- **사안**: 2019년 강원 산불 당시, 정부와 지자체는 이재민들에게 재난지원금(구호비)을 지급했다. 이후 산불의 원인이 한전의 관리 소홀로 밝혀지자, 지자체가 지급한 재난지원금을 한전에게 손해배상(구상권)으로 청구해야 하는지 논란이 되었다.

- **쟁점**: 「재난안전법」은 원인자(한전)가 보험금 등을 지급하면 중복 보상을 피하기 위해 지원금을 주지 않도록 되어 있다. 이미 줬다면 돌려받거나 한전에 청구해야 한다는 해석이 가능했다.

- **난관**: 지자체가 한전에 구상권을 행사하면, 한전은 이를 배상금에서 공제하고 주민들에게 지급하게 되어 결과적으로 이재민들이 받은 지원금을 토해내는 결과가 될 수 있었다.

- **해결**: **[감사원 컨설팅]** 감사원은 재난지원금은 국가가 국민을 보호하기 위해 지급하는 '공법상 급여'이며, 한전이 배상하는 '민사상 손해배상'과는 성격이 다르다고 보았다. 따라서 지자체가 한전에 구상권을 청구하지 않아도 되며, 이를 이재민의 배상금에서 공제하지 않도록 하여 피해주민의 실질적인 피해 복구를 지원하도록 했다.

- **결과**: 산불 피해 주민들이 정부 지원금과 한전 배상금을 별개로 인정받아 온전한 피해 복구가 가능해졌다.

Case 16 [인용] "코로나로 수영장이 문을 닫았는데, 강사료는 줘야죠"

- 공공 실내수영장 휴장에 따른 강사료(휴업수당) 지급 허용 -

- **사안**: 코로나19 확산으로 광주도시공사가 운영하는 실내수영장이 장기 휴장에 들어갔다. 위탁 계약을 맺은 수영 강사들은 '일한 만큼 돈을 받는(No work, No pay)' 계약 조건 때문에 수입이 끊겨 생계 곤란을 겪었다.

- **쟁점**: 계약서에는 '휴장 시 강사료를 지급하지 않는다'는 조항이 있거나 지급 근거가 없었다.

- **난관**: 공기업 입장에서 일하지 않은 강사에게 돈을 주는 것은 예산 낭비나 배임이 될 수 있어 지급을 결정하기 어려웠다.

- **해결**: **[감사원 컨설팅]** 감사원은 이번 휴장이 강사의 귀책사유가 아니라, 정부의 방역 지침에 따른 '사용자(공단)의 귀책사유'에 준하는 상황이라고 보았다. 「근로기준법」의 휴업수당 법리를 유추 적용하여, 강사들에게 평균 임금의 70% 수준을 지급하는 것은 재난 상황에서의 사회적 책무를 이행하는 것으로 타당하다고 판단했다.

- **결과**: 고용 안전망 사각지대에 있던 특수고용직(프리랜서) 강사들의 생계를 긴급 지원했다.

Case 17 [인용] "불법 사채업자한테 당했는데, 소득 따져가며 도와줍니까?"

- 채무자 대리인 지원 사업의 소득 요건 및 대상 확대 -

- **사안**: 금융위원회는 불법 사채업자의 추심에 시달리는 서민들에게 변호사(채무자 대리인)를 무료로 붙여주는 사업을 하고 있었다. 그런데 지원 대상을 '미등록 대부업자 피해자'이자 '기준 중위소득 125% 이하'로 한정하고 있어 사각지대가 발생했다.

- **쟁점**: 등록 대부업자에게 불법 추심을 당하거나, 소득 기준을 살짝 넘는 피해자들은 지원을 못 받는 문제가 있었다. 예산 목적 외 사용 우려가 있었다.

- **해결**: **[감사원 컨설팅]** 감사원은 사업의 본질이 '불법 추심으로부터 국민 보호'에 있음을 강조했다. 불법 행위의 피해 구제는 소득 수준과 무관하게 이루어져야 하므로, 소득 요건을 폐지하고 등록 대부업자의 불법 행위까지 지원 대상을 확대하는 것이 예산의 목적에 부합한다고 적극적으로 해석했다.

- **결과**: 악질적인 불법 추심 피해자들을 폭넓게 보호할 수 있는 안전망을 강화했다.

Case 18 [인용] "철길 옆 아파트, 방음벽을 지어 나라에 주면 안 되나요?"

- 아파트 사업시행자가 설치한 철도 방음벽의 국가 기부채납 허용 -

- **사안:** 의정부 녹양역 인근 아파트 조합은 소음 기준을 맞추기 위해 철도 교량 위에 방음벽을 설치해야 했다. 조합은 이 방음벽을 설치한 뒤 유지관리를 위해 국가(국토부)에 기부채납하려 했다.

- **쟁점:** 「국유재산법」상 기부채납은 국가가 관리할 필요가 있거나 가치가 있는 재산이어야 한다. 국토부는 "아파트 민원 해결용 시설을 왜 국가가 떠맡나"라며 소극적이었다.

- **난관:** 기부채납이 안 되면 조합이 영구적으로 철도 시설물(방음벽)을 관리해야 하는데, 이는 현실적으로 불가능하고 안전사고 위험도 컸다.

- **해결:** **[감사원 컨설팅]** 감사원은 향후 해당 노선에 GTX-C가 운행될 예정이므로, 방음벽이 국가 철도 사업을 위해서도 필요한 시설이 될 수 있음을 확인했다. 또한, 철도 시설물의 안전한 관리를 위해서는 전문성을 가진 국가(철도공단)가 관리하는 것이 공익에 부합한다고 판단하여 기부채납을 허용했다.

- **결과:** 입주민의 소음 피해를 해결하고 철도 시설물의 안전 관리 체계를 일원화했다.

Case 19 [인용] "법 바뀌기 전에 신청한 지진 피해자도 100% 구제해 줍니까?"

- 포항지진 피해구제지원금 확대 법안의 적용 대상 확대 -

- **사안**: 포항지진 피해구제법이 개정되어 지원금 지급 비율이 피해액의 80%에서 100%로 상향되었다. 문제는 법 시행 전에 신청했지만 아직 심의가 끝나지 않은 사람들에게도 100%를 줄 수 있는지였다.

- **쟁점**: 법 부칙에는 '이 법 시행 후 결정하는 경우부터 적용한다'는 명시적 규정이 없었다.

- **해결**: **[감사원 컨설팅]** 감사원은 법 개정의 취지가 피해 주민의 실실적인 권리 구제에 있음을 강조했다. 신청 시점에 따라 지원금이 달라지는 것은 형평성에 어긋나므로, 아직 결정이 내려지지 않은 대기 물량에 대해서도 개정된 법을 적용하여 100%를 지급하는 것이 타당하다고 적극적으로 해석했다.

- **결과**: 지진 피해 주민들 간의 형평성 논란을 잠재우고 실질적인 피해 복구를 지원했다.

Case 20 [인용] "재단이 망했는데, 학교 운영비는 누가 줍니까?"

- 파산 선고된 학교법인 산하 사립학교에 대한 재정결함보조금 지원 허용 -

- **사안**: 강원도 동해시의 학교법인 광희학원이 파산했다. 산하 중·고등학교는 폐교되지 않고 계속 운영되어야 하는데, 교육청은 파산한 법인(관재인)에게 보조금(운영비)을 줘도 되는지 확신이 없었다.
- **쟁점**: 파산한 법인은 청산 절차를 밟아야 하므로 목적 외 사업을 할 수 없다. 학교 운영비를 지급하면 채무 변제에 써버릴 우려도 있었다.
- **난관**: 지원을 끊으면 학생들의 학습권이 침해되고, 지원하자니 법적 근거가 모호했다.
- **해결**: **[감사원 컨설팅]** 감사원은 학생들의 학습권 보호가 최우선 가치라고 보았다. 파산 관재인이 법원의 허가를 받아 학교를 계속 운영하고 있다면, 교육청은 별도 계좌 개설 등을 조건으로 하여 학교 운영에 필요한 인건비와 운영비를 지원할 수 있다고 판단했다.
- **결과**: 재단 파산과 무관하게 학생들이 안정적인 환경에서 교육받을 권리를 지켰다.

Case 21 [인용] "무료 급식소인데, 식품 기부 말고 돈으로 지원해도 되나요?"

- '경기 먹거리 그냥드림' 사업의 식품 구입비 보조금 지원 허용 -

• **사안:** 경기도는 코로나19로 생계가 어려운 도민에게 무료로 먹거리를 제공하는 '그냥드림 코너'를 운영했다. 기부받은 식품만으로는 운영이 어려워지자, 운영기관(사회복지협의회)에 식품 구입비를 보조금으로 지원하려 했다.

• **쟁점:** 「식품 기부 활성화법」은 '기부된 식품'을 제공하는 것을 전제로 하므로, 지자체가 예산으로 식품을 사주는 것은 법적 근거가 없다는 보건복지부의 유권해석이 있었다.

• **난관:** 법의 문구에 갇혀 예산 지원이 막히면, 당장 끼니를 걱정하는 취약계층에게 먹거리를 줄 수 없는 상황이었다.

• **해결:** **[감사원 컨설팅]** 감사원은 시야를 넓혀 「사회복지사업법」을 적용했다. 이 사업이 저소득층을 지원하는 '사회복지사업(지역사회복지)'의 일환임이 명백하므로, 굳이 식품기부법에 얽매일 필요 없이 사회복지사업법 제42조(보조금 등)를 근거로 운영기관에 식품 구입비를 지원하는 것이 가능하다고 해석했다.

• **결과:** 법령 간의 칸막이를 넘어 유연한 해석을 통해 취약계층에 대한 끊김 없는 먹거리 지원을 가능케 했다.

Case 22 [인용] "군인들이 담배 사러 나갈 수도 없는데..."

- 군 임시주둔지(사드 기지) 내 가설건축물에 대한 담배소매인 지정 허용 -

- **사안:** 경북 성주군의 사드(THAAD) 기지에 주둔 중인 장병들은 반대 시위 등으로 고립되어 있어 영외 출입이 어려웠다. 부대 내 컨테이너(PX)에서 담배를 팔고 싶었으나, 「담배사업법」상 '적법하게 건축된 점포'에만 소매인 지정이 가능했다.
- **쟁점:** 해당 컨테이너는 임시 숙영 시설로, 시위 등 현장 상황 때문에 건축 신고나 허가 절차를 밟지 못한 '무허가 가설건축물' 상태였다. 원칙적으로는 소매인 지정이 불가능했다.
- **난관:** 법을 엄격히 적용하면 장병들의 기본적 기호품 구매가 차단되어 사기 저하가 우려되지만, 지자체는 불법 건축물에 허가를 내줄 수 없다는 입장이었다.
- **해결: [감사원 컨설팅]** 감사원은 이 시설이 국가 안보를 위한 '국방·군사시설'이라는 특수성을 감안했다. 「국방·군사시설 사업법」에 따라 국방부 장관이 승인하고 지자체에 통보하면 건축 협의를 거친 것으로 간주되는 특례 조항을 활용했다. 즉, 국방부가 사후적으로라도 승인 절차를 밟아 통보해 준다면 이를 적법한 건축물로 보아 담배소매인 지정을 내줄 수 있다고 해석했다.
- **결과:** 파견 장병들의 복지 여건을 개선하고, 법적 절차의 흠결을 보완하는 합리적 대안을 제시했다.

Case 23 [인용] "체육장이 너무 먼데, 국제학교 승인해 줘도 되나요?"

- 학생 안전 우려가 있는 원거리 공공체육시설의 공동사용 불승인 인정 -

- **사안:** 인천 송도국제도시에 설립 예정인 한 외국교육기관(국제학교)이 교지 면적이 좁아 체육장을 만들 수 없게 되자, 2km 떨어진 공공체육시설을 빌려 쓰겠다며 설립 승인을 신청했다.

- **쟁점:** 「학교 설립·운영 규정」은 인근 체육장을 공동 사용할 수 있으면 기준 면적을 완화해 준다. 학교 측은 "거리 제한 규정이 없으니 해달라"고 주장했으나, 교육청 심사위원회는 "도보 30분 거리라 학생 이동 시 안전사고 위험이 크다"며 반대했다.

- **난관:** 규정에 명시적인 거리 제한이 없어, 교육청이 승인을 거부할 경우 소송 등 분쟁 소지가 있었다.

- **해결:** **[감사원 컨설팅]** 감사원은 '인접'의 개념을 물리적 거리뿐만 아니라 '교육상 지장이 없는 범위'로 해석해야 한다고 보았다. 심사위원회가 학생 안전과 학습권 보호를 위해 부적합하다고 판단했다면, 교육감은 그 심의 결과를 존중하여 공동사용을 불승인(학교 설립 반려)할 재량권과 권한이 있다고 판단했다.

- **결과:** 무리한 학교 설립 추진에 제동을 걸어 학생들의 안전과 학습권을 최우선으로 보호했다.

Case 24 [인용] "알박기 사찰 때문에 도로가 끊겼는데, 우회하면 안 됩니까?"

- 국도 38호선 미개통 구간의 선형 조정(노선 변경)을 통한 공사 재개 허용 -

- **사안**: 원주지방국토관리청은 강원도 태백-삼척을 잇는 국도 38호선 확장 공사를 진행했으나, 도계-신기 구간(3.1km)이 5년 넘게 미개통 상태로 방치되었다. 해당 구간에 위치한 개인 사찰(안정사)이 과도한 보상비를 요구하며 공사를 방해했기 때문이다.

- **쟁점**: 「총사업비 관리지침」상 민원 해결을 위한 노선 변경이나 시설 설치로 총사업비를 증액하는 것은 원칙적으로 금지된다. 원주청은 사찰을 피해 도로 선형을 변경(우회)하려 했으나, 이로 인해 사업비가 약 45억 원 증가하게 되어 규정 위반 소지가 있었다.

- **난관**: 기존 노선을 고수하자니 사찰의 방해로 공사가 영구 중단될 위기였고, 선형을 변경하자니 총사업비 지침에 가로막혔다. 그사이 도로는 끊겨 있고 운전자들은 위험한 구도로로 우회해야 했다.

- **해결**: **[감사원 컨설팅]** 감사원은 이 사안이 단순한 민원 수용이 아니라, '기존 노선 공사가 사실상 불가능한 불가피한 상황'이라고 판단했다. 미개통으로 인한 사회적 손실 비용(연간 약 68억 원)과 교통사고 위험을 고려할 때, 비록 사업비가 늘어나더라도 노선을 변경하여 도로를 연결하는 것이 '주민 편익을 크게 증가시키는 경우'에 해당한다고 보았다. 따라서 총사업비 조정 대상에 포함하여 선형 변경을 허용했다.

- **결과**: 10년 넘게 끌어온 갈등을 해소하고, 끊어진 국도를 연결하여 강원 남부 지역의 교통 편의와 안전을 확보했다.

Case 25 [인용] "소멸시효 지난 육아휴직수당, 이제라도 줄 수 있나요?"

- 지급 누락된 복직합산금의 소멸시효 이익 포기 및 지급 허용 -

- **사안:** 서울시교육청은 육아휴직 후 복직한 교직원들에게 지급해야 할 '복직합산금(육아휴직수당의 15%)'을 시스템 미비 등으로 지급하지 않았다. 뒤늦게 이를 알았으나, 일부 교직원은 이미 3년의 소멸시효가 지나 법적으로 청구권이 사라진 상태였다.

- **쟁점:** 「민법」 및 「국가재정법」상 소멸시효가 완성된 채권은 지급 의무가 없다. 담당자는 예산 낭비나 배임 책임을 우려해 지급을 주저했다.

- **난관:** 지급 누락의 책임이 전적으로 행정청(시스템 결함 등)에 있음에도, 법적 시효를 내세워 지급을 거절하는 것은 정의에 반한다는 지적이 있었다. 타 시도 교육청과의 형평성 문제도 제기되었다.

- **해결: [감사원 컨설팅]** 감사원은 복직합산금은 별도 신청 없이도 요건만 갖추면 당연히 지급해야 하는 급여임을 확인했다. 행정청의 과실로 미지급된 사안에 대해 소멸시효 완성을 주장하는 것은 신의성실의 원칙에 위배된다고 보았다. 따라서 교육청이 '소멸시효의 이익(돈을 안 줘도 되는 권리)'을 포기하고, 미지급된 수당을 지급하는 것이 가능하다고 적극적으로 해석했다.

- **결과:** 억울하게 수당을 받지 못한 교직원들의 권리를 구제하고, 행정의 책임성을 강화했다.

Case 26 [인용] "이미 지어진 캠핑장인데, 다 부수고 다시 허가받으라니요?"

- 성덕다목적댐 하류 공원의 농업진흥지역 해제 절차 합리화 -

• **사안:** 경북 청송군의 성덕댐 하류 공원에 오토캠핑장 등이 조성되었다. 댐 건설 과정에서 농지전용 협의는 마쳤으나, 행정 착오로 '농업진흥지역 해제' 절차를 누락한 채 시설을 지어버렸다. 원칙적으로는 농업진흥지역 내에 캠핑장을 지을 수 없어 불법 시설물이었다.

• **쟁점:** 댐 준공을 앞두고 농림부는 "원칙대로 시설물을 다 철거하여 농지로 원상복구한 뒤, 다시 해제 절차를 밟으라"고 했다.

• **난관:** 이미 수십억 원을 들여 지은 멀쩡한 캠핑장을 부수고, 서류상 절차를 밟은 뒤 다시 짓는 것은 막대한 예산 낭비였다.

• **해결:** **[감사원 컨설팅]** 감사원은 해당 부지가 이미 댐 부대시설로 조성되어 사실상 농지 기능을 상실했다는 점을 인정했다. 행정 절차의 흠결을 치유하기 위해 멀쩡한 시설을 부수는 것은 공익에 반하므로, 원상복구 없이 현 상태에서 농업진흥지역 해제 절차를 진행하는 것이 타당하다고 판단했다. (단, 관련자 문책 등 재발 방지 대책 요구)

• **결과:** 예산 낭비를 막고 댐 준공을 적기에 완료하여 주민 편의 시설을 정상적으로 운영할 수 있게 했다.

Case 27 [인용] "주민들과 약속했는데, 감사 지적 때문에 못 지킵니다"

- 한전 송전탑 높이 축소 관련 주민 합의서 이행 허용 -

- **사안**: 한전은 양평군 송전탑 건설 과정에서 주민들의 경관 피해 민원을 해소하기 위해 '철탑 높이 13m 축소'를 약속하고 합의서를 공증했다. 그러나 이후 감사에서 "설계 기준 위반 및 예산 낭비"라며 지적을 받자, 한전은 합의를 파기하고 철탑을 존치하려 했다.

- **쟁점**: 주민들은 합의 이행 없이는 향후 대규모 송전망 사업(2.7조 원)에도 협조하지 않겠다고 반발했다. 그사이 한전의 설계 기준이 개정되어 이제는 축소가 가능해진 상황이었다.

- **난관**: 감사 지적 사항(존치)과 주민과의 약속(축소) 사이에서 한전은 이러지도 저러지도 못하는 상황이었다.

- **해결**: **[감사원 컨설팅]** 감사원은 합의서가 유효한 사법상 계약이며, 설계 기준 변경으로 안전상 문제도 해소되었다는 점에 주목했다. 무엇보다 주민 신뢰 회복과 대규모 국책 사업의 원활한 추진이라는 공익이 철탑 축소 비용(6억 원)보다 훨씬 크다고 판단했다. 따라서 기존 감사 지적에 따른 방침을 변경하여 합의서대로 철탑 높이를 축소하는 것이 가능하다고 결정했다.

- **결과**: 공공기관의 신뢰를 회복하고 국가 기간망 확충 사업의 걸림돌을 제거했다.

Case 28 [인용] "도청이 해석을 잘못해서 수당을 못 받았는데, 시효 지났다고 안 줍니까?"

- 소멸시효 완성된 특수지근무수당의 소급 지급 허용 -

• **사안:** 강원도소방본부 공무원들은 폐광 지역에서 근무했지만, 강원도가 '폐광지역'의 범위를 좁게 해석하는 바람에 수년간 특수지근무수당을 받지 못했다. 나중에 강원도가 해석을 바로잡았지만, 이미 3년의 소멸시효가 지나버려 지급이 불가능한 상황이었다.

• **쟁점:** 소멸시효가 지난 채권은 지급 의무가 없다. 하지만 미지급의 원인이 전적으로 강원도의 잘못된 법령 해석과 행정 착오에 있었다.

• **난관:** 법적으로 줄 의무가 없는 돈을 예산으로 주는 것은 배임이 될 수 있어 담당자는 지급을 거부하고 있었다.

• **해결:** **[감사원 컨설팅]** 감사원은 강원도의 귀책사유로 공무원들이 권리를 행사하지 못한 것이므로, 소멸시효 완성을 주장하는 것은 신의성실의 원칙에 위배된다고 보았다. 또한, 인근 정선군 공무원들은 모두 수당을 받았는데 소방 공무원만 못 받는 것은 형평성에도 어긋난다고 지적했다. 따라서 강원도가 소멸시효의 이익을 포기하고, 밀린 수당을 소급하여 지급하는 것이 타당하다고 판단했다.

• **결과:** 행정기관의 잘못으로 피해를 본 공무원들의 권리를 구제하고, 공직 사회의 신뢰를 회복했다.

Case 29 [인용] "학교 용지를 다시 샀는데, 환경평가를 또 받아야 합니까?"

- 재확보된 학교용지에 대한 교육환경평가 절차 간소화(선행평가 활용) 허용 -

- **사안**: 대전시교육청은 갑천지구 친수구역 내 학교용지를 확보하고 교육환경평가를 마쳤으나, 교육부 심사에서 '설립 수요 부족'으로 용지가 해제되었다. 이후 인근 아파트 세대수 증가 등으로 다시 학교가 필요해져 해제했던 용지를 재확보하게 되었다.

- **쟁점**: 「교육환경법」상 학교용지가 해제되면 기존 환경평가 효력도 사라진다. 원칙대로라면 처음부터 다시 평가를 받아야 하는데, 그사이 평가 기준이 강화되어 통과가 까다로워졌고 절차 이행에 시간이 걸려 개교가 지연될 상황이었다.

- **난관**: 법적으로 효력이 소멸된 평가를 재탕할 수는 없었으나, 처음부터 다시 하기엔 학생들의 학습권 침해(임시 교실 사용 등)가 우려되었다.

- **해결**: **[감사원 컨설팅]** 감사원은 해당 용지의 위치나 주변 환경이 7년 전 평가 당시와 거의 달라지지 않았음을 확인했다. 법령상 재평가는 필수적이지만, 불필요한 행정 낭비를 막기 위해 과거 선행평가 자료를 최대한 활용하여 변경된 부분만 중점적으로 심사하는 '약식 재평가' 방식을 허용했다.

- **결과**: 법적 절차를 준수하면서도 학교 설립 기간을 단축하여 학생들의 학습권 피해를 최소화했다.

Case 30 [인용] “50년 임대주택인데, 그냥 지금 분양받으면 안 됩니까?”

- 50년 공공임대주택의 조기 분양전환 허용 -

- **사안**: LH가 공급한 50년 공공임대주택 입주민들이 “건물이 낡아 불편하니 차라리 우리가 사서 고쳐 쓰겠다”며 조기 분양전환을 요구했다.
- **쟁점**: 「공공주택 특별법」 등에는 5년·10년 임대주택의 분양전환 규정만 있고, ‘50년 임대주택’의 분양전환 규정은 없었다. LH는 법적 근거가 없다며 난색을 표했다.
- **난관**: 입주민들은 노후화된 주거 환경 개선을 원했고, LH 입장에서도 유지보수 비용 부담이 커지는 상황이었다.
- **해결**: **[감사원 컨설팅]** 감사원은 법령에 명시적인 금지 규정이 없고, 입주민 대다수가 원하며, LH의 재무 구조 개선에도 도움이 된다는 점을 고려했다. 따라서 입주민 동의 등 합리적 기준을 갖춘다면 50년 만기 전이라도 조기 분양전환이 가능하다고 적극적으로 해석했다.
- **결과**: 서민들의 내 집 마련 기회를 확대하고 노후 임대단지 관리의 효율성을 높였다.

Case 31 [인용] "메일 주소에 학교 이름이 들어갔다고 탈락입니까?"

- 블라인드 채용 위반 시 일률적 '부적격(탈락)' 처리 기준 완화 -

- **사안:** 독립기념관은 직원 채용 시 '블라인드 채용'을 원칙으로 한다. 그런데 일부 지원자가 이메일 주소(예: kim-yonsei@...)나 자기소개서에 무심코 학교명 등을 기재하는 실수를 했다. 기준대로라면 '부적격(탈락)' 처리해야 했다.

- **쟁점:** 고의성이 없거나 사소한 실수임에도 무조건 탈락시키는 것은 과도하다는 지적이 있었다. 하지만 채용 공정성 시비가 두려워 규정을 완화하기 어려웠다.

- **해결:** **[감사원 컨설팅]** 감사원은 블라인드 채용의 취지는 편견 개입 방지이지, 실수한 지원자를 배제하는 것이 아니라고 보았다. 위반의 경중을 따지지 않고 일률적으로 탈락시키는 것은 비례의 원칙에 어긋나므로, 위반 정도에 따라 '감점' 처리하는 방식으로 기준을 완화하는 것이 타당하다고 판단했다.

- **결과:** 단순 실수로 인한 구직자의 억울한 탈락을 막고 채용의 합리성을 제고했다.

Case 32 [인용] "규제 지역이라 축사를 못 고치는데, 좀 봐주세요"

- 가축사육제한구역 내 축사 현대화(개축) 허용 -

• **사안:** 강원도의 한 농가는 '가축사육제한구역' 지정 이전에 지어진 낡은 축사를 운영 중이었다. 악취를 줄이고 환경을 개선하기 위해 현대식으로 고쳐 짓고(개축) 싶었으나, 지자체는 "제한구역 내에서는 증·개축이 금지된다"며 불허했다.

• **쟁점:** 조례상 신축·증축은 금지되어 있으나, 기존 시설의 환경 개선을 위한 '개축(동일 규모 재건축)'까지 막아야 하는지가 문제였다.

• **난관:** 낡은 축사를 방치하면 악취 민원이 계속되고, 고치게 해주자니 규제 완화 특혜 시비가 우려되었다.

• **해결:** **[감사원 컨설팅]** 감사원은 제한구역 지정 취지가 '주거 환경 보호'에 있음을 상기시켰다. 축사를 현대화하여 악취와 오폐수를 줄이는 것은 오히려 주민 생활 환경 개선에 도움이 되므로, 기존 면적 범위 내에서의 개축은 허용하는 것이 조례 취지에 부합한다고 해석했다.

• **결과:** 농가의 생업을 보장하면서 지역 주민의 생활 환경도 개선하는 상생 해법을 제시했다.

Case 33 [인용] "거동 못하는 환자를 위해 병원 차를 태워드리면 안 되나요?"

- 일차의료 개발센터 시범사업 내 환자 교통편의 및 교육 제공 허용 -

• **사안:** 국민건강보험공단은 초고령화 사회에 대비해 일산병원 내에 '일차의료 개발센터'를 열고 새로운 주치의 모델을 시범 운영 중이었다. 공단은 센터 소속 의료인(의사, 간호사)이 환자에게 건강 교육을 하고, 거동이 불가능한 와상(臥床) 환자에게는 센터와 병원을 오가는 차량(교통편의)을 제공하고자 했다.

• **쟁점:** 「의료법」 제27조는 영리를 목적으로 환자에게 교통편의를 제공하여 유인하는 행위를 엄격히 금지한다. 또한, 센터는 의료기관으로 등록된 곳이 아니어서 의료인이 의료행위(교육·상담)를 할 수 있는지도 불명확했다.

• **난관:** 교통편의 제공이 불법 환자 유인 행위로 오해받을 수 있고, 센터 내 교육이 무면허 의료행위로 해석될 소지가 있어 시범사업 자체가 좌초될 위기였다.

• **해결:** **[감사원 컨설팅]** 감사원은 이 사업이 영리 목적이 아닌 '건강보험 모델 개발이라는 공익적 목적'을 가진 시범사업임에 주목했다. 특정된 시범사업 대상자(와상 환자)에게 교통편의를 제공하는 것은 불특정 다수를 유인하는 행위가 아니므로 허용된다고 보았다. 또한, 센터 내 교육 역시 질환 치료가 아닌 '건강관리(생활습관 지도 등) 수준의 비의료 행위'로 보아 가능하다고 판단했다. (단, 지자체의 사전 승인을 받을 것을 권고)

• **결과:** 거동이 불편한 환자들도 혁신적인 의료 서비스를 받을 수 있게 되었고, 초고령화 시대에 맞는 한국형 주치의 모델 개발에 탄력이 붙었다.

Case 34 [인용] "집회 신고만 해놓고 현수막만 걸어두는 '유령 집회', 철거해도 됩니까?"

- 미집회 기간 중 설치된 옥외광고물(현수막)의 철거 가능 여부 -

• **사안**: 경남 함양군에서는 축사 신축 반대 시위대가 집회 신고를 해놓고 실제로는 집회를 하지 않으면서(미집회), 도로변 등에 무분별하게 현수막만 걸어두는 사례가 빈번했다. 이 현수막들은 안전사고 위험이 있고 경관을 해쳤다.

• **쟁점**: 「옥외광고물법」 제8조는 '적법한 집회에 사용하기 위한 현수막'은 허가·신고 없이 설치할 수 있도록 예외를 두고 있다. '집회 신고 기간' 내내 현수막을 걸어둘 수 있는지, 아니면 '실제 집회를 하는 시간'에만 걸 수 있는지가 쟁점이었다.

• **난관**: 현수막을 철거하면 "집회 방해"라며 민원을 제기하고, 놔두면 불법 현수막이 난립하는 딜레마 상황이었다.

• **해결**: **[감사원 컨설팅]** 감사원은 대법원 판례와 법제처 해석을 인용하여, 법이 보호하는 현수막은 '실제 집회가 개최되어 그 현장에서 사용되는 경우'로 한정된다고 해석했다. 집회 신고만 하고 실제 모이지 않는다면 그 현수막은 예외 대상이 아닌 '불법 광고물'이다. 따라서 함양군이 안전사고 예방 등을 위해 해당 현수막을 철거하는 등 행정 조치를 하는 것은 타당하다고 판단했다.

• **결과**: '집회 알박기' 꼼수로 인한 불법 현수막 난립을 막고, 주민 안전과 쾌적한 생활 환경을 조성할 법적 근거를 마련했다.

Case 35 [인용] “부지 위에 철도가 지나가는데, 건물 좀 짓게 해주세요”

- 지하 철도부지(구분지상권) 지상에 대한 건축 허가 허용 -

• **사안**: 금천구의 한 토지 지하로 신안산선 철도가 지나가게 되었다. 토지주는 지상에 세차장을 짓고 싶어 했으나, 해당 부지가 도시계획 시설(철도)로 결정되어 있어 원칙적으로 건축이 금지되었다.

• **쟁점**: 철도가 지하 50m 아래로 지나가는데 지상 건축을 막는 것이 과도한 재산권 침해인지가 문제였다. 도시계획 결정 조서에 ‘입체적 결정(지하 몇 미터까지만 사용한다는 내용)’이 명시되지 않아 행정적으로는 지상까지 모두 철도부지로 묶여 있는 상태였다.

• **난관**: 서류상으로는 건축 불가 지역이었으나, 현실적으로는 지상 활용에 아무런 문제가 없었다.

• **해결**: **[감사원 컨설팅]** 감사원은 철도공단이 지하 공간만 사용(구분지상권 설정)하고 있고 지상 활용 계획이 없음을 확인했다. 비록 조서에 명시되지 않았더라도 실질적으로는 지하에 한정된 입체적 결정으로 보는 것이 타당하다고 해석했다. 따라서 지상부에 대한 건축 허가를 허용했다.

• **결과**: 불필요한 규제로 묶여 있던 토지주의 재산권을 보호하고 토지 활용도를 높였다.

Case 36 [인용] "학교 땅 판 돈, 묶어두지 말고 불려서 쓰게 해 주세요"

- 교육용 기본재산 처분대금의 수익용 재산 전환 허용 -

• **사안**: 학교법인 풍문학원은 학교 이전 후 남은 교육용 기본재산 매각 대금 82억 원을 보유하고 있었다. 이를 학교 회계(교비회계)에 넣어두었는데, 추가로 땅을 사거나 건물을 지을 수 없는 상황(그린벨트 등)이라 돈이 묶여 있었다.

• **쟁점**: 「사립학교법」은 교비회계 돈을 다른 회계로 옮기는 것을 엄격히 금지한다. 학원은 이 돈을 법인회계로 옮겨 수익용 재산(정기예금 등)으로 굴려 수익을 내고 싶어 했다.

• **난관**: 법조문만 보면 전출 금지에 걸려 자금을 효율적으로 운용할 수 없는 상황이었다.

• **해결**: **[감사원 컨설팅]** 감사원은 대법원 판례를 인용하여, 교육용 재산 확보율이 충분하다면 남는 돈을 수익용으로 전환하는 것이 가능하다고 보았다. 돈을 법인회계로 옮겨 수익을 창출하고, 그 수익을 다시 학교로 보내 교육 환경 개선에 쓴다면 사립학교의 건전한 육성이라는 법 취지에 부합한다고 판단했다.

• **결과**: 유휴 자금을 효율적으로 운용하여 학교 재정을 튼튼히 하고 학생 지원을 확대할 길을 열었다.

Case 37 [인용] "학교 땅인데 임대료 낼 돈이 없습니다. 교비로 내면 안 되나요?"

- 사립학교(리라학원) 국·공유지 대부료의 교비회계 집행 허용 -

- **사안**: 리라초등학교 등을 운영하는 리라학원은 학교 부지 일부가 국·공유지여서 매년 2억 원의 대부료를 내야 했다. 그러나 법인 재정이 열악해 대부료를 체납하고 학교 재산이 압류될 위기였다. 학원은 학생 등록금 등이 포함된 '교비회계'로 대부료를 내게 해달라고 요청했다.
- **쟁점**: 「사립학교법」상 교비회계는 '학교 교육에 직접 필요한 경비'에만 써야 한다. 원칙적으로 땅값이나 임대료는 학교를 설립한 법인(법인회계)이 내야 하는 돈이다.
- **난관**: 법인은 돈이 없고, 교비로 내자니 횡령이나 회계 질서 문란으로 비칠 수 있어 교육청이 승인을 거부하고 있었다.
- **해결**: **[감사원 컨설팅]** 감사원은 리라학원이 1964년 설립 당시에는 교지 소유 의무가 없었고 적법하게 인가받았다는 역사적 특수성을 인정했다. 해당 토지가 실제 교육 용도로 쓰이고 있고, 법인의 재정 능력이 없는 상황에서 교비 지출을 막으면 오히려 학교 운영이 파행되어 학생들이 피해를 본다고 판단했다. 따라서 예외적으로 교비회계에서 대부료 집행을 허용했다.
- **결과**: 학교 재산 압류 위기를 해소하고 학생들의 안정적인 교육 환경을 보장했다.

Case 38 [인용] "상고 졸업생도 교육행정직 공무원이 될 수 있나요?"

- 우수인재 추천 채용 선발 직렬(교육행정)과 전문교과(경영·금융)의 연관성 인정 -

• **사안**: 경기도교육청은 직업계고(특성화고) 졸업자 취업 지원을 위해 '우수인재 추천 채용'으로 교육행정직 공무원을 선발하려 했다. 이때 '경영·금융 교과군' 이수자를 추천 대상으로 할 수 있는지가 쟁점이었다.

• **쟁점**: 기존에는 기술직군 위주로 운영되던 제도라, 행정직군인 '교육행정' 직렬과 '경영·금융' 교과가 직무 연관성이 있는지에 대해 내부 이견이 있었다.

• **난관**: 직무 연관성을 좁게 해석하면 상업계고 학생들은 교육청 공무원이 될 기회를 원천적으로 박탈당하게 된다.

• **해결**: **[감사원 컨설팅]** 감사원은 교육행정직과 일반행정직이 업무 성격상(사무·행정) 크게 다르지 않으며, 이미 인사혁신처나 다른 지자체도 행정직 선발 시 경영·금융 교과를 인정하고 있다는 점을 확인했다. 직업계고 학생들에게 공직 진출 기회를 확대한다는 제도의 취지를 고려하여, 교육감이 재량으로 해당 교과군을 추천 대상으로 정하는 것은 적정하다고 판단했다.

• **결과**: 상업계고 학생들에게 양질의 일자리 기회를 제공하고, 능력 중심의 공정 채용 문화를 확산했다.

2. 불인정 사례

Case 39 **[기각] "형편이 어려운데 과태료를 1년 넘게 나눠 내면 안 되나요?"**

- 불법스팸 과태료 징수유예 기간의 법적 한계 -

- **사안:** 방송통신위원회 산하 방송통신사무소는 불법 스팸 전송자에게 과태료를 부과하고 있었다. 과거에는 생계 곤란자의 경우 완납할 때까지 장기간 분할 납부(징수유예)를 허용해주기도 했으나, 법 개정 이후 이것이 가능한지 불분명했다.

- **사유:** 「질서위반행위규제법」 개정(2017년)으로 징수유예 기간은 '최대 1년(기본 9개월+연장 3개월)'으로 명확히 규정되었다. 신청기관은 과태료 징수율을 높이고 납부자 편의를 위해 1년 초과 분할 납부를 허용해 달라고 요청했으나, 감사원은 "법령의 문언이 명확한 경우 이를 엄격히 해석해야 한다"는 원칙을 재확인했다. 법이 정한 한도(1년)를 행정청이 임의로 늘려주는 것은 법치행정 원칙에 어긋나므로 허용되지 않는다고 판단했다.

Case 40 [반려] “작년에 쓴 보조금 이자, 어떻게 계산하죠?”

- 이미 완료된 행정행위에 대한 컨설팅 제외 -

- **사안:** 충청남도 감사위원회는 산하 단체가 2018년에 보조금을 집행하면서 발생한 이자를 어떻게 정산해야 하는지 감사원에 문의했다.
- **사유:** 사전컨설팅 제도는 ‘앞으로 할 업무’의 불확실성을 해소해 주는 제도다. 이미 2018년에 집행이 완료된 사안에 대해 사후적으로 정산 방법을 묻거나 위법성 여부를 확인하는 것은 자체 감사 기구(충청남도)가 판단할 몫이지, 감사원의 사전컨설팅 대상이 아니다.

Case 41 [기각] “관리하기 귀찮은데 제방 용도를 폐지해도 될까요?”

- 행정목적이 살아있는 국유재산의 용도폐지 불가 -

- **사안:** 영광군은 국유지인 양어장 주변의 제방을 관리하고 있었다. 양어장 임대 수익은 기재부(자산관리공사)가 가져가는데, 제방 유지보수 비용은 영광군이 떠안게 되자, 제방의 ‘행정목적(공공용)’을 폐지하고 기재부로 넘겨버리려 했다.
- **사유:** 국유재산의 용도폐지는 해당 재산이 더 이상 공공의 목적으로 쓰이지 않을 때만 가능하다. 감사원은 ‘제방’은 해일이나 파도로부터 해안을 보호하는 고유의 공공 기능을 수행하고 있으므로, 단지 관리의 편의나 비용 문제를 이유로 함부로 용도를 폐지할 수 없다고 판단했다.

Case 42 [기각] "새 병원을 짓는데 시 땅을 그냥 팔아주면 안 되나요?"

- 공익사업(시청사 건립) 보상을 위한 시유지 수의매각 불가 -

- **사안:** 청주시는 신청사 건립 부지에 포함된 청주병원을 이전시켜야 했다. 병원 측은 보상금 대신 시가 소유한 다른 땅(시유지)을 달라고 요구했다. 원래 공유재산은 교환이 안 되지만, 병원 측은 "우리가 그 땅에 병원을 짓겠다고 제안해서 도시계획시설로 결정되면 수의계약으로 살 수 있지 않느냐"고 주장했다.

- **사유:** 「공유재산법」상 공익사업 보상은 '현금 보상'이 원칙이며, 예외적인 경우에만 채권이나 대토 보상이 가능하다. 감사원은 병원의 요구대로 시유지를 수의매각하는 것은 토지보상법이 정한 보상 절차를 우회하는 편법이자 특혜가 될 수 있다고 판단했다. 공익사업의 시급성이 있다 하더라도 법령이 정한 보상 원칙을 허물 수는 없다는 취지로 기각했다.

Case 43 [반려] "도로를 막다른 길로 바꾸는데, 앞집 주인 동의도 받아야 하나요?"

- 이미 타 기관 컨설팅을 거친 사안의 중복 신청 반려 -

• **사안**: 광주광역시는 병원 증축 허가 과정에서 기존 도로 일부를 폐지해야 했다. 이때 도로 폐지에 이해관계가 있는 주민의 범위를 어디까지로 볼 것인지가 쟁점이었다.

• **사유**: 광주시는 이미 행정안전부에 동일한 내용으로 사전컨설팅을 신청하여 "주민 동의가 필요하다"는 답변을 받았다. 그런데도 민원인(병원)이 반발하자 감사원에 다시 컨설팅을 신청한 것이다. 감사원은 "이미 타 기관의 컨설팅을 거쳤거나, 민원 해소를 위해 컨설팅을 악용하려는 경우"는 대상이 아니라며 반려했다. 이는 컨설팅 제도가 책임 회피 수단으로 변질되는 것을 막기 위함이다.

Case 44 [반려] "법원 판결대로 세금 깎아줘도 되나요?"

- 하급심 판결만을 근거로 한 부담금 산정 기준 변경 불가 -

- **사안:** 안양시는 재개발 정비사업에 따른 '학교용지부담금'을 부과해야 했다. 교육부 지침은 기존 가구 수 산정 시 '세입자'를 제외하도록 해 부담금이 많이 나오는 구조였다. 반면, 최근 1심 법원은 세입자를 포함해야 한다고 판결(부담금 감소)했다.
- **쟁점:** 안양시는 민원 해결을 위해 교육부 지침 대신 1심 판결 기준을 적용해 부담금을 줄여줘도 되는지 감사원에 문의했다.
- **사유:** 해당 판결은 '1심 판결'에 불과하여 상급심에서 뒤집힐 가능성이 있고, 다른 지자체에서도 유사 소송이 진행 중이었다. 감사원은 "확립되지 않은 판례나 진행 중인 소송과 관련된 사안"은 사전컨설팅 대상이 아니라고 판단했다. 섣불리 컨설팅으로 답변할 경우 재판에 부당한 영향을 줄 수 있기 때문이다. (단, 교육부가 지침을 재검토하도록 안내함)

Case 45 [반려] "과거에 피해를 본 분들인데, 지금이라도 보상해 줄 수 없나요?"

- 법원 판결로 기각된 유류오염사고 피해자 지원 재량 -

- **사안:** 2007년 태안 유류오염사고 당시, 많은 피해민들이 증빙 부족 등으로 법원에서 손해배상 청구가 기각되었다. 해양수산부는 「허베이 특별법」상 "실질적인 피해를 입었음에도 배상을 못 받은 자"를 지원할 수 있다는 규정을 근거로, 법원에서 기각된 사람들을 구제해 주려 했다.

- **쟁점:** 법원에서 이미 "증거 불충분" 등으로 기각 확정 판결을 받은 사안을, 행정청이 자체적으로 "실질적 피해가 있다"고 판단하여 지원하는 것이 가능한지, 그리고 그 판단 기준(재량)은 어디까지인지가 문제였다.

- **사유:** 「허베이 특별법」은 해수부 소관 법령이므로, 법의 취지와 목적에 따라 지원 대상을 선정하는 것은 해수부 장관의 고유한 정책적 판단(재량) 영역이다. 감사원은 이는 법령 해석의 모호함보다는 사실관계 판단과 정책 결정의 문제이므로, 해수부가 자체적으로 기준을 마련하여 시행하면 될 일이지 감사원이 사전에 가부를 결정해 줄 사안이 아니라고 반려했다. (즉, 적극행정 하라고 독려함)

Case 46 [기각] "물건 더 필요한데, 그냥 계약 변경해서 사면 안 될까요?"

- 물량 증가를 이유로 한 부당한 수정계약 및 수의계약 불허 -

• **사안:** 방위사업청은 군의 요청으로 산탄총, 굴절총 등을 추가로 구매해야 했다. 입찰 절차를 거치기 번거로우니 기존 납품 업체와 '수정계약(계약 변경)'을 맺거나 '수의계약'을 체결하려 했다.

• **사유:**

1. 수정계약 불가: 단순한 물량 추가는 기존 계약 목적 달성에 필수적인 경우가 아니므로 수정계약 대상이 아니다. 게다가 추가 구매를 위한 예산도 확보되지 않은 상태였다.
2. 수의계약 불가: 해당 물품은 국내 독점 생산품이 아니라 수입품이므로 '경쟁이 성립하지 않는 경우'에 해당하지 않는다. 또한 전력화 시기까지 경쟁 입찰(긴급입찰)로도 충분히 납품이 가능하므로 수의계약 사유가 안 된다.

• **결과:** 행정 편의를 위해 계약 법령의 원칙을 훼손하려는 시도를 차단했다.

Case 47 [기각] "계약자가 바빠서 다른 회사한테 넘긴다는데 괜찮죠?"

- 편의를 위한 계약당사자 지위 양도(명의 변경) 불가 -

• **사안**: 서부발전은 A사와 연료전지 유지보수 계약을 맺었다. 그런데 A사는 실제 업무를 기술제휴사인 B사에게 맡겨왔고, 업무 효율성을 위해 계약 당사자를 아예 B사로 바꿔달라고(지위 양도) 요청했다.

• **사유**: 「국가계약법」상 계약 상대자의 변경은 합병, 상속 등 포괄승계가 아니면 원칙적으로 불가능하다. 단순히 업무 편의를 위해 계약자를 바꾸는 것은 입찰 절차를 무력화하고 특혜를 주는 행위가 될 수 있으므로 허용되지 않는다고 판단했다.

Case 48 [반려] "아파트 경품 행사, 실거래가 신고 위반인가요?"

- 사실관계 확정이 선행되어야 하는 과태료 부과 질의 반려 -

• **사안**: 미분양 아파트를 팔기 위해 시공사가 매수인에게 현금 등 경품을 지원했다. 지자체는 이 경품 가액을 뺀 금액으로 부동산 실거래가를 신고한 것이 '허위 신고'에 해당하여 과태료를 부과해야 하는지 문의했다.

• **사유**: 경품 지원이 실질적인 '매매대금 할인'인지, 아니면 별개의 프로모션인지에 대한 사실관계 판단이 우선되어야 법 적용을 할 수 있다. 또한 과태료 부과는 고의/과실 여부를 따져야 하는 행정청의 고유 권한이므로, 감사원이 사전에 확정해 줄 수 있는 법령 해석 사안이 아니라고 반려했다.

Case 49 [반려] "기초수급자 자격, 이렇게 해석해도 되나요?"

- 법령 해석에 대한 소관 부처의 자체 판단 사항 -

- **사안:** 보건복지부는 국민기초생활 보장법상 수급자 선정 기준과 관련하여 특정 사례가 수급 자격에 해당하는지 여부를 감사원에 문의했다.

- **사유:** 이는 새로운 규제 개선이나 적극행정이라기보다, 기존 법령의 구체적인 적용 및 해석에 관한 실무적인 질의였다. 감사원은 이는 주무 부처인 보건복지부가 자체적으로 판단하고 결정할 사항이라며 반려했다.

Case 50 [반려] "학교 짓다 말았는데, 원상복구 안 하고 다시 신청하면 안 되나요?"

- 농지전용 허가 취소 후 재신청 시 원상복구 의무 면제 여부 -

- **사안:** 한 사업자가 농지에 건물을 짓겠다며 전용 허가를 받았으나 기간 내 착공하지 못해 허가가 취소되었다. 다시 허가를 신청하려는데, 규정상 이미 파헤친 땅을 '원상복구(농지로 되돌림)'한 뒤 다시 신청해야 했다.

- **쟁점:** 사업자 입장에서는 어차피 다시 공사할 건데 굳이 돈을 들여 원상복구했다가 다시 파헤치는 것이 낭비라고 주장했다.

- **사유:** 농림축산식품부는 "원상복구가 원칙이나, 부득이한 사유가 있으면 면제할 수 있다"는 입장이다. 감사원은 '부득이한 사유'에 해당하는지는 허가권자(지자체)가 현장 상황과 사업 의지를 보고 판단할 재량 사항이지, 감사원이 일률적으로 면제하라고 답할 사안이 아니라며 반려했다.

Case 51 [기각] "내 땅이 도로 계획에 묶여 있는데, 이제 시가 사가면 안 되나요?"

- 공익사업 편입 예정 토지의 사인 간 매각(불하) 요청 기각 -

• **사안:** 국유지에 무허가 주택을 짓고 살던 주민이 해당 토지를 자신에게 팔라고 요청했다. 「국유재산법」상 2012년 이전 건물 점유자에게는 수의매각이 가능하다.

• **쟁점:** 문제는 해당 토지가 도시계획시설(도로) 사업 부지에 포함되어 있다는 점이다. 시는 곧 도로를 깔아야 하는데, 주민에게 땅을 팔았다가 다시 수용해야 하는 모순이 발생한다.

• **사유:** 감사원은 해당 토지가 '공공용(도로)'으로 사용될 행정목적이 분명하므로, 개인에게 매각할 수 없다고 판단했다. 개인의 주거 안정보다 공공의 도로 개설 필요성이 우선한다는 취지다.

Case 52 [반려] "예전에 못 받은 야근수당, 지금이라도 주면 안 되나요?"

- 소멸시효가 지난 소방공무원 초과근무수당 지급 불가 -

- **사안:** 강원도 소방공무원들은 과거 예산 부족으로 지급받지 못한 초과근무수당(휴일 근무분 등)을 지급해 달라고 요구했다. 그러나 해당 청구권의 소멸시효(3년)는 이미 완성된 상태였다.

- **사유:** 국가재정법 등 관련 법령상 소멸시효가 완성된 채권은 국가의 지급 의무가 소멸한다. 감사원은 이미 법적으로 지급 의무가 사라진 돈을 예산으로 지급하는 것은 '예산의 목적 외 사용'이자 '업무상 배임' 소지가 있다며 반려했다. 안타까운 사정은 있지만, 법적 시효 제도를 무력화할 수는 없다는 원칙을 확인했다.

Case 53 [반려] "산재 인정 기준이 바뀌었는데, 옛날 사고도 적용해 줍니까?"

- 헌법불합치 결정 이전의 출퇴근 재해 소급 적용 불가 -

- **사안**: 헌법재판소가 '출퇴근 재해'를 산재로 인정하지 않던 기존 법 조항에 대해 헌법불합치 결정을 내렸다. 이에 따라 법이 개정되었는데, 개정 전 사고를 당했던 근로자들이 자신들도 소급해서 산재 보상을 해달라고 요구했다.

- **사유**: 헌재 결정은 원칙적으로 향후 효력을 가지며, 소급 적용은 법적 안정성을 위해 제한적으로만 인정된다. 감사원은 이미 확정된 행정 처분(불승인)이나 시효가 지난 사건까지 모두 소급해서 구제하는 것은 법적 안정성을 심각하게 해칠 우려가 있고, 이는 입법 정책적으로 결정할 사안이지 컨설팅으로 해결할 문제가 아니라며 반려했다.

Case 54 [반려] "불법 제품이지만 봐주면 안 될까요?"

- 전기용품 안전인증 위반 업체에 대한 고발 유예 질의 반려 -

- **사안**: 산업통상자원부는 안전인증을 받지 않은 오디오 코드세트를 수입·판매한 업체들을 적발했다. 해당 업체들은 규정을 몰랐다며 선처를 호소했고, 산자부는 고의성이 없다고 보고 고발을 유예해 줄 수 있는지 감사원에 물었다.

- **사유**: 「전기용품 및 생활용품 안전관리법」 위반에 대한 제재 처분은 '제품안전심의위원회'의 심의를 거쳐 결정하도록 법령에 명확히 규정되어 있다. 감사원은 법령이 정한 절차와 기구(위원회)를 건너뛰고 감사원에게 결정을 미루는 것은 적절하지 않다며 반려했다.

Case 55 [반려] "땅 주인도 아닌데 학교 부지를 사도 됩니까?"

- 소유권 이전이 불가능한 체비지 매입을 통한 학교 설립 시도 반려 -

- **사안:** 경남교육청은 도시개발지구 내 체비지(사업비 충당용 토지)에 초등학교를 지으려 했다. 사업 지연으로 시행자가 아직 토지 소유권을 확정(등기)하지 못한 상태였는데, 개교 시기를 맞추려면 지금 당장 160억 원을 주고 땅을 사서 공사를 시작해야 했다.

- **사유:** 「공유재산법」상 지자체는 재산 취득 시 등기 등 권리 보전 조치를 해야 한다. 등기도 안 되는 땅을 거액을 주고 사는 것은 나중에 소유권 분쟁이나 매매대금 회수 불능 위험이 너무 컸다. 감사원은 위험한 계약 대신, 교육청이 가진 협의 권한을 통해 시행자에게 공사 착공을 압박하는 다른 합법적 해결책이 있다며 반려했다. 무리한 행정으로 인한 혈세 낭비 위험을 예방한 사례다.

Case 56 [반려] "실수로 예산 신청 안 했는데, 내년 예산으로 주면 안 됩니까?"

- 회계연도 독립의 원칙 위반(소급 보전) 불가 확인 -

- **사안**: 서울 강남구와 강북구 담당자가 실수로 2022년 12월분 장애인 연금 국비 지원을 신청하지 않아 구비로 전액 지급했다. 뒤늦게 이를 알고 2024년 예산으로 보전해달라고 복지부에 요청했다.

- **사유**: 「국가재정법」상 회계연도 독립의 원칙은 엄격히 지켜져야 한다. 담당자의 명백한 과실로 신청하지 않은 예산을 다음 연도나 다다음 연도 예산으로 메워주는 것은 법령 위반이다. 감사원은 이는 적극행정 대상이 아니며 원칙대로 처리해야 한다고 반려했다.

제3절.

[행정효율/이견조정]
기관 간 핑퐁게임, 마침표를 찍다

1. 인정 사례

Case 01 **[인용] "군부대 구매 효율화를 위해 인터넷 쇼핑몰을 써도 되나요?"**

- 군부대 소모품 구매 시 인터넷 사이버몰 및 정부구매카드 사용 허용 -

- **사안:** 군부대는 소모품을 구매할 때 인근 상점에서 직접 구매하는 방식을 써왔다. 그러나 격오지 부대는 상점 접근성이 떨어져 외출 부담이 크고, 물품 가격도 비싸 예산 효율성이 떨어졌다.
- **쟁점:** 국방부는 민간 인터넷 쇼핑몰(G마켓, 11번가 등)을 이용하고 싶었으나, 보안 문제 및 회계 증빙 처리가 가능한지, 「국고금관리법」상 정부구매카드를 인터넷 몰에서 써도 되는지 불분명했다.

- **난관**: 보안 규정과 회계 규정의 보수적 해석 때문에, 훨씬 싸고 편한 인터넷 구매를 두고도 비효율적인 현장 구매를 고수해야만 했다.
- **해결**: **[감사원 컨설팅]** 감사원은 예산 절감과 행정 효율성 제고라는 공익이 크다고 판단했다. 보안 대책을 수립하고 투명한 회계 처리가 가능하다면, 인터넷 사이버몰에서 정부구매카드를 사용하여 물품을 구매하는 것을 허용했다.
- **결과**: 군 장병들의 업무 부담을 줄이고 예산 절감 효과를 거두었다.

Case 02 [인용] "관공서끼리 땅을 주고받는데 등기를 또 해야 하나요?"

- 지방자치단체 간 일반재산 양여 시 특약등기 의무 면제 -

- **사안:** 대전광역시는 소유한 일반재산(건물 등)을 관할 자치구(서구청)에 주민센터 건립 목적으로 무상 양여하고자 했다.

- **쟁점:** 「공유재산 및 물품 관리법」 시행령은 재산을 처분할 때 용도 위반 시 계약을 해제한다는 내용의 '특약등기'를 하도록 규정하고 있다. 양여의 경우에도 이 등기를 반드시 해야 하는지가 문제였다.

- **난관:** 같은 지자체끼리 공공 목적으로 땅을 넘기는데, 수수료를 들여 등기까지 하는 것은 행정력과 예산 낭비라는 지적이 있었으나, 법령 문구 때문에 담당자는 등기 생략을 주저했다.

- **해결:** **[감사원 컨설팅]** 감사원은 해당 재산이 지방자치단체 간에 공공 목적으로 이전되는 것이므로, 사적 유용의 우려가 없다고 판단했다. 따라서 특약등기 절차를 생략하고 양여 계약서에 해당 내용을 명시하는 것만으로도 충분하다고 유연하게 해석했다.

- **결과:** 불필요한 등기 비용 및 행정 절차를 단축하여 주민센터 건립 사업을 신속하게 지원했다.

Case 03 [인용] "이미 지어진 도시인데, 학교 땅값을 싸게 줄 수 없나?"

- 준공된 택지개발지구 내 학교용지 공급 가격의 합리적 기준 제시 -

- **사안:** 수원시는 광교 택지개발지구 내 중학교 설립을 위해 학교용지를 매입하려 했다. 해당 지구는 이미 준공된 상태였다.
- **쟁점:** 교육청은 「학교용지 확보 등에 관한 특례법」에 따라 저렴한 '조성원가'로 공급받기를 원했고, 사업시행자(경기도시공사)는 사업이 끝났으므로 '감정평가액(시가)'을 적용해야 한다고 맞섰다.
- **난관:** 토지 가격 산정 방식에 대한 기관 간 이견으로 학교 설립 부지 확보가 지연되고 있었다. 법령상 '준공된 지구'에 대한 명확한 규정이 없어 갈등이 지속되었다.
- **해결:** **[감사원 컨설팅]** 감사원은 해당 지구가 이미 준공되어 개발사업이 진행 중인 곳으로 볼 수 없으므로, 특례법상의 저가 공급 규정을 직접 적용하기는 어렵다고 판단했다. 따라서 원칙대로 감정평가액을 기준으로 하되, 두 기관이 협의하여 가격을 결정하도록 교통정리를 했다.
- **결과:** 매입 가격 산정 기준을 확정지어 학교 설립 절차를 정상화했다.

Case 04 [인용] "유일한 약 공급사가 철수한다는데, 새 회사를 미리 지정할 수 있나요?"

- 대체약제 없는 필수의약품의 선제적 퇴장방지의약품 지정 -

- **사안**: 녹내장 및 라섹 수술에 필수적인 '마이토마이신' 주사제를 국내에 독점 공급하던 A사(한국쿄와하코기린)가 채산성 악화를 이유로 공급 중단을 통보했다. 이에 B사(한국유나이티드제약)가 생산 의사를 밝혔으나, 생산 원가를 보전받기 위해 '퇴장방지의약품(약가 인상 가능)' 지정을 요구했다.

- **쟁점**: 관련 규정상 퇴장방지의약품으로 지정되어 약가를 우대받으려면 "동일 제제 내 업체 수가 1개"여야 한다. 신청 시점에는 아직 A사가 철수하기 전이라 서류상 업체가 2개(A사, B사)인 것이 문제였다. 규정대로라면 B사는 지정 요건을 충족하지 못해 생산을 포기할 상황이었다.

- **난관**: A사가 철수할 때까지 기다렸다가 B사를 지정하면, 그사이 '공급 공백'이 발생하여 환자들의 수술이 중단될 위기였다.

- **해결**: **[감사원 컨설팅]** 감사원은 A사가 이미 공급 중단 계획을 공식 통보하여 '사실상 시장 철수'가 예정된 상태임을 중시했다. 형식적으로는 2개 업체지만, 실질적으로는 B사가 유일한 공급처가 될 것이 명백하므로, 규정의 단서 조항을 유연하게 해석하여 A사를 업체 수 산정에서 제외하는 것이 타당하다고 보았다.

- **결과**: B사 제품을 선제적으로 퇴장방지의약품으로 지정하고 약가를 보전해 줌으로써, 필수의약품의 공급 공백 없이 환자들의 눈 건강을 지킬 수 있었다.

Case 05 [인용] "소송 중인데 쓰레기를 먼저 치워도 될까요?"

- 소송 계류 중인 폐기물의 우선 처리 및 사후 정산 허용 -

- **사안:** 한국공항공사 소유 부지에 무단 적치된 막대한 양의 건설폐기물 때문에 골프장 조성 사업이 지연되고 있었다. 공사는 폐기물 적치 업체와 처리 책임을 두고 소송 중이었는데, 판결이 날 때까지 기다리면 사업이 너무 늦어질 상황이었다.

- **쟁점:** 업체가 일단 자기 돈으로 치우고 나중에 이기면 공사가 돈을 주겠다고 제안했으나, 공사 입장에선 나중에 돈을 주게 될 경우 '국가계약법 위반(입찰 없이 업체 선정)'이 될까 봐 우려했다.

- **해결:** **[감사원 컨설팅]** 감사원은 이 건은 공사가 폐기물 처리 용역을 발주하는 계약이 아니라, 소송 당사자 간의 다툼을 해결하는 과정에서 발생할 수 있는 비용 정산(부당이득 반환 등)의 문제로 보았다. 따라서 국가계약법 적용 대상이 아니며, 주민 불편 해소와 사업의 원활한 추진을 위해 업체가 우선 처리하고 나중에 정산하는 방식은 가능하다고 판단했다. 단, 비용 과다 청구를 막기 위한 검증 장치는 마련하도록 했다.

- **결과:** 법적 분쟁으로 방치되었던 폐기물을 신속히 처리하여 환경 오염을 막고 공공 사업의 지연을 방지했다.

Case 06 [인용] “쓰레기 대란인데, 규정대로만 처리해야 하나요?”

- 불법 투기 폐기물의 신속 처리를 위한 규제 완화 -

• **사안:** 전국적으로 불법 투기된 폐기물이 산처럼 쌓여 사회적 문제가 되자(일명 ‘쓰레기 산’), 환경부는 연내 전량 처리를 목표로 대책을 수립했다. 그러나 현행 법령상 처리 절차가 까다로워 신속한 처리가 어려웠다.

• **쟁점 & 해결:**

1. 소각장 부족 시 매립 가능 여부: 법령상 가연성 폐기물은 소각이 원칙이나, 소각장 용량이 부족한 비상 상황임을 고려하여 분리 선별 후 남은 일부 가연성 폐기물은 매립을 허용하도록 했다. (단, 법령 개정 병행)
2. 토지 소유자 대집행 생략: 땅 주인도 모르게 폐기물이 투기된 경우, 억울한 땅 주인에게 치우라고 명령(대집행)하는 대신 지자체가 먼저 치우고 투기범에게 비용을 청구하도록 허용했다.
3. 운반 업체 수의계약: 공개 입찰로 시간을 끄는 대신, 재난에 준하는 긴급 상황으로 보아 수의계약으로 운반 업체를 선정할 수 있도록 길을 터주었다.

• **결과:** 꽉 막혀 있던 쓰레기 처리의 물꼬를 터 국민의 건강과 환경권을 보호하는 적극행정을 실현했다.

Case 07 [인용] "쓰레기 처리장 짓는데 주민지원금을 우리가 내야 합니까?"

- 폐기물처리시설 설치 의무와 주민지원 의무의 분리 -

- **사안**: LH는 세종시에 행복도시를 건설하면서 폐기물처리시설을 지어야 했다. 효율성을 위해 세종시가 짓는 시설에 LH가 돈을 보태 통합 설치하기로 했다. 그런데 세종시는 시설 설치비 외에 '주민지원사업비(400억 원)'까지 LH가 내라고 요구했다.

- **쟁점**: 「폐기물시설촉진법」상 사업시행자(LH)는 '시설 설치 비용'을 낼 의무가 있다. 하지만 '주민 편익시설 설치'나 '주민지원기금 조성'은 지자체장(세종시장)의 의무로 규정되어 있어, 이 비용까지 LH가 부담해야 하는지가 논란이었다.

- **난관**: 법적 근거가 명확하지 않아 LH는 배임 우려로 돈을 줄 수 없었고, 세종시는 돈 없이는 사업을 못 한다며 평행선을 달렸다.

- **해결**: **[감사원 컨설팅]** 감사원은 법령상 LH의 의무는 '설치 비용 납부'에 한정되며, 주민지원사업비까지 부담할 법적 의무는 없다고 명확히 했다. 따라서 LH는 이 비용을 조성원가에 포함시킬 수도 없다. 대신, 설치 비용 산정 시 환경부 표준단가 대신 실제 소요되는 비용(유사 사례)을 반영하여 현실화함으로써, 세종시의 재정 부담을 덜어주는 절충안을 제시했다.

- **결과**: 기관 간 비용 분담의 법적 책임을 명확히 하여 장기 표류하던 폐기물 처리장 건립 협상의 물꼬를 텄다.

Case 08 [인용] "직원이 고소당했는데 변호사 비용을 대줘도 되나요?"

- 악성 민원에 시달리는 공무원 소송 지원 근거 마련 -

• **사안**: 국민권익위원회 직원들은 업무 특성상 불만을 품은 민원인들로부터 툭하면 직무유기, 직권남용 등으로 고소·고발을 당했다. 직무를 정당하게 수행했음에도 개인이 사비로 변호사를 선임해 대응해야 하는 상황이었다.

• **쟁점**: 「국가소송법」은 행정소송이나 국가소송 지원 근거만 있을 뿐, 공무원 개인이 당한 형사 고소에 대한 지원 규정이 없었다.

• **난관**: 예산 집행 지침에 명시적 규정이 없어 예산 낭비 지적을 받을까 우려되었다.

• **해결**: **[감사원 컨설팅]** 감사원은 공무원이 소신 있게 일하기 위해서는 악성 민원으로부터 보호받을 필요가 있다고 인정했다. 타 기관(서울시 등) 사례와 적극행정 취지를 고려할 때, 기관이 자체 훈령을 제정하여 지원 근거를 마련한다면 예산으로 변호사 비용을 지원하는 것이 가능하다고 판단했다. 단, 유죄가 확정되면 지원금을 환수하는 안전장치를 두도록 했다.

• **결과**: 공무원들이 소송 공포에서 벗어나 적극적으로 업무를 수행할 수 있는 보호막을 만들었다.

Case 09 [인용] "입찰에 한 곳만 계속 오는데 수의계약 해도 됩니까?"

- 3회 유찰된 사업의 수의계약 추진 및 대상 선정 -

- **사안**: 인천공항공사가 발주한 항공등화 시스템 사업 입찰에 3번 연속으로 A사(한국하니웰) 딱 한 곳만 응찰하여 계속 유찰되었다.

- **쟁점**: 규정상 재공고 입찰도 유찰되면 수의계약이 가능하다. 문제는 수의계약을 할 때 A사하고만 해도 되는지, 아니면 다른 업체들도 다 불러서 견적을 받아야 하는지였다.

- **해결**: **[감사원 컨설팅]** 감사원은 이미 3번이나 기회를 줬는데도 다른 업체들은 참여 의사를 보이지 않았고 실적 서류도 내지 않았다는 점을 확인했다. 따라서 굳이 형식적으로 타 업체들을 들러리 세울 필요 없이, 유일하게 참여 의사를 밝힌 A사와 단독으로 수의계약을 추진해도 된다고 판단했다. 이는 행정력 낭비를 막고 사업을 제때 추진하기 위한 합리적 해석이다.

Case 10 [인용] "역학조사 시스템, 질병관리본부가 바로 쓰게 해주세요"

- 스마트시티 R&D 성과물(역학조사 시스템)의 긴급 이전 허용 -

- **사안:** 국토교통부가 스마트시티 R&D 과정에서 개발한 '역학조사 지원 시스템'이 코로나19 동선 추적에 매우 유용할 것으로 보였다.

- **쟁점:** R&D 규정상 연구 성과물은 연구가 완전히 끝나고 평가를 거친 뒤에야 소유권을 이전하거나 기술료를 받고 넘길 수 있다. 즉시 질병관리본부(KCDC)에 넘겨 운영하게 할 법적 근거가 없었다.

- **난관:** 절차를 다 밟다가는 코로나19 확산을 막을 골든타임을 놓칠 위기였다.

- **해결:** **[감사원 컨설팅(패스트트랙)]** 감사원은 국민의 생명과 안전을 지키는 것이 최상위 가치라고 판단했다. 기존 규정에도 불구하고, 국가 재난 상황 극복을 위해 시스템 운영권을 KCDC에 즉시 무상으로 넘겨 활용하도록 허용했다.

- **결과:** 역학조사 시간을 24시간에서 10분으로 단축시키는 K-방역의 핵심 시스템이 적기에 가동될 수 있었다.

Case 11 [인용] "항만 재개발하는데 땅 사용료 면제해 주면 안 되나요?"

- 항만 재개발 사업 시 국유지 사용료 감면 허용 -

- **사안**: 해양수산부는 노후된 항만을 재개발하는 사업을 추진하면서, 사업시행자에게 사업 기간 동안 국유지(항만 부지) 사용료를 면제해 주고자 했다.

- **쟁점**: 「항만법」 등에는 사용료 감면 근거가 있으나, 「국유재산법」은 유상 사용을 원칙으로 하여 법령 간 충돌 소지가 있었다.

- **난관**: 막대한 초기 투자비가 드는 항만 재개발 사업의 특성상, 사용료 부담까지 지우면 민간 투자가 위축될 우려가 컸다.

- **해결**: **[감사원 컨설팅]** 감사원은 항만 재개발 사업이 공공성이 강한 인프라 사업이며, 「항만재개발법」이 「국유재산법」의 특별법적 지위를 가진다고 해석했다. 따라서 사업의 원활한 추진을 위해 사업시행자에게 국유지 사용료를 감면해 주는 것은 법적으로 가능하다고 판단했다.

- **결과**: 민간 투자의 걸림돌을 제거하여 낙후된 항만 지역의 개발을 촉진시켰다.

Case 12 [인용] "오염된 땅, LH가 먼저 정화하고 나중에 청구해도 되나요?"

- 주거환경개선사업 부지 토양오염 정화비용 선(先)투입 허용 -

- **사안**: LH가 익산 평화지구 주거환경개선사업을 하던 중 땅이 오염된 사실을 발견했다. 정화 비용만 315억 원인데, 오염 원인자가 누구인지, 비용을 누가 낼지 다툼이 있어 정화가 지연되고 있었다.
- **쟁점**: LH는 오염의 주된 원인자가 아니었으나, 사업시행자로서 정화 명령을 받았다. LH가 먼저 돈을 들여 정화하는 것이 배임에 해당하는지가 문제였다.
- **난관**: 책임 공방으로 정화를 미루면 공공주택 공급이 무기한 지연되고 주민 피해가 우려되었다.
- **해결**: **[감사원 컨설팅]** 감사원은 오염 정화 책임은 복수의 관련자에게 있으며, 분담 비율은 나중에 법원에서 가려질 문제라고 보았다. 따라서 LH가 공익사업의 주체로서 우선 비용을 투입해 정화를 완료하고, 추후 소송을 통해 원인자에게 비용을 청구(구상권 행사)하는 것은 배임이 아니며 오히려 적극적인 업무 수행이라고 판단했다.
- **결과**: 오염된 환경을 신속히 복원하고 서민 주거 안정 사업의 중단을 막았다.

Case 13 [인용] "재난지원금 줘야 하는데, 국세청이 소득 정보 안 줍니다"

- 코로나19 소상공인 지원을 위한 과세 정보 사전 제공 허용 -

- **사안:** 중소벤처기업부는 코로나19 피해 소상공인에게 '새희망자금'을 지급하려 했다. 신속한 지급을 위해서는 국세청의 과세 정보(매출 감소 여부 등)가 필요했다.

- **쟁점:** 「국세기본법」은 과세 정보를 타인에게 제공하는 것을 엄격히 금지한다(비밀 유지). 원칙적으로는 신청인 개개인에게 '동의서'를 먼저 받아야 국세청이 정보를 줄 수 있었다.

- **난관:** 수백만 명의 동의서를 먼저 받고 정보를 조회하면 지급이 몇 달 늦어져 '긴급' 지원의 의미가 퇴색될 상황이었다.

- **해결:** **[감사원 컨설팅]** 감사원은 국가적 재난 상황에서 신속한 지원이 최우선이라고 보았다. 중기부가 지원금 신청을 받을 때 '사후 동의'를 받는 것을 조건으로, 국세청이 과세 정보를 먼저 중기부에 제공하여 지급 대상자를 선별할 수 있도록 허용했다.

- **결과:** 부처 간 칸막이를 제거하여 소상공인들에게 추석 전에 신속하게 재난지원금을 지급할 수 있었다.

Case 14 [인용] "국방부 땅이랑 시 땅이랑 바꾸는데, 감정평가는 어떻게 하죠?"

- 국·공유지 교환 시 합리적인 감정평가 기준 제시 -

- **사안:** 국방부와 파주시가 서로 점유하고 있던 땅을 교환하기로 했다. 국방부 땅에는 파주시의 공원이, 파주시 땅에는 군부대 시설이 들어서 있었다.

- **쟁점:** 땅값을 매길 때, '현재 상태(건물/시설물 존재)'를 반영해서 평가할지, 아니면 시설물이 없는 '나대지'로 보고 평가할지가 문제였다. 기준에 따라 교환 차액이 크게 달라져 양측의 입장이 팽팽했다.

- **해결:** **[감사원 컨설팅]** 감사원은 두 땅 모두 공익적 목적으로 사용 중이고 앞으로도 계속 그렇게 쓰일 것이라는 점에 주목했다. 따라서 '현재의 이용 상황(공법상 제한 포함)'을 기준으로 감정 평가하는 것이 「국유재산법」 등의 취지에 부합하고 형평성에도 맞는다고 정리했다.

- **결과:** 지지부진하던 국·공유지 교환 협상을 타결시켜 각 기관의 재산권 행사를 정상화했다.

Case 15 [인용] "백신을 구해야 하는데, 글로벌 제약사가 면책을 요구합니다"

- 코로나 19 백신 선구매를 위한 선급금 지급 및 면책 계약 허용 -

- **사안**: 질병관리청은 코로나 19 백신(화이자, 모더나 등)을 급히 확보해야 했다. 그러나 글로벌 제약사들은 '개발 실패 시 선급금 미반환'과 '부작용 발생 시 제약사 면책'이라는 파격적인 조건을 내걸었다.

- **쟁점**: 현행 「국가계약법」 등 국내 법령상으로는 선급금을 떼이거나, 국가가 기업의 책임을 대신 떠안는 계약은 불가능했다. 이는 공무원에게 배임 책임을 물을 수 있는 사안이었다.

- **난관**: 법을 지키려다가는 백신 확보 경쟁에서 밀려 국민 생명이 위협받을 상황이었다.

- **해결**: **[감사원 컨설팅]** 감사원은 이것이 국가적 재난 상황에서 국민의 생명과 안전을 지키기 위한 불가피한 조치라고 판단했다. 백신 공급자 우위의 시장 상황을 고려할 때, 적극행정 차원에서 제약사의 요구 조건을 수용하여 계약을 체결하더라도, 절차를 준수했다면 그 결과에 대해 책임을 묻지 않겠다고 확약했다.

- **결과**: 전 세계적인 백신 확보 전쟁 속에서 신속하게 백신 구매 계약을 체결하여 접종 기반을 마련했다.

Case 16 [인용] "연구용으로 들여온 바이러스, 꼭 태워 없애야 합니까?"

- 미검역 동물병원체(바이러스 등)의 연구용 활용 허용 -

- **사안**: 연구기관이 백신 개발 등을 위해 해외에서 바이러스를 들여왔으나, 검역 절차상 문제가 있어 '폐기(소각·매몰)' 명령을 받게 될 상황이었다.

- **쟁점**: 「가축전염병 예방법」은 미검역 물품은 반송하거나 소각·매몰하도록 규정하고 있다. 그러나 해당 바이러스는 구하기 힘든 귀중한 연구 자원이었다.

- **난관**: 법대로 태워버리자니 백신 주권 확보를 위한 연구에 차질이 생기고, 활용하자니 방역 구멍이 우려되었다.

- **해결**: **[감사원 컨설팅]** 감사원은 법령상 '가축 방역상 안전한 방법'으로 처리하면 된다는 점에 착안했다. 안전 등급을 갖춘 연구 시설(BL3 등)에서 연구 목적으로 사용하는 것 또한 '안전한 처리(격리 및 소멸)'의 일환으로 볼 수 있다고 해석하여, 폐기 대신 연구용 활용을 허용했다.

- **결과**: 국가적 과제인 백신 및 치료제 개발 연구를 지원하면서도 방역 안전을 확보했다.

Case 17 [인용] “글로벌 제약사가 불공정 계약을 요구하는데 어쩌죠?”

- 코로나 19 경구용 치료제 선구매 계약의 특례 인정 -

• **사안**: 질병관리청은 코로나 19 경구용 치료제(알약) 20만 명분을 선구매하려 했다. 그러나 화이자 등 글로벌 제약사들은 ‘개발 실패 시 선급금 미반환’, ‘부작용 면책’, ‘지체상금 면제’ 등 우리 법령(국가계약법)상 수용하기 힘든 독소 조항을 요구했다.

• **쟁점**: 공무원이 국가에 불리한 계약을 체결하여 예산 손실(선급금 미회수 등)을 초래하면 징계나 배임 책임을 질 수 있었다. 그렇다고 계약을 거부하면 치료제 확보에 실패하게 된다.

• **난관**: 전 세계적인 치료제 확보 경쟁 속에서 우리만 원칙을 고수하다가는 물량을 배정받지 못할 절체절명의 위기였다.

• **해결**: **[감사원 컨설팅]** 감사원은 이것이 ‘국제 입찰’ 성격을 가지며, 글로벌 제약사가 전 세계 공통으로 제시하는 조건(Global Template)이라면 이는 ‘국제 상관례’로 볼 수 있다고 해석했다. 국가계약법 특례 규정을 적용하여, 국민 생명 보호라는 최상위 가치를 위해 제약사의 요구 조건을 수용하여 계약을 체결하더라도 담당자에게 책임을 묻지 않겠다고 확약했다.

• **결과**: 징계의 두려움을 제거하여 코로나19 치료제를 적기에 확보하고 방역 체계를 강화했다.

Case 18 [기준제시] "경매로 공장 샀는데, 전 주인의 과태료도 제가 냅니까?"

- 경매 낙찰자에 대한 수질초과배출부과금 납부 의무 승계 -

• **사안:** 전남 화순군의 한 식품업체가 폐수를 무단 방류하여 초과배출부과금(약 5,700만 원)을 맞고 부도가 났다. 이후 경매를 통해 공장을 인수한 새 주인(낙찰자)은 "나는 기존 시설을 다 폐쇄하고 새 기계를 들여왔으니 전 주인의 과태료는 낼 수 없다"고 주장했다.

• **쟁점:** 「물환경보전법」은 경매로 배출시설을 인수한 자가 권리·의무를 승계한다고 규정한다. 하지만 새 주인이 기존 시설을 '사용하지 않고 폐쇄'한 경우에도 승계해야 하는지가 논란이었다. 신청기관(전남도)은 선의의 피해자가 될 수 있다며 승계하지 않는 쪽으로 해석하고 싶어 했다.

• **해결: [감사원 컨설팅]** 감사원은 환경 오염에 대한 제재 처분(부과금)은 사람에게 따라붙는 것이 아니라 '시설(사업장)'에 따라붙는 대물적 처분이라는 대법원 판례를 인용했다. 낙찰받는 순간 권리·의무가 승계된 것이며, 사후에 시설을 폐쇄했다 하더라도 이미 확정된 납부 의무가 사라지는 것은 아니다라고 명확히 기준을 제시했다.

• **결과:** 환경 오염 원인자 부담 원칙을 확립하고, 고의 부도나 경매를 통한 제재 회피 가능성을 차단했다.

Case 19 [인용] "이미 있는 건물인데, 수의계약으로 계속 쓰게 해주세요"

- 국유지 내 레일바이크 시설의 수의방식 사용허가 불허(경쟁입찰 원칙) -

- **사안**: 여수시의 폐선 부지(국유지)를 빌려 레일바이크 사업을 하던 민간 사업자의 사용 기간(10년)이 만료되었다. 사업자는 자신이 설치한 레일바이크 시설(30억 원 투자)을 철거하기 어렵고 도시계획시설로 지정되어 있다는 이유로 수의계약 연장을 요구했다. 국토부는 사업 중단을 막기 위해 수의계약이 가능한지 물었다.

- **쟁점**: 「국유재산법」상 사용허가는 경쟁입찰이 원칙이다. 수의계약은 천재지변 등 특수한 경우에만 가능하다. 기존 사업자에게 계속 수의계약을 주는 것이 특혜인지, 아니면 사업 연속성을 위한 불가피한 조치인지가 문제였다.

- **해결**: **[감사원 컨설팅]** 감사원은 이 사업이 연 매출 16억 원의 알짜 사업으로, 경쟁 입찰을 통해 더 좋은 조건으로 운영할 사업자를 선정하는 것이 국익에 부합한다고 보았다. 시설물 철거가 어렵다는 사정만으로는 경쟁 입찰을 배제할 사유가 되지 않으며, 도시계획시설 지정과 국유재산 사용허가는 별개라고 판단했다. 따라서 수의계약은 불가하며 원칙대로 경쟁 입찰을 해야 한다고 결론 내렸다.

- **결과**: 국유재산 관리의 공정성과 투명성을 지키고, 특정 업체에 대한 특혜 시비를 차단했다.

Case 20 [인용] "소송 중이지만 전봇대부터 옮깁시다"

- 재해복구사업 지장 전주(배전선로)의 先이설 · 後정산 허용 -

- **사안**: 전라남도는 수해 복구를 위해 하천 공사를 해야 하는데, 한국전력공사의 전봇대가 방해가 되었다. 한전은 "원인자 부담 원칙상 지자체가 이설 비용을 내라"고 했고, 지자체는 "점용 허가 없는 불법 시설물이니 한전이 내라"고 맞서며 소송까지 갔다.

- **쟁점**: 비용 부담 주체가 확정되지 않은 상태에서 한전이 돈을 들여 먼저 공사하는 것이 규정 위반(배임)인지가 문제였다.

- **난관**: 소송 결과가 나올 때까지 공사를 미루면, 다가올 장마철에 하천 범람이나 전봇대 붕괴 등 2차 재난 피해가 발생할 위험이 컸다.

- **해결**: **[감사원 컨설팅]** 감사원은 국민의 생명과 안전이 무엇보다 우선한다고 판단했다. 소송 결과에 따라 나중에 비용을 정산(구상권 청구 등)할 수 있는 수단이 있으므로, 한전이 우선 비용을 부담하여 전주를 이설하고 추후 소송 결과에 따라 정산하는 방식을 허용했다. 단, 양 기관 간에 확실한 정산 협약 체결을 조건으로 달았다.

- **결과**: 기관 간 비용 다툼으로 인한 공사 지연을 막고, 국민 안전을 최우선으로 하는 적극행정의 모범을 보였다.

Case 21 [인용] "화약고 안에 피뢰침을 설치해야 하는데, 거리 규정 때문에 못 합니다"

- 군사시설(탄약고) 안전거리 규정의 예외 적용 허용 -

- **사안**: 국방부는 노후 탄약고의 안전을 위해 피뢰 설비와 사면 보강 공사를 해야 했다. 그런데 「군사기지법」상 탄약고 내부에는 특정 거리 이내에 시설물을 설치할 수 없다는 '안전거리' 규정이 있었다.
- **쟁점**: 안전을 위해 피뢰침을 설치하려는데, 안전거리 규정 때문에 설치를 못 하는 '안전의 역설'이 발생했다.
- **난관**: 규정을 지키면 낙뢰 위험에 노출되고, 피뢰침을 설치하면 법을 어기게 되는 상황이었다.
- **해결**: **[감사원 컨설팅]** 감사원은 해당 규정이 '위험 시설'의 접근을 막기 위한 것이지, 안전을 보강하는 시설까지 막으려는 취지는 아니라고 해석했다. 피뢰 설비 등은 탄약고의 안전을 위해 필수적이므로, 안전거리 규정의 예외로 보아 설치를 허용했다.
- **결과**: 군사 시설의 안전성을 확보하고, 불합리한 규제 적용으로 인한 위험 방치를 해결했다.

Case 22 [인용] "마약범 잡아야 하는데, CCTV 얼굴인식 써도 됩니까?"

- 마약 밀반입 차단을 위한 지능형 CCTV(안면인식) 활용 허용 -

• **사안**: 관세청은 급증하는 마약 밀반입을 막기 위해 공항·항만 세관 구역에 '지능형 CCTV'를 도입하여 수사 대상 여행자의 얼굴 정보를 분석·추적하고자 했다. 인력 감시로는 한계가 명확했기 때문이다.

• **쟁점**: 국가인권위원회가 '실시간 원격 얼굴인식 기술'이 인권을 침해할 우려가 있다며 공공기관의 도입 자제를 권고한 바 있어, 「개인정보 보호법」상 민감정보(얼굴 등) 처리가 가능한지 논란이 되었다.

• **난관**: 마약 범죄의 심각성에도 불구하고, 인권위 권고와 개인정보 보호 규정 때문에 관세청은 첨단 장비 도입을 주저하고 있었다.

• **해결**: **[감사원 컨설팅]** 감사원은 「개인정보 보호법」상 '범죄의 예방 및 수사를 위하여 필요한 경우'에는 민감정보 처리가 가능하다는 점을 확인했다. 마약 밀반입 차단이라는 '공공의 안전과 이익'이 매우 크고, 세관 공무원에게는 사법경찰관의 지위가 부여되어 있으므로, 수사 대상자에 한해 얼굴 정보를 활용하는 것은 법적으로 허용된다고 판단했다. 다만, 암호화 및 보관 기간 최소화 등 철저한 보호 조치를 조건으로 달았다.

• **결과**: 마약 청정국 지위를 위협하는 밀수 범죄에 대해 과학적이고 효율적인 감시 체계를 구축할 수 있게 되었다.

Case 23 [의견제시] "철강값이 2배 뛰었는데, 계약 금액 좀 현실화해주세요"

- 설치조건부 구매계약의 물가 변동 반영 및 중재 유도 -

- **사안:** 4개 발전사(중부, 서부, 동서, 남동)는 야외 저탄장 옥내화 사업을 '설치조건부 구매계약(물품+공사)'으로 발주했다. 계약 후 철강 가격이 급등하자 시공사들은 "이 돈으로는 공사 못 한다"며 계약 형태를 '공사 계약'으로 바꿔주거나 손실을 보전해달라고 요구했다.

- **쟁점:** 이미 체결된 '구매 계약'을 '공사 계약'으로 변경하는 것은 입찰 질서를 해치는 행위라 불가능했다. 또한, 계약상 물가 변동은 '지수조정율(공산품 지수)'을 따르게 되어 있어, 실제 철강재 폭등분을 반영하기에는 턱없이 부족했다.

- **난관:** 발전사는 계약 원칙을 고수했고, 시공사는 손실을 호소하며 공사 중단 위기까지 갔다. 공사가 늦어지면 발전소 가동이 중단될 수도 있는 상황이었다.

- **해결:** **[감사원 컨설팅]** 감사원은 계약 형태 변경(구매→공사)은 불가하다고 선을 그었다. 그러나 국가적 중요 시설인 발전소의 정상 가동과 비산먼지 저감이라는 공익을 위해, 계약 당사자 간 중재를 통한 해결을 제안했다. 구체적으로는 '당초 지수조정 금액'과 '실제 철강재 지수를 반영한 금액'의 차액 범위 내에서 분쟁 대상 금액을 산정하고, 상사중재원 등을 통해 합리적인 타협점을 찾도록 유도했다.

- **결과:** 경직된 계약 규정에 묶여있던 갈등을 '중재'라는 제도를 통해 풀도록 하여, 시공사의 자금난을 완화하고 국책 사업의 중단을 막았다.

Case 24 [인용] "정수장을 몰래 넓혔는데, 부수고 다시 지어야 합니까?"

- 변경 승인 누락된 개발제한구역 내 정수장 증축의 사후 양성화 -

• **사안:** 경북 고령군은 2008년부터 고령정수장을 운영하면서, 늘어나는 물 수요에 맞춰 시설을 4차례나 증축했다. 그런데 그 과정에서 필수적인 '개발제한구역 관리계획 변경 승인' 절차를 누락한 사실이 뒤늦게 밝혀졌다. 원칙대로라면 불법 건축물이니 철거하고 원상복구해야 했다.

• **쟁점:** 철거하고 다시 지으려면 153억 원이 들고, 2년 동안 고령·성주 지역에 수돗물 공급이 끊기는 대참사가 예상되었다.

• **난관:** 명백한 절차 위반이지만, 원상복구의 사회적 비용이 너무 컸다.

• **해결:** **[감사원 컨설팅]** 감사원은 원상복구가 공익을 심각하게 해친다는 점을 인정했다. 비록 절차는 어겼지만 해당 시설이 주민 생활에 필수적인 정수장이고, 사후에라도 절차를 밟으면 승인 가능한 시설임을 고려했다. 따라서 원상복구 없이 사후에 변경 승인 절차를 밟아 양성화하도록 허용했다. (단, 재발 방지 대책 수립 조건)

• **결과:** 수돗물 공급 중단이라는 최악의 사태를 막고, 행정의 실질적 합리성을 도모했다.

Case 25 [의견제시] "청소년 버스비 지원, 일일이 영수증 받아야 합니까?"

- 버스 무상운임 지원 예산의 편성 항목(보상금 vs 보조금) 및 정산 절차 간소화 -

- **사안**: 충청남도는 청소년 버스비 무료화 사업을 진행하면서, 기존의 '선 결제 후 환급' 방식이 불편하다는 민원에 따라, 청소년은 그냥 타고 도가 나중에 버스회사에 요금을 일괄 정산해 주는 방식으로 바꾸려 했다.
- **쟁점**: 이 예산을 '기타 보상금'으로 잡으면 정산이 간편하지만 관리감독이 어렵고, '운수업계 보조금'으로 잡으면 버스회사가 보조금법에 따라 복잡한 실적 보고를 해야 해서 버스업계가 반발했다.
- **해결**: **[감사원 컨설팅]** 감사원은 두 비목 모두 가능하다고 보았다. 다만, 예산 투명성을 위해 '보조금'으로 편성하되, 운수업체의 행정 부담을 덜어주는 절충안을 제시했다. 즉, 복잡한 영수증 증빙 대신 '청소년 무상탑승 정보 내역(교통카드 데이터)' 자체를 실적 보고서로 갈음할 수 있도록 하여 정산 절차를 대폭 간소화했다.
- **결과**: 행정의 투명성을 지키면서도 버스업계의 불필요한 서류 작업을 없애 제도의 효율성을 높였다.

Case 26 [인용] "재판 중인데 돈을 줄 순 없잖아요. 보류해도 됩니까?"

- 원전 조기폐쇄 관련 재판 확정 시까지 비용보전 절차 보류 허용 -

• **사안:** 한국수력원자력(한수원)은 월성1호기 조기 폐쇄로 입은 손해 7,277억 원을 보전해달라고 산업부에 신청했다. 규정상 산업부는 180일 내에 심의해야 한다. 그러나 당시 조기 폐쇄 결정 과정의 위법성을 다투는 형사 재판이 진행 중이었다.

• **쟁점:** 재판 결과 '조기 폐쇄가 불법'이라고 판결 나면, 불법 행위에 대해 국민 세금으로 보상해 주는 꼴이 된다. 하지만 규정된 처리 기한(180일)을 넘겨 심의를 미루는 것이 적법한지 문제였다.

• **해결:** **[감사원 컨설팅]** 감사원은 처리 기한 규정은 행정청을 독려하기 위한 '훈시 규정'으로 보았다. 수천억 원의 혈세가 걸린 문제에서 재판 결과를 확인하지 않고 성급하게 집행하는 것은 공익에 반할 우려가 크며, 재판 결과가 심의의 핵심 전제가 되므로 판결 확정 시까지 절차를 보류하는 것은 타당하다고 판단했다.

• **결과:** 불확실한 상황에서의 성급한 예산 집행을 막고 행정의 신뢰성을 확보했다.

Case 27 [인용] "화학사고 현장에 나간 공무원, 야근 수당 4시간만 줍니까?"

- 화학사고 대응 현장 출동 공무원의 시간외근무명령 상한 예외 적용 허용 -

- **사안:** 환경부 화학재난합동방재센터 공무원들은 화학사고 발생 시 밤낮없이 현장에 출동하여 수습 업무를 수행한다. 그러나 규정상 시간외근무는 하루 4시간까지만 인정되어, 실제 근무 시간보다 턱없이 적은 수당을 받고 있었다.

- **쟁점:** 「공무원수당규정」은 예산 사정 등을 고려해 시간외근무 상한을 두고 있다. 다만, '재난 대응' 등 불가피한 경우에는 예외를 인정하는데, 화학사고 대응이 이에 해당하는지가 문제였다.

- **해결:** **[감사원 컨설팅]** 감사원은 화학사고는 예측 불가능하고 긴급 대응이 필수적인 '재난 상황'에 해당한다고 보았다. 따라서 사고 현장에 출동하여 근무한 시간에 대해서는 상한 시간 제한 없이(실제 근무 시간만큼) 시간외근무를 인정하는 것이 타당하다고 판단했다.

- **결과:** 격무에 시달리는 현장 공무원들의 정당한 보상을 보장하고 사기를 진작시켰다.

Case 28 [인용] "매립장 침출수, 하수처리장에서 깨끗해지는데 또 걸러야 합니까?"

- 광역위생매립장 침출수 색도 배출허용기준 적용 제외 허용 -

- **사안:** 광주광역시 위생매립장은 침출수를 인근 하수처리장으로 보내 처리하고 있었다. 하수처리장을 거치면 물의 탁도(색도)가 기준치 이하로 깨끗해지는데, 새로 바뀐 법(환경오염시설법)에 따라 매립장에서 나갈 때부터 색도 기준을 맞춰야 하는 상황이 되었다.

- **쟁점:** 매립장 내에 색도 저감 시설을 새로 설치하려면 40억 원이 든다. 어차피 하수처리장에서 걸러지는데, 매립장에 중복 투자를 해야 하는지가 문제였다.

- **난관:** 법 규정상 배출구별 기준 준수가 원칙이라 예외를 인정받기가 까다로웠다.

- **해결:** **[감사원 컨설팅]** 감사원은 최종 방류수 수질이 기준치를 충족한다면, 중간 단계인 매립장에 중복 시설을 설치하는 것은 예산 낭비라고 보았다. 하수처리장 최종 방류구에 색도 측정기를 설치하여 상시 감시하는 조건을 달아, 매립장 자체의 색도 저감 시설 설치 의무를 면제해 주었다.

- **결과:** 40억 원의 불필요한 예산 낭비를 막고 합리적인 환경 관리 체계를 구축했다.

2. 불인정 사례

Case 29 **[반려] "법에 기한이 없는데 늦게 신고하면 고발해야 하나요?"**

- 법령 미비에 따른 제재 처분(고발) 기준 질의 -

- **사안**: 환경부는 대기오염 측정기기 관리대행업의 변경등록 기한이 법령에 명시되지 않은 상태에서, 사업자가 뒤늦게 변경등록을 신청한 경우 이를 고발해야 하는지 문의했다.

- **사유**: 위법 행위에 대한 고발 여부는 행정청이 위반의 고의성, 피해 정도 등을 종합적으로 고려하여 자체적으로 판단해야 할 재량 영역이다. 또한 법령의 미비점(기한 미설정)은 입법적으로 보완해야 할 사항이지, 감사원이 컨설팅을 통해 개별 사안의 처벌 여부를 결정해 줄 사안이 아니다. 이는 책임 회피성 질의에 해당한다.

Case 30 [기각] "무기 개발도 유연하게 '협약'으로 하면 안 되나요?"

- 무기체계 연구개발에 '계약' 대신 '협약' 적용 불가 -

- **사안:** 방위사업청은 무기 개발 과정에서 업체 부담(지체상금 등)을 줄여주기 위해, 엄격한 '계약' 방식 대신 일반 국가 R&D처럼 유연한 '협약' 방식을 시범 도입하고 싶어 했다.

- **사유:** 현행 「방위사업법」과 관련 규정들은 무기체계 연구개발은 원칙적으로 '계약'에 의하도록 명시하고 있다. 감사원은 법령이 개정되지 않은 상태에서, 명문의 규정을 거스르며 임의로 협약 방식을 적용하는 것은 불가능하다고 판단했다. 제도의 취지가 좋아도 법치행정의 테두리를 벗어날 수는 없다는 것이다.

Case 31 [반려] “돈 떼인 하도급 업체, 구청이 대신 갚아줘도 됩니까?”

- 법적 의무 없는 지자체의 대위변제 불가 -

- **사안:** 인천 계양구의 공사 현장에서 원도급사가 부도나 하도급 업체들이 돈을 못 받게 되었다. 민원이 빗발치자 계양구는 구청 예산으로 하도급 업체에 돈을 먼저 주고(대위변제), 나중에 원도급사에게 소송을 걸어 받아내겠다고 했다.

- **사유:** 지자체가 민간 기업(원도급사)의 빚을 대신 갚아줄 법적 근거가 전혀 없다. 게다가 원도급사는 이미 망해서 돈을 돌려받을 가능성(구상권 실현)도 희박했다. 감사원은 이는 전형적인 예산 낭비이자 배임 행위가 될 수 있다며, 단순히 민원을 잠재우기 위해 법적 원칙을 어겨서는 안 된다고 반려했다.

Case 32 [반려] "분쟁이 났는데 국유지를 팔아서 해결하면 안 될까요?

- 개발 불가능한 국유지 매각을 통한 민원 해결 시도 반려 -

- **사안**: 강원도 철원군 민통선 인근 전략촌에서 토지 소유자와 입주민 간 분쟁이 발생했다. 강원도는 이를 해결하기 위해 인근 국유지(산)를 사들여 입주민들에게 집터로 나눠주려 했다.

- **사유**: 해당 국유지는 도로도 없는 맹지이자 보전관리지역이라, 땅을 나눠줘 봤자 집을 지을 수 없는 땅이었다. 감사원은 집을 지을 수 있게 하려면 복잡한 개발행위 허가나 지구단위계획 수립이 선행되어야 하는데, 강원도가 이런 기본적인 법적 검토조차 없이 무작정 땅만 팔겠다고 신청했다며 반려했다. "자체 검토가 부실한 경우"는 컨설팅 대상이 아니라는 원칙을 적용했다.

Case 33 [반려] "우리 땅 밑으로 GTX 지나가는데, 안전진단 비용 내도 됩니까?"

- 법적 의무 없는 비용 지출 및 사후 컨설팅 신청 반려 -

- **사안:** 한국지역난방공사가 파주시에 기부채납한 스포츠센터 지하로 GTX 노선이 지나가게 되었다. 파주시는 공사 측에 안전성 검증 용역을 해달라고 요청했고, 공사는 이를 자사 예산(자문료)으로 집행해도 되는지 물었다.

- **사유:**
  1. 업무 무관: 이미 지자체에 넘겨준 건물의 안전 진단은 소유주인 파주시나 원인자(GTX 사업자)가 해야 할 일이지, 지역난방공사의 업무와 무관하여 예산 집행이 불가능하다.
  2. 이미 집행: 공사는 컨설팅 신청 전에 이미 용역 계약을 체결해 버렸다. '이미 행해진 처분'은 사전컨설팅 대상이 아니라는 원칙에 따라 반려되었다.

Case 34 [반려] "사회복무요원을 지하철 스크린도어 안전 요원으로 써도 됩니까?"

- 사회복무요원 임무 지정에 관한 소관 부처 재량 -

- **사안:** 국토교통부는 철도 지하철역의 스크린도어 고장 등 안전사고 예방을 위해 인력이 부족하자, 사회복무요원을 '업무분담역(안전관리)'으로 배치할 수 있는지 문의했다.
- **사유:** 사회복무요원의 구체적인 임무 배정은 병무청과 복무 기관이 협의하여 결정할 사안이다. 감사원은 이는 적극행정 컨설팅 대상이라기보다 인력 운영의 적절성을 따지는 문제이므로, 병무청 등 관계 기관과 협의하여 자체적으로 결정하라며 반려했다.

Case 35 [반려] "소송 중인 지진 피해 현장, 안전 관리는 누가 합니까?"

- 소송 및 책임 소재가 불분명한 사안에 대한 예산 지원 반려 -

- **사안:** 포항 지진의 원인으로 지목된 지열발전소 부지의 안전 관리 문제가 대두되었다. 산업부는 부지 소유자와 임대차 계약을 맺고 안전 관리 비용을 지원하려 했으나, 현재 지진 피해에 대한 손해배상 소송이 진행 중이라 책임 소재가 민감했다.
- **사유:** 감사원은 소송 결과에 따라 국가의 배상 책임 범위가 결정될 사안인데, 미리 임대차 계약을 맺고 비용을 지원하는 것은 향후 소송에 영향을 줄 수 있고 예산 낭비 우려가 있다며 반려했다. (안전 조치는 필요하나, 방식에 신중을 기해야 한다는 취지)

Case 36 [반려] "환경영향평가에서 안 된다고 했는데, 허가해 주면 안 될까요?"

- 환경영향평가 협의 내용을 무시한 허가 강행 불가 -

- **사안:** 의성군에 태양광 발전 시설을 설치하려는데, 대구지방환경청이 소규모 환경영향평가에서 '부동의(불가)' 의견을 냈다. 의성군은 이를 무시하고 실시계획 인가를 내줘도 되는지 문의했다.
- **사유:** 「환경영향평가법」은 협의 기관의 의견을 반영하여 사업 계획을 승인하도록 규정하고 있다. 환경청이 환경 보전을 이유로 부동의한 사안을 지자체가 임의로 허가하는 것은 명백한 법령 위반이므로 허용될 수 없다.

Case 37 [기각] "개발제한구역인데 타워 좀 짓게 해주세요"

- 환경 보전 원칙에 위배되는 개발제한구역 관리계획 변경 불허 -

- **사안:** 경기도는 광명 가학산 근린공원(개발제한구역) 내에 전망 타워 등을 설치하고 싶어 했다. 당초 승인받을 때는 환경 등급이 3등급(개발 가능)이었으나, 이후 2등급(보전 원칙)으로 상향 조정된 곳이었다.
- **사유:** 국토교통부와 환경부의 협의 의견은 "1·2등급 지역은 원형 보전이 원칙"이라는 것이었다. 감사원은 환경 보전이라는 상위 가치와 관계 기관의 반대 의견을 무시하고 개발 계획을 변경·승인하는 것은 타당하지 않다고 기각했다.

Case 38 [반려] "케이블카 설비, 허가도 안 났는데 미리 사도 됩니까?"

- 인허가 전 설비 구매 계약 체결 시도 반려 -

- **사안**: 대구광역시는 비슬산 참꽃 케이블카 설치 사업을 추진하면서, 아직 환경영향평가 협의도 끝나지 않았고 궤도사업 허가도 안 난 상태에서 케이블카 기계 설비를 미리 구매(계약)하려고 했다.

- **사유**: 환경영향평가법 등 관련 법령은 '협의 절차 완료 전 공사 시행 금지'를 명시하고 있다. 설비를 미리 계약했다가 나중에 환경 협의가 불발되거나 노선이 변경되면 막대한 예산 낭비와 위약금 문제가 발생한다. 감사원은 법령이 금지하는 사전 계약을 허용해 줄 수 없다며 반려했다.

Case 39 [반려] "낡은 배 운항하게 해주세요, 대신 지원금도 주고요"

- 선령 기준 초과 유·도선의 행정처분 유예 및 보조금 지원 질의 반려 -

- **사안**: 「유선 및 도선 사업법」상 선령(배의 나이) 제한이 도입되어, 기준을 초과한 낡은 배들은 운항을 멈추거나 폐선해야 했다. 행정안전부는 섬 지역 교통 단절을 우려해, 이들에 대한 행정처분(운항 정지 등)을 유예해주고 새 배를 건조할 때 보조금까지 줄 수 있는지 물었다.

- **사유**: 선령 제한은 세월호 참사 이후 국민 안전을 위해 도입된 강력한 규제다. 감사원은 법령에 명확히 규정된 안전 기준을 행정청이 임의로 유예해 주는 것은 법 취지에 정면으로 반하며, 안전사고 위험을 키우는 일이라고 지적했다. 또한, 교통 단절 문제는 대체 선박 투입 등으로 이미 해결책이 마련되어 있어 굳이 불법 운항을 눈감아줄 명분도 약하다고 보았다. 따라서 법령상 명확한 사안이라며 반려했다.

- **교훈**: 국민 안전과 직결된 규제는 어떠한 명분으로도 타협할 수 없다는 원칙을 재확인했다.

Case 40 [반려] "허가 없이 만든 숲인데, 안 부수고 양성화해 주세요"

- 불법 전용 산지(도시숲)의 원상복구 면제 질의 반려 -

- **사안**: 산림청 산하 국유림관리소는 청사 부지(농지)에 농지전용 허가 없이 '도시숲'과 '유아숲체험원'을 조성해 8년간 운영해 왔다. 뒤늦게 불법 사실을 알게 된 지자체가 원상복구를 요구하자, 산림청은 "주민들이 잘 쓰고 있는 시설을 부수는 건 낭비"라며 그냥 허가를 내달라고 감사원에 물었다.

- **사유**: 「농지법」상 불법 전용 농지는 원상복구가 원칙이며, 예외적인 추인(양성화) 여부는 허가권자인 지자체장이 판단할 재량 사항이다. 감사원은 명백한 불법 행위에 대해 감사원이 나서서 면죄부를 줄 수는 없다며, 지자체와 협의하여 자체적으로 해결하라고 반려했다.

제4절.

[행정효율/이견조정]
기관 간 핑퐁게임, 마침표를 찍다

1. 인정 사례

Case 01	[인용] "변호사가 대신 신고해주면 수당을 줘도 되나요?"

- 비실명 대리신고 변호사단 운영 예산 집행 허용 -

- **사안**: 국민권익위원회는 공익신고자 보호를 위해 변호사가 대신 신고해 주는 '비실명 대리신고 제도'를 도입했으나, 비용 부담 때문에 이용 실적이 저조했다. 이에 권익위가 변호사단을 구성하고 예산으로 수당을 지원하려 했으나, 예산 목적 외 사용 논란이 있었다.
- **쟁점**: 법령에 변호사 수당 지원에 대한 명시적 근거가 없고, 당해 연도 예산 항목에도 없었다.

- **해결: [감사원 컨설팅]** 감사원은 공익신고자 보호 강화라는 법령의 입법 취지와 정책 목적 달성을 위해 예산 지원의 필요성을 인정했다. 서울시 등 타 지자체의 유사 사례도 참고하여, 기존 사업비(일반수용비) 내에서 집행하는 것은 가능하다고 판단했다. (단, 다음 해부터는 정식 예산 편성 권고)
- **결과:** 내부 고발자의 신변 노출 우려를 해소하여 공익 신고를 활성화하는 기반을 마련했다.

Case 02 [인용] "법이 바뀌기 전에 약속한 건데, 지켜야 하지 않나요?"

- 법령 개정 전 체결된 협약의 효력 인정 (공유재산 무상양여) -

- **사안:** 광주광역시는 2009년 호남대학교와 협약을 맺고, 시가 소유한 'IT 사이언스 스퀘어' 건물을 일정 기간 후 호남대에 '무상 양여(공짜로 줌)'하기로 했다.
- **쟁점:** 협약 체결 후인 2010년, 「공유재산법 시행령」이 개정되어 지자체가 민간(대학)에 재산을 무상으로 주는 것이 금지되었다. 광주시는 "법이 바뀌어서 못 준다"고 했고, 대학은 "약속을 지켜라"고 맞섰다.
- **난관:** 현행법을 따르면 위법이고, 협약을 따르면 법령 위반이 되는 상황이었다.
- **해결:** **[감사원 컨설팅]** 감사원은 '법적 안정성'과 '신뢰 보호'를 중시했다. 계약(협약)은 체결 당시의 법령에 따라 유효하게 성립되었으므로, 사후에 법령이 바뀌었다고 해서 과거의 약속까지 무효로 할 수는 없다고 판단했다. 따라서 광주시는 개정된 법령에도 불구하고, 당초 협약대로 건물을 대학에 무상 양여하는 것이 가능하다고 결론 내렸다.
- **결과:** 행정기관의 약속을 믿은 민간의 신뢰를 보호하고, 장기간 표류하던 재산권 분쟁을 종결지었다.

Case 03	[인용] "평창올림픽 남은 잉여금, 재단 만들어서 써도 되나요?"

- 긴급한 상황에서의 출자·출연기관 설립 전 협의 절차 사후 이행 허용 -

- **사안**: 평창동계올림픽 조직위원회가 해산하면서 남은 잉여금(수백억 원)을 관리할 '기념재단'을 급히 설립해야 했다. 강원도는 재단을 먼저 설립하고 사후에 행안부와 협의하여 출연기관으로 지정받으려 했으나, 법령상 '설립 전 협의'가 원칙이라 문제가 되었다.

- **난관**: 원칙대로라면 이미 설립된 재단을 해산하고, 행안부 협의를 거쳐 다시 설립해야 했다. 그러나 이 경우 IOC와의 계약 문제, 자금 이관 문제 등 엄청난 행정 낭비가 예상되었다.

- **해결**: **[감사원 컨설팅]** 감사원은 올림픽 조직위 해산 시한이 법으로 정해져 있어 긴박하게 재단을 설립할 수밖에 없었던 불가피한 사정을 인정했다. 또한, 형식적인 절차(설립 전 협의)를 지키기 위해 실질적인 공익(대회 유산 계승)을 해치는 것은 불합리하므로, 이미 설립된 법인이라도 사후에 협의 절차를 밟아 출연기관으로 지정받을 수 있도록 허용했다.

- **결과**: 불필요한 법인 해산 및 재설립 비용을 절감하고, 올림픽 유산 사업의 연속성을 보장했다.

Case 04 [인용] "파리 문화원 건물 파는데, 왜 우리 예산을 씁니까?"

- 국외 일반재산의 관리 · 처분 권한 및 비용 부담 주체 정리 -

- **사안**: 파리 한국문화원이 새 건물로 이전하면서 구(舊) 청사를 매각해야 했다. 관리청인 문체부는 이를 외교부로 넘기려 했으나, 외교부는 "팔 때 드는 비용(약 4억 원)도 문체부가 내라"며 인수를 거부했다.

- **쟁점**: 「국유재산법」과 「재외공관재산법」 간의 해석 차이로, 국외 재산의 처분 주체와 비용 부담 주체가 불명확하여 부처 간 핑퐁 게임이 벌어졌다. 특히 국제 소송(ISDS) 관련 강제집행 위험 때문에 처분 방식을 결정하기도 어려웠다.

- **해결**: **[감사원 컨설팅]** 감사원은 법령상 국외 일반재산의 관리 · 처분 권한은 외교부 장관에게 있으며, 관련 비용 또한 외교부 예산으로 집행하는 것이 원칙임을 명확히 했다. 또한, 강제집행 위험 등을 고려해 매각 시기는 관계부처 협의체가 유연하게 결정하도록 했다.

- **결과**: 부처 간 떠넘기기로 방치될 뻔한 국유재산 관리 문제를 해결하고, 효율적인 매각 추진의 발판을 마련했다.

Case 05 [인용] "상황이 바뀌었는데 옛날 약속을 꼭 지켜야 하나요?"

- 사정 변경에 따른 농지전용 협의 조건의 변경 허용 -

- **사안**: 서산 바이오·웰빙 특구 사업 계획이 변경(자동차 연구시설 확장 등)되어 농림부에 농지전용 재협의를 요청했다.
- **쟁점**: 과거 농림부는 특구 지정을 동의해주면서 "북측 부지 공사가 안 되면 남측 부지는 특구에서 뺀다"는 조건을 걸었었다. 농림부는 이 '과거의 조건'에 묶여, 경제 활성화를 위한 계획 변경에 동의해주기를 주저하고 있었다.
- **해결**: **[감사원 컨설팅]** 감사원은 행정청의 협의 조건은 법적 구속력이 있지만, 중대한 사정 변경(경제 여건 변화, 기업 투자 확대 등)이 있다면 이를 반영해 기존 조건을 변경하거나 철회하는 것도 행정청의 정당한 재량권 행사라고 보았다.
- **결과**: 과거의 약속에 얽매이지 않고 변화된 현실에 맞춰 유연하게 규제를 풀어줌으로써 기업 투자를 촉진했다.

Case 06 [인용] "급해서 재단부터 만들었는데, 나중에 승인받아도 되나요?"

- 평창올림픽 기념재단 설립 전 협의 절차의 사후 치유 허용 -

- **사안**: 평창올림픽 조직위 해산 시한이 임박하여, 잉여금을 관리할 '기념재단'을 급히 설립했다. 그런데 법령상 지자체 출연기관 지정은 '설립 전'에 행안부와 협의해야 했다.

- **난관**: 원칙대로라면 이미 만든 재단을 해산하고 협의 후 다시 만들어야 하는데, 이 경우 IOC와의 계약 파기 등 엄청난 행정 비용이 예상되었다.

- **해결**: [감사원 컨설팅] 감사원은 법정 기한(조직위 해산) 내에 재단을 설립해야 했던 불가피한 사정을 인정했다. 또한, 아직 지자체 예산(출연금)이 투입되기 전이므로, 사후에라도 협의 절차를 충실히 이행한다면 출연기관으로 지정해 주는 것이 타당하다고 보았다. 무의미한 절차 반복을 막은 것이다.

Case 07	[인용] "대통령 전용기 방어 장비, 미국이 하라는 대로 계약해도 되나요?"

- 공군 1호기 미사일 방어체계 구축을 위한 수의계약 허용 -

• **사안**: 국방부는 대통령 전용기(공군 1호기)에 미사일 방어체계를 장착해야 했다. 미국 정부는 보안상의 이유로 특정 업체(LAIRCM 제작사)와 특정 계약 방식(FMS와 상업구매 혼합)을 요구했다.

• **쟁점**: 국가계약법상 경쟁 입찰이 원칙인데, 미국 정부가 지정한 단일 업체와 수의계약을 맺는 것이 특혜 시비나 법령 위반 소지가 있는지 문제였다.

• **난관**: 규정대로 경쟁 입찰을 고집하면 미국 정부가 판매를 승인하지 않아 사업 자체가 무산될 위기였다.

• **해결**: **[감사원 컨설팅]** 감사원은 대통령 전용기의 안전은 국가 안보와 직결된 사안이며, 해당 장비는 미국 정부의 수출 통제 품목이라 공급자가 유일하여 경쟁이 성립할 수 없는 경우에 해당한다고 보았다. 따라서 미국 정부가 요구하는 조건에 맞춰 수의계약을 체결하는 것이 타당하다고 판단했다.

• **결과**: 국가 원수의 안전을 담보할 핵심 방어 체계를 적기에 구축할 수 있는 법적 근거를 마련했다.

Case 08 [인용] "재개발 구역 학교 못 짓게 됐는데, 받은 돈은 어떡하죠?"

- 학교용지부담금의 대체 활용 허용 (학교 신설→증축) -

- **사안**: 서울 성북구 길음1구역 재개발 조합은 학교를 신설하기로 하고 교육청에 학교용지부담금(협약금)을 냈다. 그러나 학생 수 감소로 학교 신설 계획이 취소되었다.

- **쟁점**: 조합은 학교를 안 지으니 돈을 돌려달라고 하거나 다른 용도로 쓰게 해달라고 했으나, 교육청은 이미 받은 돈을 인근 과밀 학교의 증축(교실 증실) 비용으로 쓰고 싶어 했다. 협약서에는 '학교 신설'로만 되어 있어 목적 외 사용 논란이 있었다.

- **난관**: 학교 신설이 불가능해진 상황에서 기부채납 받은 돈을 사장시키거나 돌려주는 것은 교육 여건 개선이라는 공익에 반한다는 딜레마가 있었다.

- **해결**: **[감사원 컨설팅]** 감사원은 협약의 근본 목적이 '개발 사업에 따른 증가 학생 수용'에 있다고 해석했다. 학교 신설이 어렵다면, 인근 학교를 증축하여 학생을 수용하는 것도 당초 협약의 목적을 달성하는 유효한 방법이라고 판단했다. 따라서 조합과 변경 협약을 맺고 해당 자금을 증축비로 사용하는 것을 허용했다.

- **결과**: 불필요한 학교 신설을 막고, 확보된 재원을 인근 학교 환경 개선에 투입하여 예산 효율성을 높였다.

Case 09 [인용] “도서관을 지어야 하는데, 가운데 낀 국유지 도로 좀 없애주세요”

- 공공시설 건립을 가로막는 국유지(도로) 용도폐지 허용 -

- **사안**: 대구광역시는 도서관을 짓기 위해 부지를 매입했는데, 그 한가운데 국토부 소유의 국유지(도로)가 알박기처럼 끼어 있었다.
- **쟁점**: 도서관 부지 내에 포함된 도로는 사실상 도로 기능을 상실했으나, 국토부 규정상 대체 도로가 없으면 용도폐지가 까다로웠다.
- **해결**: **[감사원 컨설팅]** 감사원은 해당 국유지가 이미 도서관 부지로 둘러싸여 도로로서의 기능을 상실했고, 도서관 건립이라는 공익적 목적으로 사용될 예정이므로, 굳이 대체 도로 확보 등의 엄격한 요건을 따지지 않고 용도폐지 후 대구시에 매각 또는 양여하는 것이 타당하다고 판단했다.
- **결과**: 불필요한 행정 절차를 줄여 공공 도서관 건립 사업에 속도를 붙였다.

Case 10 [인용] "학교 시설 고치는데 결재 라인이 너무 깁니다"

- 교육지원청 교육시설관리센터장의 분임재무관 지정 허용 -

- **사안**: 경기도교육청은 일선 학교의 시설 보수 업무를 효율화하기 위해 교육지원청에 '교육시설관리센터'를 설치했다. 신속한 집행을 위해 센터장(5급)에게 계약 및 지출 권한(분임재무관)을 주려고 했다.

- **쟁점**: 「지방회계법」 등은 분임재무관을 '과장'급으로 지정하도록 하고 있는데, 센터장이 이에 해당하는지, 그리고 본청 재무관의 권한을 나누는 것이 회계 투명성에 문제가 없는지 논란이 있었다.

- **해결**: **[감사원 컨설팅]** 감사원은 학교 시설의 긴급 보수 등 현장 대응력을 높이기 위해서는 예산 집행의 분권화가 필요하다고 보았다. 센터장이 사실상 과장급 역할을 수행하고 있으며, 업무 효율성을 위해 센터장을 분임재무관으로 지정하여 독자적인 회계 관직을 부여하는 것이 가능하다고 해석했다.

- **결과**: 학교 시설 보수 소요 시간이 단축되고 일선 학교의 행정 부담이 경감되었다.

Case 11 [인용] "보상금 줄 돈이 없는데, 다른 예산 끌어다 써도 됩니까?"

- 코로나 19 손실보상금 예산의 전용(목적 변경) 허용 -

- **사안**: 코로나 19로 병원 등이 폐쇄되면서 손실보상금 신청이 폭주했다. 보건복지부는 보상금 심사를 위한 인력 운영비 등이 부족해지자, 확보해 둔 '손실보상금(직접비)' 예산 일부를 '운영비(간접비)'로 돌려 쓰고 싶어 했다.
- **쟁점**: 「국가재정법」상 예산은 정해진 목적대로 써야 하며, 전용은 제한적이다. 직접 보상비를 운영비로 쓰는 것이 적절한지 논란이 있었다.
- **해결**: **[감사원 컨설팅]** 감사원은 신속하고 정확한 보상금 지급을 위해서는 심사 인력과 시스템이 필수적이라고 보았다. 따라서 보상금 지급이라는 본질적 목적을 달성하기 위한 부대 비용으로 보아, 기재부 승인을 거쳐 예산을 전용하여 사용하는 것을 허용했다.
- **결과**: 신속한 심사 체계를 갖추어 의료기관 등에 대한 손실 보상이 지체되지 않도록 했다.

Case 12 [인용] "주차장 땅 위에 주민센터를 올려 지어도 되나요?"

- 보조금으로 취득한 재산(주차장)의 복합 개발 허용 -

- **사안**: 고흥군은 국고보조금을 받아 공영주차장을 조성했다. 이후 이 주차장 부지 위에 '필로티(기둥)' 방식의 복합문화센터를 증축하여, 1층은 주차장, 2층 이상은 센터로 쓰려고 했다.
- **쟁점**: 「보조금법」상 보조금으로 취득한 재산은 10년 동안 승인 없이 다른 용도로 사용할 수 없다. 주차장 땅에 건물을 짓는 것이 '처분의 제한' 위반인지가 문제였다.
- **해결**: **[감사원 컨설팅]** 감사원은 필로티 방식으로 건물을 지으면 기존 주차 면수가 유지되어 주차장 기능을 훼손하지 않으면서, 유휴 공간을 활용해 주민 편의시설을 확충하는 것이므로 보조금 교부 목적에 위배되지 않는다고 판단했다.
- **결과**: 토지 매입비를 절감하고 주민 편의 시설을 효율적으로 확충했다.

Case 13 [인용] "공사는 따로따로지만 감독은 한 번에 하면 안 됩니까?"

- 동일 현장 내 별개 공사의 통합 건설사업관리(감리) 허용 -

- **사안**: 제천시 하수처리장에서 '수처리시설 개량'과 '찌꺼기 처리시설 개량'이라는 두 개의 공사가 동시에 진행되고 있었다. 발주 시기가 달라 감리(건설사업관리) 계약도 따로 맺어야 했으나, 제천시는 효율성을 위해 이를 하나로 통합하고 싶어 했다.

- **쟁점**: 계약 시점이 다른 별개의 공사 건을 사후에 하나로 합치는 계약 변경이 가능한지, 법령상 근거가 미약했다.

- **해결**: **[감사원 컨설팅]** 감사원은 두 공사가 동일한 장소에서 동시에 진행되고 있고, 공종(하수처리)이 유사하여 통합 관리가 기술적으로 유리하며 예산 절감 효과도 크다는 점을 인정했다. 따라서 기존 감리 계약을 변경하여 과업을 추가하는 방식으로 통합 관리를 허용했다.

- **결과**: 현장 관리의 효율성을 높이고 예산 낭비를 방지했다.

Case 14 [인용] "공공주택을 싸게 공급하려면 땅값을 어떻게 매겨야 합니까?"

- 태릉골프장 부지 활용 공공주택 사업의 국유지 보상가액 산정 기준 제시 -

- **사안**: 정부의 8.4 주택공급 대책에 따라 국방부 소유 태릉골프장을 LH에 넘겨 공공주택을 짓기로 했다. 방식은 '기부 대 양여'였다.
- **쟁점**: LH가 국방부에 지어줄 대체 시설 비용(기부)과 맞바꿀 태릉골프장 부지(양여)의 가격을 매길 때, '현재 용도(체육시설)' 기준으로 싸게 평가할지, '미래 용도(주택용지)' 기준으로 비싸게 평가할지가 문제였다.
- **난관**: 비싸게 평가하면(미래 용도) LH의 조성 원가가 올라가 아파트 분양가가 상승하고, 싸게 평가하면(현재 용도) 국유재산 저가 매각 논란이 있을 수 있었다.
- **해결**: **[감사원 컨설팅]** 감사원은 이 사업의 목적이 '서민 주거 안정'에 있음을 강조했다. 공공주택의 저렴한 공급이라는 정책 목표를 달성하기 위해서는, 양여 재산의 가치를 도시계획 변경 전의 '현재 용도(자연녹지 등)'를 기준으로 산정하여 조성 원가를 낮추는 것이 타당하다고 판단했다.
- **결과**: 수도권 주택 공급 확대를 위한 국책 사업의 걸림돌을 제거하고 서민 주거비 부담 완화에 기여했다.

Case 15 [인용] "통신망을 빌려 쓰는데, 전국 입찰로 해야 합니까?"

- 한전 배전자동화 시스템 통신회선 임차 계약의 지역별 분할 발주 허용 -

- **사안**: 한국전력공사는 전국 배전망을 제어하는 통신 회선을 통신사로부터 빌려 쓰고 있다. 계약 투명성을 위해 본사가 전국 단위로 통합 경쟁 입찰을 하려 했다.
- **쟁점**: 통신사별로 망이 깔려 있는 지역이 다르다. 전국 단일 사업자를 뽑으면, 특정 지역에 망이 없는 사업자는 참여 자체가 불가능하거나 재하도급을 줘야 하는 비효율이 발생한다.
- **난관**: 국가계약법은 통합 발주를 권장하지만, 이 경우 오히려 경쟁을 제한하고 통신 품질을 떨어뜨릴 우려가 있었다.
- **해결**: **[감사원 컨설팅]** 감사원은 통신 설비의 지역별 편차라는 특수성을 인정했다. 획일적인 전국 통합 발주보다는, 지역 본부별로 나누어 입찰(지역별 분할 발주)을 진행하는 것이 실질적인 경쟁을 유도하고 통신망의 안정성을 확보하는 길이라고 판단했다.
- **결과**: 전력망 제어 시스템의 안정성을 높이고, 통신 사업자 간의 공정한 경쟁 환경을 조성했다.

Case 16 [인용] "EBS 인강 제작, 용역으로 줄까요? 보조금으로 줄까요?"

- 교육 콘텐츠 제작 사업의 보조금 지원 방식 허용 -

• **사안:** 교육부는 코로나19에 따른 원격 수업 지원을 위해 EBS에 343억 원을 투입하여 교육 콘텐츠를 제작하려 했다. 이를 '조달 계약(용역)'으로 할지, '민간 보조금'으로 할지 결정하지 못했다.

• **쟁점:** 기재부 지침상 유형의 결과물이 나오는 사업은 '용역'이 원칙이다. 그러나 용역으로 하면 저작권이 국가에 귀속되어, EBS가 이를 교재 판매 등 수익 사업(재정 자립)에 활용할 수 없게 된다.

• **난관:** EBS의 특수성(공영방송, 자체 재원 조달 필요)과 사업의 효율성을 고려할 때 보조금 방식이 유리하나, 지침 위반 소지가 있었다.

• **해결: [감사원 컨설팅]** 감사원은 EBS가 이미 보유한 방송 인프라와 인력을 활용하는 것이 가장 효율적이며, 저작권을 EBS가 갖도록 하여 교재 판매 수익 등을 콘텐츠 재투자에 쓰게 하는 선순환 구조가 공익에 더 부합한다고 보았다. 따라서 용역 대신 보조금 교부 방식으로 사업을 추진하도록 허용했다.

• **결과:** 양질의 원격 교육 콘텐츠를 신속하게 확보하고, 공영방송의 자립 기반을 지원했다.

Case 17 [인용] "나라끼리 땅을 사고파는데, 할부는 안 됩니까?"

- 국유재산 유상 관리전환 시 매각 대금 분할 납부 허용 -

- **사안:** 보건복지부는 국립중앙의료원을 미군 공병단 부지로 이전하려 했다. 해당 부지는 국방부 소유이므로 복지부가 돈을 주고 사와야(유상 관리전환) 했다. 땅값만 수천억 원이라 일시 납부가 어려웠다.

- **쟁점:** 「국유재산법」상 일반인에게 파는 '매각'은 분할 납부가 가능하지만, 부처끼리 주고받는 '관리전환'에는 분할 납부 규정이 없었다.

- **해결: [감사원 컨설팅]** 감사원은 국가 감염병 대응의 중추 시설인 중앙의료원 신축의 시급성과 공익성을 인정했다. 예산 사정을 고려할 때, 매각 규정을 유추 적용하여 유상 관리전환 시에도 대금을 5년에 걸쳐 분할 납부할 수 있도록 허용하는 것이 국가 전체 이익에 부합한다고 판단했다.

- **결과:** 막대한 초기 예산 부담을 덜어주어 국립중앙의료원 이전 사업의 물꼬를 텄다.

Case 18. [인용] "개발 계획 살짝 바꾸는데, 장관 승인까지 받아야 하나요?"

- 지역개발계획의 경미한 변경 범위 확대 해석 -

- **사안:** 강원도는 '동강시스타' 리조트의 경영 정상화를 위해 골프장 면적을 줄이고 숙박 시설을 늘리는 계획 변경을 추진했다.
- **쟁점:** 「지역개발지원법」상 '중대한 변경'은 국토부 장관 승인을, '경미한 변경'은 도지사가 자체 처리할 수 있다. 전체 면적 변화는 없으나 내부 용도별 면적이 30% 이상 변하는 경우를 어떻게 볼 것인지가 문제였다.
- **해결:** **[감사원 컨설팅]** 감사원은 전체 사업비나 전체 면적의 증감이 크지 않고, 사업의 본질을 해치지 않는 범위 내에서의 내부 토지 이용 변경은 '경미한 변경'으로 보아 도지사가 신속하게 처리할 수 있다고 해석했다.
- **결과:** 행정 절차 기간을 5~8개월 단축하여 경영난을 겪는 지역 기업의 회생을 도왔다.

Case 19 [인용] "이미 있는 회사를 출자 기관으로 지정해도 됩니까?"

- 기설립 법인의 지자체 출자기관 지정 허용 -

- **사안**: 경북 문경시는 관광 개발을 위해, 이미 설립되어 운영 중인 '문경관광개발(주)'에 추가 출자를 하고 이를 시의 출자기관으로 지정·관리하고 싶어 했다.

- **쟁점**: 법령상 출자기관 지정은 '설립 전' 협의를 전제로 하고 있어, 이미 설립된 지 오래된 회사를 사후에 지정할 수 있는지 불명확했다.

- **해결**: **[감사원 컨설팅]** 감사원은 법령의 취지가 무분별한 설립을 막는 데 있지, 기존 법인의 공공성 강화를 막는 것은 아니라고 보았다. 요건을 갖춘 기존 법인을 사후에 출자기관으로 지정하여 체계적으로 관리·감독하는 것이 지방 재정의 건전성 확보에 도움이 된다고 판단하여 허용했다.

- **결과**: 지역 관광 개발 사업의 추진 동력을 확보하고 투명한 관리 체계를 마련했다.

Case 20 [인용] "지하철이 LH 땅 밑으로 지나가는데, LH가 보상받나요?"

- 공동사업시행자(LH) 소유 토지의 지하 부분 사용 보상 허용 -

- **사안:** 경기도는 하남선 복선전철을 건설하면서 LH가 소유한 토지(하남미사지구) 지하를 통과하게 되었다. LH는 하남선 사업의 공동시행자이기도 했다.

- **쟁점:** 통상 사업시행자는 자기 땅에 대해 보상하지 않는다(셀프 보상 불가). 그러나 LH는 "내 돈(LH 자체 계정)으로 산 땅을 지하철 사업(별도 계정)에 공짜로 쓰게 하면 배임이다"라고 주장했다.

- **난관:** 경기도는 "공동 시행자니까 무상 사용해야 한다", LH는 "회계가 다르니 보상해 달라"며 맞섰다.

- **해결:** **[감사원 컨설팅]** 감사원은 LH가 비록 공동시행자이지만, 해당 토지는 택지개발사업이라는 별개의 사업 목적으로 취득한 자산임을 인정했다. 따라서 지하철 사업비로 LH에게 지하 구분지상권 설정 비용(보상비)을 지급하는 것이 회계 독립성 원칙에 부합하다고 교통정리를 했다.

- **결과:** 기관 간 비용 분담 갈등을 해소하고 철도 건설 사업의 지연을 방지했다.

Case 21 [인용] "간송미술관 운영, 간송재단에만 맡겨도 되나요?"

- 대구 간송미술관 관리위탁의 수의계약 허용 -

- **사안**: 대구시는 대구 간송미술관을 건립하고, 운영을 간송미술문화재단에 맡기려 했다.

- **쟁점**: 공유재산 관리위탁은 경쟁입찰이 원칙이다. 특정 재단에 수의계약으로 맡기는 것이 특혜인지가 문제였다.

- **해결**: **[감사원 컨설팅]** 감사원은 대구 간송미술관의 건립 목적 자체가 '간송재단이 소유한 국보급 문화재의 전시'에 있다는 점을 핵심으로 보았다. 간송재단의 소장품 없이는 미술관 운영 자체가 불가능하므로, 이는 경쟁이 성립할 수 없는 특수한 경우에 해당하여 수의계약이 가능하다고 판단했다.

- **결과**: 불필요한 입찰 절차를 생략하고, 문화재 전문 재단이 미술관을 전담 운영하도록 하여 문화 향유권을 높였다.

Case 22 [인용] "유치원 지어준다는데 기부금으로 받아도 됩니까?"

- 공립 병설유치원 신축 기부채납을 위한 학교발전기금 운용 허용 -

- **사안:** 서울 남산초등학교에 금융그룹이 사회공헌 차원에서 병설유치원 건물을 지어 기부(약 60억 원)하겠다고 제안했다.
- **쟁점:** 「초·중등교육법」상 학교발전기금은 학교장이 조성·운용하는데, 병설유치원 건립 비용을 초등학교 발전기금으로 받아도 되는지, 아니면 교육청이 직접 받아야 하는지 규정이 모호했다.
- **난관:** 교육청이 지접 받으려면 절차가 복잡하고, 학교가 받사니 근거가 약해 기부 무산 위기였다.
- **해결:** **[감사원 컨설팅]** 감사원은 병설유치원이 초등학교와 통합 운영되는 시설이므로, 초등학교 발전기금회계에 유치원 계정을 두거나 별도 운용하는 방식으로 기부금을 접수하여 사업을 추진하는 것이 가능하다고 해석했다.
- **결과:** 민간의 자발적 기부를 통해 예산을 절감하고 최신식 돌봄 유치원을 확보했다.

Case 23 [인용] "백신 빚 갚아야 하는데, 남은 돈 써도 됩니까?"

- 세계잉여금을 활용한 재해복구 국고채무부담행위 상환 허용 -

- **사안**: 정부는 코로나19 백신을 시급히 확보하기 위해, 현금이 없을 때 외상으로 계약하는 '국고채무부담행위'를 통해 백신 구매 계약을 맺었다. 이후 전년도 예산 결산 결과 남은 돈(세계잉여금)이 발생하자, 기재부는 이를 백신 외상값(채무)을 갚는 데 쓰고 싶어 했다.

- **쟁점**: 「국가재정법」은 세계잉여금을 '국채 또는 차입금' 상환에 쓸 수 있다고 규정한다. '국고채무부담행위(외상)'가 법상 '국채'에 해당하는지가 불명확했다.

- **난관**: 법을 좁게 해석하면 잉여금이 있어도 빚을 못 갚고 이자만 늘어나는 비효율이 발생할 상황이었다.

- **해결**: **[감사원 컨설팅]** 감사원은 국고채무부담행위도 실질적으로는 국가가 갚아야 할 '확정된 채무'라는 점을 인정했다. 재난 대응을 위해 발생한 채무를 잉여금으로 조기 상환하는 것은 국가 재정 건전성 확보라는 법의 취지에 부합하므로, 이를 '국가 채무'의 범주에 포함해 상환을 허용했다.

- **결과**: 경직된 예산 칸막이를 걷어내고 국민 세금을 효율적으로 운용할 수 있게 했다.

Case 24 [인용] "배수지가 작아졌는데, 확장 비용을 왜 우리가 냅니까?"

- 고덕국제화지구 배수지 증설 비용 분담 주체 정리 -

- **사안**: 평택 고덕국제화지구 개발사업자인 LH는 당초 계획대로 배수지(수돗물 저장소)를 건설하고 비용 분담을 마쳤다. 그런데 인근에 삼성전자 반도체 공장(고덕산단)이 들어서면서 물 사용량이 급증해 배수지 용량이 부족해졌다.

- **쟁점**: 평택시는 "LH가 배수지를 더 크게 지어달라(비용 부담)"고 요구했고, LH는 "우리는 우리 몫을 다 냈다. 삼성전자 때문에 부족해진 걸 왜 우리가 내냐"며 거부했다. 이 갈등으로 시설 인수인계가 중단되었다.

- **난관**: 기반 시설 설치가 지연되면 입주민과 기업 모두 물 부족 피해를 볼 수 있는 상황이었다.

- **해결**: **[감사원 컨설팅]** 감사원은 '원인자 부담 원칙'을 명확히 했다. 배수지 증설의 원인은 LH의 택지 개발이 아니라 별도 사업인 산업단지(삼성전자 등)의 수요 증가에 있다. 따라서 증설 비용은 원인을 제공한 측(산업단지 사업시행자 또는 평택시)이 부담하는 것이 타당하며, LH에게 추가 부담을 지울 수 없다고 교통정리를 했다.

- **결과**: 수년간 끈질기게 이어진 기관 간 비용 분담 분쟁을 종결하고, 배수지 시설의 정상 가동을 도왔다.

Case 25 [인용] "전투기 만드는데 격납고 설계비도 미리 주나요?"

- KF-21 전투기 개발 사업비에 패키지 시설(격납고 등) 설계비 반영 허용 -

- **사안:** 한국형 전투기(KF-21) 체계 개발이 진행 중이었다. 전투기가 완성되어 배치되려면 특수 격납고 등 지원 시설이 동시에 필요하므로, 개발 단계에서 시설 설계도 미리 시작해야 했다.

- **쟁점:** 예산 원칙상 '무기 개발비(R&D)'와 '시설 공사비(전력운영비)'는 엄격히 구분된다. R&D 예산으로 시설 설계를 하는 것이 예산 목적 외 사용인지가 문제였다.

- **해결: [감사원 컨설팅]** 감사원은 전투기와 지원 시설은 불가분의 관계이며, 시설이 없어 전투기를 전력화하지 못하는 상황을 막기 위해서는 동시 진행이 필수적이라고 보았다. 따라서 체계 개발 예산에 시설 기본설계비를 포함하여 집행하는 것을 허용했다.

- **결과:** 국산 전투기의 적기 전력화를 위한 예산 집행의 칸막이를 걷어냈다.

Case 26 [인용] "실수로 환불했는데, 5배 물어내라니요?"

- 상생소비지원금 반환 시 제재부가금 부과 예외 인정 -

- **사안:** 상생소비지원금(카드 캐시백)을 받은 국민이 결제를 취소하면 지원금을 반환해야 한다. 그런데 「보조금법」은 부정 수급 시 지원금의 5배까지 '제재부가금'을 부과하도록 되어 있다.

- **쟁점:** 단순 결제 취소나 착오로 인한 반환자 수백만 명에게 징벌적 제재부가금을 부과하는 것이 현실적으로 가능한지, 법적 의무인지가 문제였다.

- **해결:** **[감사원 컨설팅]** 감사원은 단순 구매 취소 등은 '부정한 방법'으로 보조금을 편취한 경우가 아니므로, 제재부가금 부과 대상에서 제외하거나 전액 면제하는 것이 법의 취지와 행정 효율성에 부합한다고 판단했다.

- **결과:** 전 국민 대상 사업에서 발생할 수 있는 불필요한 행정 혼란과 국민 불편을 사전에 차단했다.

Case 27 [인용] “입찰이 계속 유찰인데, 가격 좀 올려주면 안 됩니까?”

- 유찰된 공사의 예정가격 재산정 허용 -

- **사안:** 전라남도는 ‘장산~자라 간 연도교’ 개설 공사를 턴키(설계·시공 일괄) 방식으로 발주했으나, 낮은 공사비 때문에 4차례나 유찰되었다.
- **쟁점:** 규정상 재공고 입찰 시 예정가격(공사비 상한)을 변경할 수 있는지 명확하지 않았다. 가격을 올리지 않으면 영원히 유찰될 상황이었다.
- **해결: [감사원 컨설팅]** 감사원은 물가 변동이나 설계 조건 변경 등 객관적인 사유가 있다면, 유찰 후 재공고 시 예정가격을 현실화(증액)하여 다시 입찰에 부치는 것이 가능하다고 해석했다. 무조건적인 저가 계약보다는 사업의 적기 추진이 더 중요하다고 본 것이다.
- **결과:** 만성적인 유찰로 표류하던 도서 지역 숙원 사업의 추진 동력을 확보했다.

Case 28 [인용] "복권이 다 팔렸는데, 더 찍어도 됩니까?"

- 수요 폭증에 따른 인쇄복권 제조 계약 물량 증액 허용 -

- **사안:** 즉석식 인쇄복권(스피또 등)의 인기가 높아져 예상보다 빨리 매진되었다. 복권위원회는 기존 인쇄 업체와의 계약 물량을 늘려 추가 발행을 하고 싶어 했다.

- **쟁점:** 국가계약법상 계약 물량 변경은 10% 이내로 제한되는 것이 원칙이다. 이를 초과하여 대량으로 증액하는 것이 특혜인지가 문제였다.

- **해결: [감사원 컨설팅]** 감사원은 복권 발행은 국가 독점 사업이고, 보안성 때문에 다른 인쇄소를 찾기 어려운 특수성을 인정했다. 기금 수입 증대라는 공익을 위해 기존 업체와 변경 계약을 통해 물량을 늘리는 것이 불가피하다고 판단했다.

- **결과:** 복권 판매 중단 사태를 막고 복권기금 조성을 원활하게 했다.

Case 29 [인용] "성당 땅에 지은 시설, 성당이 관리하면 안 되나요?"

- 종교 부지 내 공공 시설물의 토지 소유자(종교단체) 관리위탁 허용 -

• **사안**: 칠곡군은 천주교 성지인 '한티성지' 땅을 빌려 '억새마을'이라는 관광 시설을 지었다. 시설 관리를 땅 주인인 천주교 재단에 맡기려는데, 수의계약이 가능한지가 쟁점이었다.

• **해결**: **[감사원 컨설팅]** 감사원은 해당 시설이 성지 내부에 위치해 있고 진입로 등을 교회가 소유하고 있어, 제3자가 관리를 맡기에는 현실적으로 불가능(경쟁 성립 불가)하다고 보았다. 따라서 토지 소유자인 재단에 수의계약으로 관리를 위탁하는 것이 타당하다고 판단했다.

• **결과**: 특수한 입지 조건을 고려한 현실적인 운영 방안을 승인했다.

Case 30 [인용] "바빠서 실수할 수도 있는데, 나중에 징계받나요?"

- 소상공인 손실보상 집행 담당자에 대한 적극행정 면책 -

• **사안:** 중소벤처기업부는 코로나19 방역 조치로 피해를 본 소상공인에게 손실보상금을 지급해야 했다. 수백만 건을 신속하게 처리해야 하는데, 지침에 없는 애매한 케이스가 많았다.

• **쟁점:** 담당 공무원들은 "빨리 주려다 계산 실수나 자격 검증 오류가 생기면 나중에 감사원에서 징계받는 것 아니냐"는 두려움 때문에 소극적으로 심사할 우려가 컸다. 이는 보상금 지급 지연으로 이어진다.

• **난관:** 신속한 지급(적극행정)과 정확한 집행(규정 준수) 사이에서 실무진의 심리적 압박이 극에 달해 있었다.

• **해결:** **[감사원 컨설팅]** 감사원은 이 사업이 국가적 재난 극복을 위한 것으로, '신속한 처리' 자체가 공익이라고 규정했다. 사적인 비리가 없고 절차를 성실히 지켰다면, 설사 계산 착오나 지급 오류 등 과실이 발생하더라도 고의나 중과실이 없는 것으로 추정하여 면책하겠다는 파격적인 의견을 제시했다. 사후 환수 장치가 있다는 점도 고려되었다.

• **결과:** 일선 공무원들의 감사 공포를 덜어주어 소상공인들에게 손실보상금이 신속하게 지급될 수 있는 행정 환경을 조성했다.

Case 31 [인용] "열흘 뒤에 돈 줘야 하는데, 입찰할 시간이 없습니다"

- 소상공인 방역지원금 지급을 위한 용역 계약 변경(과업 추가) 허용 -

- **사안:** 중소벤처기업부는 2021년 12월 17일, 코로나19 방역 조치 강화로 피해를 본 소상공인에게 '방역지원금(100만 원)'을 지급한다고 발표했다. 지급 개시일은 불과 10일 뒤인 12월 27일이었다.

- **쟁점:** 시스템 구축과 콜센터 운영을 위해서는 새로운 용역 계약을 맺어야 하는데, 「국가계약법」상 경쟁 입찰을 거치려면 최소 수십 일이 소요된다. 물리적으로 불가능한 일정이었다.

- **난관:** 중기부는 기존에 '희망회복자금' 사업을 수행 중인 용역 업체에 이번 과업을 추가(계약 변경)하여 진행하고 싶었으나, 이는 별도 발주해야 할 건을 특정 업체에 몰아주는 특혜(수의계약)로 비칠 수 있어 망설였다.

- **해결:** **[감사원 컨설팅]** 감사원은 지급 개시일이 확정된 '국가적 재난 지원 상황'에서 입찰 절차를 고집하는 것은 행정 목적 달성을 불가능하게 한다고 보았다. 기존 업체를 활용하면 시스템 구축 비용을 절감하고 신속한 대응이 가능하다는 점을 인정하여, '계약 목적 달성을 위해 불가피한 경우'로 보아 기존 계약에 과업을 추가하는 변경 계약을 허용했다.

- **결과:** 행정 절차의 유연한 적용을 통해 320만 소상공인에게 약속된 날짜에 방역지원금을 지급할 수 있었다.

Case 32 [인용] "보조금 받은 걸로 빚부터 갚으면 안 되나요?"

- 상생소비지원금(카드 캐시백) 환수 시 카드대금 우선 회수 허용 -

• **사안**: 정부는 전 국민 상생소비지원금(카드 캐시백) 사업을 진행했다. 이후 결제 취소 등으로 지원금을 환수해야 할 경우가 생겼는데, 카드사는 시스템상 카드대금(연체이자 포함)을 먼저 떼가고 남는 돈이 있어야 지원금을 환수할 수 있는 구조였다. 기재부는 국고인 지원금을 먼저 환수해야 하는 것 아닌지 고민했다.

• **쟁점**: 「보조금법」상 강제징수 시에는 국세 다음으로 보조금 회수 순위가 높다. 하지만 이는 체납 처분 절차에 들어갔을 때의 이야기고, 카드사를 통한 일반적인 회수 과정에서도 이를 강제할 수 있는지가 문제였다. 카드 시스템을 고치려면 수십억 원이 들고 시간도 오래 걸렸다.

• **해결**: **[감사원 컨설팅]** 감사원은 카드 이용 약관상 '회원에게 이익이 되는 순서(이자율 높은 빚부터)'로 갚게 되어 있다는 점을 존중했다. 보조금 반환에는 이자가 붙지 않으므로, 카드대금을 먼저 갚게 하는 것이 국민(소비자)의 연체 부담을 줄이는 길이라고 보았다. 또한 시스템 개편의 비효율성을 고려하여, 카드대금을 우선 회수하는 현행 방식을 허용했다.

• **결과**: 국민 편익과 행정 효율성을 모두 고려한 유연한 해석으로 불필요한 시스템 개편 비용을 절감했다.

Case 33 [인용] "학교 땅 팔았는데, 판 돈을 굳이 교비로 넣어야 합니까?"

- 교육용 기본재산 용도변경 시 처분대금의 교비회계 편입 조건 배제 -

- **사안**: 서울시교육청은 학교법인이 안 쓰는 땅(교육용 기본재산)을 팔아 수익용으로 쓰겠다고 하자, "판 돈을 전액 학교 회계(교비)로 넣으라"는 조건을 걸려고 했다. 이는 교육청의 오랜 지침이었다.
- **쟁점**: 최근 대법원은 유사한 소송에서 "이미 용도 변경을 허가했다면 더 이상 교육용 재산이 아니므로, 판 돈을 강제로 교비에 넣으라는 조건은 위법하다"고 판결했다. 교육청은 이 판결을 따를지, 기존 지침을 고수할지 혼란스러웠다.
- **해결**: **[감사원 컨설팅]** 감사원은 대법원 판례의 취지를 존중하여 행정을 해야 한다고 명확히 했다. 법원이 위법하다고 판결한 조건을 계속 부가하는 것은 행정의 신뢰를 떨어뜨리고 또 다른 소송을 유발할 뿐이라고 지적했다. 따라서 해당 토지 처분 시 교비회계 편입 조건을 붙이지 않는 것이 타당하며, 관련 지침도 판결에 맞게 개정하라고 권고했다.
- **결과**: 위법한 행정 관행을 바로잡고 사학 법인의 재산권 행사에 대한 과도한 규제를 개선했다.

Case 34 [인용] "무단 점유한 땅이지만, 공공시설이니 그냥 줄 수 없나요?"

- 무단 점유된 도유지의 지자체 간 양여 허용 -

• **사안**: 울릉군은 2004년 경상북도 땅(도유지)에 무단으로 '한마음회관(문화시설)'을 지어 사용해 왔다. 뒤늦게 이를 안 경상북도는 변상금을 부과하려 했으나, 울릉군은 예산이 없어 땅을 살 수도, 변상금을 낼 수도 없는 형편이었다. 경상북도는 이 땅을 울릉군에 공짜로 넘겨주고(양여) 싶어 했다.

• **쟁점**: 「공유재산법」상 무단 점유자에게는 변상금을 걷어야 하고, 양여는 엄격한 조건 하에서만 가능하다. 불법 행위를 한 지자체에 땅을 그냥 주는 것이 타당한지 논란이 있었다.

• **난관**: 원칙대로 하면 울릉군은 막대한 변상금과 토지 매입비를 물어야 하고, 이는 결국 주민 복지 예산 축소로 이어질 수 있었다. 또한 해당 땅은 도로 부지였으나 실제로는 도로로 쓰일 가능성이 없었다.

• **해결**: **[감사원 컨설팅]** 감사원은 해당 건물이 15년 넘게 주민을 위한 공공시설로 활용되고 있다는 점, 울릉군의 열악한 재정 상황, 그리고 해당 토지가 행정 목적으로 쓰일 가능성이 없다는 점을 종합적으로 고려했다. 따라서 해당 토지의 용도를 폐지하여 일반재산으로 만든 뒤, 울릉군에 양여하는 것이 가능하다고 판단했다. 단, 과거의 무단 점유에 대한 변상금은 징수하도록 했다.

• **결과**: 지자체 간 해묵은 재산 분쟁을 합리적으로 해결하고, 주민 편의 시설의 안정적 운영을 보장했다.

Case 35 [인용] “같은 시 재산인데, 교육청에 줄 때 돈 받고 팔아야 합니까?”

- 지자체(서울시) 일반회계와 교육비특별회계 간 재산 이관 방식(무상/유상) 정리 -

- **사안**: 서울시는 소유하고 있던 학교용지(체비지)를 청담고 이전을 위해 서울시교육청에 넘겨주려 했다. 서울시는 “시가(감정가)로 팔겠다”고 했고, 교육청은 “같은 서울시인데 장부가(공시지가)로 넘겨달라”고 맞섰다. 차액만 수백억 원이었다.

- **쟁점**: 「도시개발법」상 체비지 처분은 시가 기준이지만, 「공유재산법」상 회계 간 이관은 장부가로 가능하다. 서울시와 서울시교육청을 별개의 주체로 볼지, 하나의 법인으로 볼지가 관건이었다.

- **해결**: **[감사원 컨설팅]** 감사원은 서울시와 서울시교육청은 법적으로 ‘서울특별시’라는 하나의 법인격을 공유한다고 보았다. 따라서 이는 소유권이 바뀌는 매매가 아니라 내부적인 ‘회계 간 이관’에 불과하므로, 시가가 아닌 대장가격(공시지가)으로 이관하는 것이 타당하다고 교통정리를 했다.

- **결과**: 기관 간 소모적인 예산 다툼을 종결하고 학교 이전 사업의 재정 부담을 덜어주었다.

Case 36 [인용] "특검은 끝났는데 남은 예비비, 월세로 써도 되나요?"

- 국정농단 특검의 이월 예비비 예산 비목 전용 허용 -

- **사안**: '국정농단 특검'은 수사는 종료됐지만 공소 유지를 위해 사무실을 계속 운영해야 했다. 2022년도 예산을 따로 받지 못해 전년도에 쓰고 남은 '이월 예비비'로 버텨야 했는데, 남은 돈은 주로 '특수활동비'였고 당장 필요한 건 '임차료(월세)'였다.

- **쟁점**: 「국가재정법」상 이월된 예산은 다른 용도로 쓸 수 없다. 예비비 또한 타 비목으로 전용이 제한된다. 특검은 꼼짝없이 월세를 못 내 쫓겨날 판이었다.

- **해결**: **[감사원 컨설팅]** 감사원은 특검 유지가 필수적인 국가 사무이며, 이월 예산이라도 '동일 사업 내'에서 필수 경비 충당을 위해 쓰는 것이라면 전용이 가능하다고 해석했다. 기재부 장관과 협의하여 불가피한 항목 간 조정을 통해 월세 등을 납부하도록 허용했다.

- **결과**: 경직된 예산 규정을 유연하게 적용하여 특검의 공소 유지 업무가 중단되는 사태를 막았다.

Case 37 [인용] "고속도로 2차선 확장, 나중에 하면 돈이 더 듭니다"

- 고속국도 제29호(세종-안성) 건설사업의 예비타당성조사 면제 후 적정 차로 확보 -

- **사안**: 국토교통부는 세종-안성 고속국도를 건설하면서 '세종-연기 구간(16.7km)'을 4차로로 계획했다. 그러나 공사 착공 후 '세종스마트국가산단'과 '국회세종의사당' 건립이 구체화되면서, 장래 교통량이 급증하여 6차로가 필요할 것으로 예측되었다.

- **쟁점**: 이 사업은 예비타당성조사 면제 사업으로, 이미 확정된 사업비(4차로 기준) 외에 1,525억 원을 추가 투입하여 6차로로 변경하는 것이 「국가재정법」상 타당한지(예산 효율성)가 문제였다. 통상 개발계획이 승인되지 않은 단계에서 미리 예산을 투입하는 것은 과잉 투자가 될 수 있기 때문이다.

- **난관**: 지금 4차로로 짓고 나중에 6차로로 확장하면, 터널과 교량을 뜯어고쳐야 해 매몰비용만 약 2,987억 원이 발생하고, 확장 공사 중 교통 정체와 사고 위험(S자 곡선 등)이 우려되었다. 반면, 지금 6차로로 지으면 초기 비용은 들지만 장기적으로 예산이 절감되는 상황이었다.

- **해결**: **[감사원 컨설팅]** 감사원은 '세종의사당' 등 주변 개발 계획이 법정 계획으로 반영되어 실현이 확실시된다는 점을 인정했다. 또한, 4차로 개통 후 확장하는 방식이 환경 훼손(2.6만 평 추가)과 주행 안전성 저하, 막대한 매몰 비용을 초래하므로, 현시점에서 예산을 추가 투입하여 6차로로 일괄 시공하는 것이 국가 재정의 효율적 운용과 공익에 부합한다고 판단했다.

- **결과**: 중복 투자를 막고 국가 기간망을 미래 수요에 맞춰 적기에 확충할 수 있게 되었다.

Case 38 [인용] “채용 참관할 감사실 직원이 없는데, 다른 직원 보내도 됩니까?”

- 채용 공정성 관리를 위한 입회담당자 자격의 유연한 해석 -

- **사안**: 신용보증기금(신보)은 채용 비리 근절을 위한 정부 지침에 따라 채용 전 과정에 감사실 직원이 입회해야 했다. 그러나 채용 횟수와 장소(전국 분산)는 늘어나는 반면, 입회 가능한 감사실 인력은 턱없이 부족하여(가용 인원 2명 등) 본연의 감사 업무가 마비될 지경이었다.

- **쟁점**: 관련 지침은 입회 자격을 ‘감사부서 직원’ 또는 ‘감사부서 장의 권한을 대리하는 자’로 규정하고 있다. 신보는 감사실 소속은 아니지만 감사실장이 선정한 ‘준감사인(전문성 보유 직원)”이나 ‘감리담당직원(지점별 감사 담당)’을 대리인으로 볼 수 있는지 문의했다.

- **난관**: ‘권한을 대리하는 자’의 범위가 명확하지 않아, 자칫 무자격자가 입회했다는 공정성 시비가 일 수 있었다.

- **해결**: **[감사원 컨설팅]** 감사원은 신보의 ‘준감사인’과 ‘감리담당직원’이 사규에 따라 감사실장의 승인을 받아 감사를 수행하는 등 전문성과 권한 위임의 근거가 명확하다고 보았다. 물리적인 인력 한계와 전국 분산 실시라는 현실적 여건을 고려할 때, 이들을 입회담당자로 활용하는 것은 지침 위반이 아니라고 해석했다.

- **결과**: 채용 일정에 차질을 빚지 않으면서도 감사 부서의 업무 공백을 막는 현실적인 인력 운용이 가능해졌다.

Case 39 [인용] “사립학교 교원도 부부 공무원처럼 가족수당 중복 안 됩니다”

- 사립학교 교원 가족수당 중복 지급분에 대한 환수 조치 인정 -

- **사안**: 인천시교육청 감사 결과, 사립학교 교원 A씨와 그 배우자(공공기관 재직)가 양쪽 기관에서 가족수당을 이중으로 받은 사실이 적발되었다. 공무원 규정상 부부가 공무원(공공기관 포함)이면 한 명만 받아야 한다.

- **쟁점**: 사립학교 교원은 신분상 공무원이 아니다. 「사립학교법」에는 자격·복무는 공무원 규정을 준용한다고 되어 있으나, ‘보수’에 대한 준용 규정은 없다. 따라서 공무원 규정을 들어 사립 교원의 가족수당을 환수할 수 있는지가 법적으로 모호했다.

- **난관**: 명시적 법령이 없어 환수 근거가 약하다는 의견이 있었으나, 이를 방치하면 국고(교육청 보조금) 누수가 계속될 상황이었다.

- **해결**: **[감사원 컨설팅]** 감사원은 해당 학교법인의 정관과 규칙이 “보수는 공무원 규정을 준용한다”고 명시하고 있다는 점에 주목했다. 또한 사립학교 교원 인건비의 대부분을 교육청이 지원하고 있어 공립 교원과 동등한 대우를 받는 만큼, 가족수당 중복 지급 금지 원칙도 동일하게 적용되어야 한다고 보았다.

- **결과**: 사립학교 교원에 대해 잘못 지급된 가족수당을 환수할 수 있는 근거를 마련하여, 국·공립 교원과의 형평성을 맞추고 재정 누수를 막았다.

Case 40 [인용] "종이 영수증, 이제 그만 모아도 되죠?"

- 전자정보처리조직 생성 문서의 종이 출력·보관 의무 면제 -

• **사안**: 우정사업본부(우체국)는 디지털 예산회계시스템(디브레인) 등을 사용하고 있음에도, 감사원 「계산증명규칙」상 '증거서류 원본 보관' 규정 때문에 전자적으로 생성된 문서까지 일일이 출력하여 종이로 보관하고 있었다. 행정력 낭비가 심했다.

• **쟁점**: 시스템상 전자문서를 '원본'으로 볼 수 있는지, 아니면 출력물이 '원본'인지에 대한 해석이 모호했다.

• **해결**: **[감사원 컨설팅]** 감사원은 디브레인, 온나라, 나이스 등 행정정보 시스템에서 전자적으로 생성·처리된 문서는 그 자체로 원본 효력이 있으므로 별도로 출력하여 보관할 필요가 없다고 명쾌하게 해석했다. 다만, 종이로 접수한 외부 영수증 등을 스캔한 파일은 원본이 아니므로 종이 원본을 보관해야 한다고 선을 그었다.

• **결과**: 낡은 회계 관행을 타파하고 페이퍼리스(Paperless) 행정을 구현하여 일선 공무원들의 업무 부담을 대폭 경감했다.

Case 41 [인용] "시스템이 멈추면 안 되는데, 수의계약으로 연장해도 되죠?"

- 체육진흥투표권(스포츠토토) 시스템 운영 계약의 한시적 수의계약 허용 -

- **사안**: 국민체육진흥공단은 스포츠토토 시스템 운영 사업자를 경쟁입찰로 선정하려 했으나, 소송(가처분)으로 인해 절차가 중단되었다. 기존 계약은 곧 만료되는데 새 사업자는 뽑지 못한 상황이었다.
- **쟁점**: 시스템이 멈추면 국민체육진흥기금 조성에 막대한 차질(일일 매출 약 40억 원)이 생긴다. 기존 사업자와 수의계약으로 연장하는 것이 특혜인지, 불가피한 조치인지가 문제였다.
- **해결**: **[감사원 컨설팅]** 감사원은 사업 중단 시 공익적 손실이 막대하다는 점을 인정했다. 법적 분쟁으로 인한 입찰 지연은 발주처가 통제할 수 없는 '긴급한 행사' 등 수의계약 사유에 준한다고 보았다. 따라서 차기 사업자 선정 시까지 한시적으로 기존 업체와 수의계약을 체결하여 사업을 유지하는 것이 타당하다고 판단했다.
- **결과**: 기금 조성 사업의 연속성을 확보하고 행정 공백을 방지했다.

Case 42 [인용] “폐교를 노인들 쉼터로 쓰고 싶은데 건물을 지어도 됩니까?”

- 폐교 재산을 활용한 ‘스마트 빌리지(노인복지주택)’ 조성 시 영구시설물 축조 허용 -

- **사안**: 강원도 삼척시는 폐교 부지를 빌려 노인들을 위한 ‘스마트 빌리지(임대주택 등)’를 지으려 했다.
- **쟁점**: 「공유재산법」상 빌린 땅(대부 재산)에는 영구시설물(건물)을 지을 수 없다. 나중에 원상복구가 어렵기 때문이다.
- **해결**: **[감사원 컨설팅]** 감사원은 이 사업이 정부 공모 사업으로 선정된 공익적 사업이며, 폐교 활용을 통해 소멸 위기의 지역을 살린다는 목적이 뚜렷하다고 보았다. 「농촌지역 활성화 특별법」 등 관련 법령의 취지를 고려할 때, 지자체가 직접 공익 목적으로 짓는 경우라면 예외적으로 영구시설물 축조를 허용할 수 있다고 판단했다.
- **결과**: 방치된 폐교를 지역 활력 거점으로 탈바꿈시켜 지방 소멸 위기에 대응했다.

Case 43 [인용] "청소년 수련원 운영, 전문 기관에 계속 맡겨도 되나요?"

- 국립청소년수련시설의 한국청소년활동진흥원 위탁(수의계약) 허용 -

- **사안:** 여성가족부는 국립청소년수련원 5곳의 위탁 운영 기간이 만료되자, 기존 운영자인 '한국청소년활동진흥원'과 수의계약으로 재계약하려 했다.
- **쟁점:** 국유재산 관리 위탁은 경쟁 입찰이 원칙이다. 공공기관인 진흥원에게 계속 맡기는 것이 경쟁 제한인지가 문제였다.
- **해결:** **[감사원 컨설팅]** 감사원은 한국청소년활동진흥원이 청소년 활동 지원을 위해 법률에 의해 설립된 특수 법인이라는 점을 확인했다. 해당 시설의 운영은 진흥원의 고유 목적 사업에 해당하므로, 경쟁 입찰 없이 수의계약으로 위탁하는 것이 법령의 취지에 부합한다고 판단했다.
- **결과:** 전문성을 갖춘 공공기관이 안정적으로 청소년 시설을 운영할 수 있도록 했다.

Case 44 [인용] "건물 위에 건물을 짓는데, 설계를 따로 해야 하나요?"

- 시설사업계획 변경에 따른 진행 중인 설계용역의 과업 추가 허용 -

- **사안**: 부산대학교는 '제6공학관 개축 사업(313억 원)' 설계를 진행하던 중, 교육부 공모에 선정되어 같은 건물 지하 2층에 '반도체 공동연구소(184억 원)'를 추가로 짓게 되었다.
- **쟁점**: 두 사업은 예산이 별도(개축비 vs 건립비)로 편성된 사업이다. 원칙적으로는 반도체 연구소 설계를 별도로 발주(공모)해야 하지만, 이미 진행 중인 공학관 설계에 과업을 추가하여 계약을 변경하는 것이 「국가계약법」상 가능한지가 문제였다.
- **난관**: 별도 발주를 하면 한 건물에 두 개의 설계 업체가 들어오게 되어, 기둥·벽체 등 구조적 연결 부위의 책임 소재가 불분명해지고 설계 품질 저하 및 공기 지연(10개월)이 우려되었다.
- **해결**: **[감사원 컨설팅]** 감사원은 두 건물이 '동일 기초 위에 수직적으로 연결된 하나의 구조물'이라는 기술적 특성을 중시했다. 별도 발주 시 발생할 시공상 혼란과 안전 문제를 고려할 때, 기존 설계 용역에 과업을 추가하여 통합 설계하는 것이 '계약 목적 달성을 위해 필요한 경우'에 해당한다고 판단했다. 이를 통해 약 5.6억 원의 예산 절감 효과도 인정했다.
- **결과**: 반도체 인재 양성을 위한 핵심 인프라를 지체 없이 구축하고 예산과 행정력을 절감했다.

Case 45 [인용] "문화재 복원 때문에 경찰서가 이사가는데, 군청이 돈을 줘도 됩니까?"

- 경찰서 신축부지 이전에 따른 매몰비용의 지자체 지급 허용 -

- **사안:** 전남 강진군은 강진경찰서 부지에서 조선시대 객사인 '금릉관' 터가 발견되자, 경찰서 신축 부지를 다른 곳으로 옮기고 해당 터를 복원하기로 했다. 경찰청은 이미 기존 부지에 설계를 진행 중이었기에, 부지 이전에 따라 버리게 된 기존 설계비(매몰비용, 약 3.9억 원)를 강진군이 물어내라고 했다.

- **쟁점:** 「지방재정법」상 지자체는 국가 사무(경찰서 건립)에 돈을 쓸 수 없다. 강진군이 경찰청의 설계비를 대신 내주는 것이 예산의 목적 외 사용인지가 문제였다.

- **난관:** 강진군이 비용을 부담하지 않으면 경찰서는 이전을 거부할 것이고, 금릉관 복원 사업은 무산될 위기였다.

- **해결:** **[감사원 컨설팅]** 감사원은 이번 부지 이전의 주된 원인이 경찰청의 필요가 아닌, '강진군의 문화재 복원 사업'에 있다는 점에 주목했다. 즉, 매몰비용 지급은 경찰서 건립 지원이 아니라, 강진군의 고유 사무인 '문화재 보존·관리'를 위한 비용으로 해석하는 것이 타당하다고 보았다. 따라서 부지 교환 시 해당 비용을 정산하여 지급하도록 허용했다.

- **결과:** 지자체의 숙원인 역사 문화재 복원 사업을 가능케 하고, 기관 간 비용 분담 갈등을 합리적으로 해결했다.

Case 46 [인용] "공사 구간이 겹치는데, 철도공단이 한꺼번에 해주면 안 되나요?"

- 중복구간 소음저감시설 설치공사의 국가철도공단 위탁 허용 -

- **사안:** 성남시는 소음저감시설 설치 공사를 하고 있었는데, 그 구간 지하에 GTX-A 성남역사가 들어서게 되었다. 약 390m 구간이 겹치는 상황이었다.

- **쟁점:** 성남시는 철도공단(GTX 사업자)에게 이 구간 공사를 위탁하고 싶었으나, 공단 지침상 '철도 안전에 직접 영향을 주는 공사'만 위탁받을 수 있어, 역사와 직접 닿지 않는 일부 구간(220m)까지 맡길 수 있는지가 문제였다.

- **난관:** 구간을 쪼개서 따로 공사하면 책임 소재가 불분명하고 공사 기간이 15개월이나 더 걸리는 비효율이 뻔했다.

- **해결: [감사원 컨설팅]** 감사원은 소음저감시설이 하나로 연결된 구조물이라는 점을 중시했다. 구간을 억지로 나누면 부실시공 우려가 크므로, 전체를 철도공단이 일괄 시공하는 것이 합리적이라고 보았다. 이를 통해 공사 기간을 15개월 단축하고 예산 20억 원을 절감할 수 있다고 판단했다.

- **결과:** 기관 간 칸막이를 걷어내고 효율적인 공사 추진을 가능케 했다.

Case 47 [인용] "기부하는 땅값이 받는 땅값보다 훨씬 비싼데, 사업해도 되나요?"

- 기부재산 가액이 양여재산을 초과하는 기부대양여 사업 허용 -

- **사안:** LH는 공공주택지구 조성을 위해 지구 내 경찰 기동대 부지를 옮겨주기로 했다(기부 대 양여). 그런데 LH가 지어줄 새 청사 비용(357억 원)이 현재 부지 가격(215억 원)보다 훨씬 비쌌다.

- **쟁점:** 통상 '기부 대 양여'는 주는 것과 받는 것의 가치를 맞추거나 차액을 정산한다. 기부하는 게 훨씬 많은 '손해 보는 장사'를 공기업이 해도 되는지, 배임 이슈가 있었다.

- **난관:** 규정에는 '양여 재산이 더 비쌀 때' 차액 납부 규정만 있고, 반대의 경우는 없었다.

- **해결:** **[감사원 컨설팅]** 감사원은 이 사업이 공공주택 공급이라는 국책 사업을 위해 필수적임을 인정했다. 비록 기부액이 더 크지만, 부지 이전을 통해 전체 사업성이 개선(약 182억 원 이익)되므로 배임이 아니라고 보았다. 기획재정부도 법적 문제가 없다고 확인해주었다.

- **결과:** 경직된 등가교환 원칙을 넘어 전체 사업의 효율성을 고려한 유연한 판단을 내렸다.

Case 48 [인용] “학교 운동장이 좁은데, 옆에 있는 시 공원을 써도 됩니까?”

- 교육청 예산으로 지자체 소유 어린이공원 시설 개선 허용 -

• **사안:** 대전교육청은 신설 초등학교 부지가 협소하여, 바로 옆 대전시 소유 어린이공원을 운동장으로 함께 쓰기로 했다. 교육청이 예산(9천만 원)을 들여 공원에 육상트랙 등을 설치하려 하자, “남의 땅(시유지)에 교육청 돈을 써도 되느냐”는 논란이 일었다.

• **쟁점:** 「지방재정법」 등은 지자체와 교육청의 회계를 엄격히 구분한다. 원칙적으로 공원 관리는 시청 몫이다.

• **해결:** **[감사원 컨설팅]** 감사원은 해당 시설 설치가 ‘학생들의 체육활동’이라는 교육·학예 사무를 위한 것임을 명확히 했다. 어린이공원 관리청인 대전시도 원인자(교육청) 부담을 요구하고 있으므로, 교육청이 교육비특별회계를 집행하여 시 소유 공원에 학생용 체육 시설을 설치하는 것은 가능하다고 판단했다.

• **결과:** 부지 부족으로 난항을 겪던 학교 설립 문제를 기관 간 협력과 유연한 예산 집행으로 해결했다.

Case 49 [인용] "공원 관리업체 선정, 민간 사업자가 하면 안 됩니까?"

- 건설사업관리용역사업자 선정 주체에 대한 법령 해석(법령 명확) -

• **사안**: 광주시는 민간공원 특례사업(쌍령공원)을 추진 중이었다. 민간 사업자(아파트 건설사 등)는 공원 조성 공사의 감리 업체(건설사업관리용역사업자)를 시가 아닌 자신들이 직접 선정하겠다고 주장했다.

• **사유**: 감사원은 법령이 '시설물을 관리할 자(광주시)'가 선정해야 한다고 명확히 규정하고 있음을 지적했다. 비용 부담 주체와 상관없이, 공공 시설물의 품질 확보를 위해 감리 선정 권한은 지자체에 있다는 것이다. 감사원은 "법령 규정이 명확하여 해석의 여지가 없는 사안"은 컨설팅 대상이 아니라며, 원칙대로 시가 선정하라고 반려했다.

Case 50 [인용] “골프장 짓는데 내 땅을 파는 거, 얼마에 팔아야 합니까?”

- 공공성 없는 도시계획시설 편입 공유지의 시가 매각 원칙 확인 -

- **사안:** 강원 횡성군에 골프장이 들어서게 되어 교육청 소유 땅(공유지)이 편입되었다. 사업자는 ‘도시계획시설 사업’이니 싼값(감정가, 보상가)에 달라고 했고, 교육청은 ‘민간 영리 사업’이니 시세대로 팔겠다고 했다. 가격 차이는 무려 72억 원이었다.

- **쟁점:** 도시계획시설 사업에 편입된 땅은 수용·보상 대상이 되기도 하지만, 골프장은 공공성이 낮아 강제 수용 권한(사업인정)을 받지 못한 상태였다.

- **해결: [감사원 컨설팅]** 감사원은 해당 골프장 사업이 중토위로부터 공익성을 인정받지 못했다는 점을 중요하게 보았다. 공익사업이 아니라면 군이 싼값에 땅을 넘길 이유가 없다. 공유재산법상 지자체 이익을 위해 ‘시가’로 매각하는 것이 타당하다고 판단했다.

- **결과:** 공유재산의 헐값 매각을 막고 교육 재정을 확충하는 결과를 이끌어냈다.

Case 51 [인용] "상세 계획, 땅 주인이 짜야 합니까? 살 사람이 짜야 합니까?"

- 도시개발사업 내 특별계획구역 상세계획 수립 주체 정리 -

- **사안**: 경기주택도시공사(GH)는 고양 방송영상밸리 내 특별계획구역의 토지 공급을 앞두고 있었다. 인허가권자인 고양시는 "현재 땅 주인인 GH가 상세 계획(건축물 외관, 배치 등)을 다 짜오라"고 했고, GH는 "땅을 사서 건물을 지을 사람(수분양자)이 짜야 한다"고 맞섰다.

- **쟁점**: 지침상 '토지소유자'가 계획을 수립하게 되어 있는데, 이 토지소유자가 '현재 소유자(GH)'인지 '미래 소유자(건설사)'인지가 불분명했다.

- **해결**: **[감사원 컨설팅]** 감사원은 고양시가 요구하는 상세 계획이 사실상 '건축 기본설계' 수준이라는 점을 간과했다. 땅만 파는 GH가 남이 지을 건물의 설계까지 하는 것은 비효율적이며, 실제 건물을 짓고 사용할 수분양자가 자신의 사업 구상에 맞춰 계획을 수립하는 것이 합리적이라고 판단했다.

- **결과**: 토지 공급 지연을 해소하고, 실수요자의 창의적인 건축 계획이 반영될 수 있는 길을 열었다.

Case 52 [인용] "도로가 끊겼는데, 국방부 땅을 좀 쓰게 해주세요"

- 방화대로 미개통 구간 도로공사를 위한 국유지 사용허가 및 영구시설물 축조 허용 -

- **사안:** 서울 강서구 방화대로 중 290m 구간이 군부대에 막혀 개통되지 못하고 있었다. 군부대는 이미 이전했지만, 해당 부지의 개발 계획이 늦어지면서 도로 개설도 3년 이상 지연될 처지였다. 강서구는 도로라도 먼저 뚫게 사용허가를 해달라고 국방부에 요청했다.

- **쟁점:** 「국유재산법」상 국유지(행정재산)에는 영구시설물(도로 등)을 지을 수 없다. 원칙적으로는 국방부가 부지를 용도폐지하고 기재부로 넘긴 뒤 처리해야 하는데 시간이 너무 걸렸다.

- **해결:** **[감사원 컨설팅]** 감사원은 도로 단절로 인한 시민 불편과 사회적 비용(약 120억 원)이 막대하다는 점을 고려했다. 비록 영구시설물 축조가 금지되어 있지만, 국유재산의 활용 가치를 높이고 공익을 위한 경우에는 예외적으로 허용될 수 있다는 조항을 적극적으로 해석했다. 국방부가 부지를 용도폐지하고 강서구와 대부 계약을 맺어 도로를 개설하도록 허용했다.

- **결과:** 수십 년 묵은 도로 단절 문제를 해결하고 시민들의 교통 편의를 획기적으로 개선했다.

2. 불인정 사례

Case 53 **[반려] "국회에서 정해준 단가보다 비싼 패딩을 사줘도 되나요?"**

- 확정된 예산 단가 변경 및 사업계획 변경 절차 준수 -

- **사안**: 국방부는 병사들에게 지급할 동계 점퍼 예산으로 벌당 5.6만 원을 배정받았다. 그러나 육군이 품질 향상을 이유로 벌당 13만 원짜리 고기능성 점퍼를 사달라고 요청하자, 국방부는 예산 부족분을 다른 항목에서 끌어와 사업을 변경해도 되는지 감사원에 사전컨설팅을 신청했다.

- **사유**: 국가 예산의 단가나 물량을 변경하는 것은 「예산 집행지침」 등에 따라 기획재정부와 협의하고 국방부 내부 심의회를 거쳐야 하는 '명확한 법적 절차'가 존재하는 사안이다. 감사원은 이는 컨설팅을 통해 해결할 모호한 영역이 아니라, 정해진 예산 절차를 밟으면 되는 사안이라고 판단했다. 절차를 거치지 않고 감사원의 의견만으로 국회가 확정한 예산 원칙을 우회하려는 시도는 허용될 수 없으므로 반려했다.

Case 54 [반려] “대법원 판결이 났지만, 돈을 돌려주고 싶습니다”

- 확정 판결 및 명시적 약정에 반하는 예산 지출 불가 -

- **사안**: 화천군은 스키리조트 사업을 추진하면서 시행업체로부터 군부대 이전 비용 120억 원을 받았다. 이후 시행업체의 부도로 사업이 무산되었고, 시행업체는 땅을 돌려달라며 소송을 걸었으나 대법원에서 화천군이 최종 승소했다. 화천군은 시행업체에게 받은 120억 원을 ‘부당이득’으로 보아 돌려줘야 하는지 문의했다.

- **사유**: 이미 대법원 판결로 화천군의 소유권이 확정된 사안이다. 또한, 당초 양측이 맺은 합의서에 “사업 종료 후 잔액 외에는 어떠한 경우라도 반환하지 않는다”는 조항이 명시되어 있었다. 감사원은 소송이 확정되었거나 계약 내용이 명확한 경우 사전컨설팅 대상이 아니라는 규정에 따라 이를 반려했다. 명백한 승소 판결과 계약서를 무시하고 예산을 지출하는 것은 특혜이자 배임이 될 수 있기 때문이다.

Case 55 [반려] "교과서 값 소송 졌는데, 학부모한테 돈 더 받아야 하나요?"

- 이미 합의된 사안 및 정책적 판단 영역에 대한 컨설팅 반려 -

• **사안:** 교육부가 출판사들에게 내린 '교과서 가격 조정 명령'이 대법원에서 취소되었다. 이에 따라 교육부는 출판사들에게 덜 준 돈을 물어줘야 했고, 이미 싼 가격에 교과서를 산 고등학생 학부모들에게 차액을 더 받아야 하는지 문제가 되었다.

• **사유:**

1. 이미 합의 완료: 교육부와 출판사가 가격 협상을 타결했으므로 컨설팅의 실익이 없음.
2. 정책적 판단: 학부모에게 돈을 더 걷을지, 아니면 교육청 예산으로 메울지는 정부의 책임과 국민 정서를 고려해 교육부가 정책적으로 결정할 사안이지, 감사원이 법률적으로 정해줄 문제가 아님.

• **의의:** 감사원은 법률적 해석을 넘어선 고도의 정책적 의사결정이나 이미 해결된 사안에는 개입하지 않는다는 원칙을 확인했다.

Case 56 [반려] “우리 지역 대학에 체육관을 지어주고 싶은데, 괜찮을까요?”

- 지자체의 고유 재량 판단 사항에 대한 컨설팅 반려 -

- **사안**: 충청남도는 논산으로 이전한 국방대학교의 정주 여건 개선을 위해, 도비(보조금)를 들여 학교 내에 체력단련장을 지어주고 싶어 했다.
- **쟁점**: 「지방재정법」은 지자체가 권장하는 사업 등에 한해 예외적으로 기부·보조를 허용한다. 충남도는 이 건이 그 예외 사유에 해당하는지 감사원에게 확인받고 싶어 했다.
- **사유**: 특정 사업이 지자체의 ‘권장 사업’인지, 보조금이 ‘필수적’인지는 지역 실정과 정책적 목적을 고려해 지자체가 스스로 판단해야 할 고유의 재량 영역이다. 감사원은 법령 해석의 문제가 아닌 ‘사실 판단 및 정책 결정’의 문제를 감사원에 미루는 것은 제도의 취지에 맞지 않는다며 반려했다.

Case 57 [기각] "학교 돈으로 산 땅을 팔았는데, 차익을 학교가 가져도 되나요?"

- 불법적으로 형성된 자산의 이익 귀속 불가 -

- **사안:** 개인이 운영하는 학력인정 평생교육시설(남인천학교)이 교비(학생 등록금 등)를 빼내어 개인 명의로 땅을 샀다. 법적으로 학교를 지을 수 없는 땅이라 방치하다가 나중에 팔아 6억 원의 시세 차익을 남겼다. 교육청은 원금뿐만 아니라 차익까지 모두 교비회계로 환수하라고 했다.

- **사유:** 애초에 학교를 지을 수 없는 땅을 개인 명의로 산 행위 자체가 '교비 횡령'이자 '불법 집행'이었다. 감사원은 이 토지는 적법한 절차를 거친 '학교 재산'으로 볼 수 없으므로, 그 매각 차익을 정상적인 교비 수입으로 인정해 편입시키는 것은 법적 근거가 없다고 판단했다. (불법 행위에 대한 처벌과 환수는 별개 문제)

Case 58 [반려] "횡령한 직원은 잡았는데, 망한 회사에서 보조금을 돌려받을 수 있나요?"

- 소멸시효 도과 및 법인 소멸 후의 면피성 컨설팅 반려 -

- **사안**: 기획재정부로부터 보조금을 받은 협회 직원이 돈을 횡령했다. 기재부는 형사 재판 결과를 지켜본다며 환수 조치를 미루다가, 그사이 협회는 파산하고 법인 등기부마저 폐쇄되었다. 뒤늦게 횡령 관련 유죄 판결이 확정되자 기재부는 이제라도 환수가 가능한지 물었다.

- **사유**: 이미 보조금 반환 청구권의 소멸시효(5년)가 지났고, 돈을 내놓을 법인 자체가 사라졌다. 감사원은 기재부가 제때 조치를 취하지 않아 채권 확보에 실패했음에도, 사후에 면죄부를 얻기 위해 컨설팅을 신청한 것으로 보아 반려했다. 이는 "이미 행해진 처분(부작위 포함)의 위법·부당성 확인"을 구하는 것에 해당한다

Case 59 [반려] "해상교량 공사 기간 좀 늘려주면 안 될까요?"

- 설계변경 사유에 대한 사실관계 판단 문제 반려 -

- **사안**: 군산시가 발주한 해상교량 설치공사에서 시공사가 "작업선 작업 기간이 너무 짧게 책정됐다"며 설계변경(기간 연장 및 공사비 증액)을 요청했다.

- **쟁점**: 기간 부족이 발주처의 '설계서 오류' 때문이라면 설계변경이 가능하지만, 단순한 '단가산출서 오류'라면 불가능했다.

- **사유**: 이것은 법령 해석의 문제가 아니라, 실제 현장 상황과 설계서를 대조해봐야 알 수 있는 '사실관계 확인'의 문제였다. 감사원은 이미 행안부에서도 "사실관계 확인 후 처리하라"고 답변했음에도, 군산시가 책임을 피하기 위해 감사원에 또다시 문의한 것으로 보았다. 이는 '책임회피성 컨설팅'에 해당하여 반려했다.

Case 60 [반려] "성범죄자 알림톡, 그냥 이 업체랑 계약하면 안 될까요?"

- 경쟁 가능한 사업의 특정 업체 지정(수의계약) 시도 반려 -

- **사안**: 여성가족부는 성범죄자 신상정보 고지서를 카카오톡 등 모바일로 보내는 사업을 추진하면서, 입찰 없이 한국인터넷진흥원(KISA)을 사업자로 지정(수의계약)하려 했다.

- **사유**: 해당 서비스(공인전자문서 중계)는 KISA 외에도 KT, 카카오페이 등 다수의 민간 사업자가 수행 가능한 영역이다. 감사원은 특정 공공기관에 독점권을 줄 법적 근거가 없고 경쟁이 가능하므로, 일반경쟁입찰을 통해 사업자를 선정해야 한다며 반려했다.

Case 61 [반려] "급하니까 설계 검토 절차 좀 건너뛰면 안 됩니까?"

- 국고보조금 사업의 필수 절차(설계적정성 검토) 생략 불가 -

- **사안**: 충청북도는 산업단지 진입도로 공사(267억 원)를 추진하면서, 조달청의 '설계적정성 검토'를 받으면 시간이 걸린다며 이를 생략할 수 있는지 문의했다.

- **사유**: 기획재정부의 「총사업비 관리지침」 등은 100억 원 이상 공사의 경우 예산 낭비 방지를 위해 조달청 검토를 의무화하고 있다. 감사원은 행정 편의를 위해 명백한 의무 절차를 생략해 달라는 요구는 수용할 수 없다며 반려했다.

Case 62 [반려] "전차 부품 테스트 통과 못했는데, 지체상금 깎아줘도 되나요?"

- 귀책사유가 명확하지 않은 계약 분쟁 개입 반려 -

• **사안**: K2 전차 변속기 내구도 시험이 계속 실패하여 납품이 지연되자, 방위사업청은 업체에게 부과할 지체상금(벌금)을 면제해 줘도 되는지 문의했다.

• **사유**: 지체상금 면제는 지체의 원인이 누구에게 있는지(업체 잘못인지, 요구 조건이 무리였는지 등) '사실관계'를 따져야 할 문제다. 감사원은 이는 컨설팅으로 답할 법령 해석의 문제가 아니라, 계약 당사자 간의 분쟁 사안이므로 반려했다.

Case 63 [반려] "집행유예 받은 직원, 규정엔 없는데 잘라야 하나요?"

- 공공기관 내부 인사 규정 해석 문제 반려 -

• **사안**: 한국철도공사(KORAIL) 직원이 형사 재판에서 징역형의 집행유예를 받았다. 사규에는 '금고 이상의 형'은 당연퇴직이라고 되어 있으나, '집행유예'에 대한 명시적 규정이 없어 해고해야 하는지 문의했다.

• **사유**: 이는 공사 내부의 취업규칙 및 단체협약 해석 문제이자 인사권 행사 영역이다. 감사원은 기관이 자체적으로 법률 자문을 구해 판단할 사항이지, 감사원이 인사 조치 여부를 대신 결정해 줄 사안이 아니라며 반려했다.

Case 64 [반려] "수련원을 일반인이 썼는데, 담당자 징계해야 하나요?"

- 과거의 비위 행위에 대한 사후적 컨설팅 신청 반려 -

• **사안:** 강원도 교직원수련원은 교직원만 이용해야 하는데, 정치인 등 일반인이 부당하게 이용한 사실이 드러났다. 교육청은 이에 대해 사용료를 추가 징수하거나 담당자를 징계해야 하는지 감사원에 물었다.

• **사유:** 사전컨설팅은 '앞으로 할 업무'를 도와주는 제도다. 이미 발생한 과거의 위법·부당 행위에 대해 징계 여부나 환수 여부를 묻는 것은 자체 감사 부서가 판단할 일이지, 컨설팅 대상이 아니므로 반려했다.

Case 65 [반려] "섬하고 육지를 잇는 도로를 놓으려는데 공유수면 매립이 안 됩니다"

- 환경 보호 구역 내 대규모 매립 사업의 신중한 접근 필요 -

• **사안:** 인천광역시는 강화군 주문도와 볼음도를 연결하는 연도교를 건설하기 위해 갯벌(공유수면)을 매립하려 했다. 그러나 해당 지역은 멸종위기종 서식지이자 습지보호지역이라 환경부 등 관계 기관의 반대가 심했다.

• **사유:** 감사원은 이 사안이 단순한 규제 완화의 문제가 아니라, 환경 보전이라는 중대한 공익과 개발 이익이 충돌하는 사안으로 보았다. 환경영향평가 등 법적 절차가 진행 중이거나 예상되는 상황에서, 감사원이 섣불리 "매립해도 된다"고 답하는 것은 관계 기관의 고유 권한(협의권)을 침해할 수 있다며 반려했다.

Case 66 [반려] "코로나로 출장을 못 갔는데, 항공료 취소 수수료는 줘야 하지 않나요?"

- 취소된 공무 국외 출장의 항공료 위약금 선지급 불가 -

- **사안:** 기획재정부 공무원들이 코로나19로 인해 예정된 해외 출장을 가지 못하게 되었다. 항공권을 취소하면서 발생한 위약금을 여행사가 아닌 공무원 개인이 먼저 부담해야 하는 상황이 발생하자, 이를 국고에서 선지급해 줄 수 있는지 문의했다.

- **사유:** 「국고금관리법」상 '선급금(미리 주는 돈)'은 계약이 확정된 후에 지급하는 것이 원칙이다. 여행이 취소되어 계약이 이행되지 않은 상태에서 위약금을 미리 주는 것은 법적 근거가 미약하다. 감사원은 공무원 개인이 먼저 결제하고 나중에 실비 정산(여비 규정)을 받는 것이 원칙이라며, 편의를 위해 원칙을 허물 수는 없다고 반려했다. (단, 사후 정산은 가능함을 안내)

Case 67 [반려] "예산 이월, 한 번 더 안 됩니까?"

- 법령상 명백히 금지된 예산 재이월 요청 반려 -

- **사안**: 울산광역시는 수소충전소 구축 사업을 추진하다가 부지 선정 문제로 지연되어 예산을 이미 한 차례 이월(명시이월)했다. 그러나 또다시 사업이 늦어지자 '사고이월(재이월)'이 가능한지 문의했다.

- **사유**: 「지방재정법」은 예산의 이월을 원칙적으로 1회로 제한하며, 재이월은 엄격히 금지하고 있다. 감사원은 이는 법령 해석의 여지가 없는 명백한 규정 위반 사항이므로, 컨설팅을 통해 허용해 줄 수 없다고 반려했다.

Case 68 [반려] "신청서도 제대로 안 쓰고 컨설팅해달라니요?"

- 사전컨설팅 신청 요건 미비(자체 검토 누락 등)로 인한 반려 -

- **사안**: 서울시교육청은 코로나19로 방과후학교가 중단되자, 기존 위탁업체와의 계약 기간을 연장해 줘도 되는지 문의했다.

- **사유**: 사전컨설팅을 신청하려면 '자체 감사기구의 검토 의견'과 '체크리스트' 등을 충실히 작성해야 한다. 그러나 서울시교육청은 이러한 필수 요건을 누락한 채 신청했고, 보완 요청에도 응하지 않았다. 감사원은 기본적인 절차조차 지키지 않은 불성실한 신청은 받아들일 수 없다며 반려했다.

Case 69 [반려] "공기업과 건설사 싸움에 끼어들어 달라고요?"

- 계약 분쟁 중인 사안에 대한 제3자(상급 기관)의 신청 반려 -

• **사안**: 남부발전과 현대건설 간에 발전소 건설 계약과 관련하여 분쟁이 발생했고, 중재 및 소송이 진행될 예정이었다. 산업통상자원부(상급 기관)는 민원 해결을 위해 이 분쟁에 대해 감사원이 답을 달라고 신청했다.

• **사유**:

1. 소송 진행 중: 이미 사법적 절차(중재)가 예정된 사안은 컨설팅 대상이 아니다.
2. 당사자 패싱: 정작 계약 당사자인 남부발전은 컨설팅을 원하지 않는데, 상급 기관인 산업부가 민원 처리를 위해 일방적으로 신청했다. 감사원은 이는 공공기관의 자율 경영을 침해할 소지가 있고 절차상으로도 맞지 않는다며 반려했다.

Case 70 [반려] "감사원 지적 사항인데, 어떻게 처리할지 또 물어봅니다"

- 이미 감사 결과 처분 요구가 내려진 사안에 대한 질의 반려 -

• **사안**: 원자력안전위원회가 '현장방사능지휘센터' 신축 과정에서 예산 집행의 적정성 문제로 감사원 감사를 받고 처분 요구를 받았다. 원안위는 남은 예산을 어떻게 처리해야 할지 다시 감사원에 사전컨설팅을 신청했다.

• **사유**: 감사원은 이미 감사 결과를 통해 위법·부당함을 지적하고 시정을 요구했다. 이미 감사가 확정된 사안의 사후 처리 방향을 묻는 것은 사전컨설팅의 대상(사전 의사결정 지원)이 아니며, 감사 결과의 이행 관리 차원에서 다뤄야 할 문제라며 반려했다.

Case 71 [반려] "조달청 제품이랑 우리 거랑 규격이 같은지 봐 주세요"

- 사실관계(규격 동일 여부) 미확정에 따른 컨설팅 반려 -

• **사안**: 서울시 상수도사업본부는 수질자동측정기를 구매하려 했다. 조달청 쇼핑몰에 있는 제품을 사면 편하지만, 서울시가 원하는 규격과 다르면 별도 입찰을 해야 했다. 서울시는 "이게 조달 제품과 같은 거냐, 다른 거냐"를 감사원에 물었다.

• **사유**: 서울시가 원하는 규격이 무엇인지는 서울시 스스로 결정할 사항이다. 자신이 필요한 물건의 스펙조차 확정하지 않고 감사원에 "이거 사도 되냐"고 묻는 것은, 구매 결정의 책임을 떠넘기는 행위다. 감사원은 사실관계(규격)부터 먼저 확정하라며 반려했다.

Case 72 [반려] "우체국 보험 대출 금리, 바꿔도 됩니까?"

- 기관의 경영적 · 정책적 판단 사항에 대한 질의 반려 -

• **사안:** 과학기술정보통신부(우정사업본부)는 환급금 대출 금리 상한을 낮추는 쪽으로 산정 방식을 바꾸려 했다. 이로 인해 이자 수익이 줄어드는 것이 배임인지, 민간 보험사와의 형평성 문제는 없는지 걱정했다.

• **사유:** 금리 결정은 우정사업본부가 경영 상황과 정책 목적을 고려해 자체적으로 결정할 재량 사항이다. 감사원은 수익 감소가 예상되더라도 공익적 목적(서민 부담 완화)이 있고 장기적 이익이 기대된다면 경영 판단의 영역이라며, 이를 감사원에 묻는 것은 적절치 않다고 반려했다.

Case 73 [반려] "보조금 받은 업체가 돈이 없는데 땅을 팔게 해도 되나요?"

- 보조사업자의 자부담 능력 미검증 등 부실한 사업 관리 반려 -

• **사안:** 충북 괴산군은 내수면 양식장 보조사업자(업체)가 자부담금을 못 내자, 사업 부지를 담보로 대출받게 해주려 했다. 중요재산은 승인 없이 담보 제공이 안 되는데, 이를 풀어줘도 되는지 물었다.

• **사유:** 애초에 자부담 능력이 없는 업체를 선정한 것부터가 문제였다. 감사원은 기본적인 사업 요건(자부담 확보)도 갖추지 못한 상태에서, 특혜 소지가 있는 담보 제공 승인 여부를 묻는 것은 자체적인 검토가 부실한 경우라며 반려했다.

Case 74 [반려] "우체국 문 닫는데 보상금 얼마 줘야 합니까?"

- 하위 법령 제정 권한(입법 재량)을 감사원에 위임하려는 시도 반려 -

- **사안:** 별정우체국 지정이 취소될 때 지급하는 보상금 기준을 법률이 대통령령에 위임했다. 과기부는 그 기준을 어떻게 정해야 할지 감사원에 컨설팅을 신청했다.

- **사유:** 법령의 구체적 기준을 만드는 것은 행정입법(시행령 제정)의 영역이자 소관 부처의 고유 권한이다. 감사원은 부처가 정책적으로 결정해서 입법할 사항을 감사원에 정해달라고 하는 것은 제도의 취지에 맞지 않는다며 반려했다.

Case 75 [반려] "레고랜드 주차장 공사, 하던 업체한테 계속 맡겨도 되죠?" (20-060)

- 명백한 경쟁 입찰 대상을 수의계약하려는 시도 반려 -

- **사안:** 강원도는 춘천 레고랜드 주차장 조성 공사를 추진하면서, 기존 기반 시설 공사를 하던 업체와 수의계약을 맺고 싶어 했다. "책임 구분이 모호하다"는 이유를 댔다.

- **사유:** 주차장 포장 공사는 기존 토목 공사와 공정이 명확히 구분되어, 하자 책임 구분에 문제가 없었다. 감사원은 경쟁 입찰이 충분히 가능한 사안임에도 억지로 수의계약 사유를 갖다 붙이는 것은 특정 업체 특혜라며 반려했다.

Case 76 [반려] "민간 주주들이 지분을 바꾸겠다는데 허가해 줘도 되나요?"

- 민간 사업자 간의 지분 변경 승인에 대한 컨설팅 반려 -

- **사안**: 부산도시공사가 진행하는 오시리아 관광단지 개발 사업에서, 민간 리조트 사업법인의 주주들이 지분을 서로 사고팔아 주주 구성을 변경하겠다고 승인을 요청했다. (파일명은 20-074, 실제 내용은 2검토~1.HWP 내용 참조)

- **사유**: 공모 지침이나 협약서에 '주요 출자자 변경 시 승인이 필요하다'는 조항이 있지만, 이는 사업의 안정적 추진을 위한 것일 뿐이다. 감사원은 주주 간 지분 거래 승인 여부는 사업 시행자가 사업 수행 능력과 신용도 등을 고려해 자체적으로 판단할 경영상의 의사결정 사항이지, 감사원이 승인 여부를 정해줄 법률적 쟁점이 아니라고 반려했다.

Case 77 [반려] "조합 설립 동의, 이렇게 받으면 무효입니까?"

- 도시계획시설 사업시행자 지정 요건(동의율) 판단 반려 -

- **사안:** 대전광역시는 민간이 제안한 도시계획시설 사업의 시행자를 지정하려 했다. 그런데 제안자가 토지 소유자 동의율 요건을 맞추기 위해 소위 '지분 쪼개기'를 했다는 의혹이 있었다.
- **사유:** '지분 쪼개기'가 있었는지, 그것이 동의 요건을 무효화할 정도로 중대한 하자인지는 서류와 정황을 종합하여 사실관계를 판단해야 할 사안이다. 감사원은 이는 법령 해석이 아니라 구체적인 사실 인정의 문제이므로, 인가권자인 대전시가 자체적으로 조사하여 판단하라고 반려했다.

Case 78 [반려] "잘못한 업체 봐주고 싶은데, 괜찮을까요?"

- 법 위반에 대한 제재 수위 결정(재량) 문제 반려 -

- **사안:** P2P 연계 대부업체들이 법정 최고금리를 초과하여 이자를 받은 사실이 적발되었다. 금융위원회는 이들에게 영업정지 처분을 내려야 하는데, 투자자 피해 등을 우려해 과태료 등으로 경감해 줘도 되는지 감사원에 물었다.
- **사유:** 위법 행위에 대해 어떤 제재를 할지, 감경 사유가 있는지는 금융위원회가 위반의 정도와 제반 사정을 고려해 자체적으로 결정할 재량의 영역이다. 감사원은 행정청이 스스로 결정해야 할 제재 수위를 감사원에 정해달라고 하는 것은 책임 회피라며 반려했다.

Case 79 [기각] "연구비 이월 승인받기 귀찮은데, 그냥 넘기면 안 됩니까?"

- 다년도 협약 과제의 연구비 자동 이월 허용 요청 기각 -

• **사안:** 농림축산식품부는 R&D 연구비 이월 절차가 번거롭다며, 승인 없이 자동으로 이월할 수 있게 해달라고 했다. 2019년에 관련 규정이 개정되어 자동 이월이 허용되었지만, 부칙에 '개정 후 협약된 과제부터 적용'한다고 되어 있어 기존 과제는 혜택을 못 받고 있었다.

• **사유:** 법령 부칙에 적용 시점이 명확히 규정되어 있는데, 이를 무시하고 소급 적용해 달라는 것은 법치주의 원칙에 위배된다. 또한, 2021년부터 시행될 「국가연구개발혁신법」에서 어차피 해결될 문제이므로, 굳이 무리한 해석을 할 실익도 없다고 보았다. 감사원은 명문의 규정을 넘어서는 행정 편의적 해석은 불가하다며 기각했다.

Case 80 [반려] "강사료 지급, 전결 규정을 어겼는데 괜찮나요?"

- 이미 집행된 예산 및 내부 전결 규정 위반 여부에 대한 질의 반려 -

• **사안:** 경상남도는 도지사 결재를 받아야 하는 고액 강사료 지급 건을 부지사 전결로 처리하여 집행했다. 이것이 규정 위반인지 감사원에 물었다.

• **사유:** 이미 2020년에 집행이 완료된 사안이다. 감사원은 "이미 행해진 처분의 위법성 확인"은 사전컨설팅 대상이 아니며, 내부 위임전결 규정 해석은 지자체가 알아서 할 일이라며 반려했다.

Case 81 [반려] "학교 지을 땅, 3자 계약해도 됩니까?"

- 자체적으로 판단 가능한 단순 계약 방식 질의 반려 -

- **사안**: 경기도교육청은 평택시 학교용지를 매입하면서, 조합-교육청-시청 간 3자 계약을 맺어도 되는지 물었다.
- **사유**: 이미 교육청 고문변호사와 사업 부서가 "가능하다"고 검토를 마친 사안이었다. 감사원은 자체적으로 충분히 판단할 수 있는 사안을 책임 회피를 위해 감사원에 가져오는 것은 제도의 취지에 맞지 않는다며 반려했다.

Case 82 [반려] "땅도 확보 안 하고 산림복지지구 지정해달라고요?"

- 법적 요건(토지 확보)을 미충족한 지구 지정 신청 반려 -

- **사안**: 충남 아산시는 사유지를 포함한 지역을 '산림복지지구'로 지정받고자 했다. 법령상 지구 지정을 위해서는 대상 토지의 50% 이상을 미리 확보해야 한다.
- **쟁점**: 아산시는 아직 땅을 못 샀지만, "지정해 주면 나중에 수용해서 확보하겠다"며 조건부 지정을 요청했다. 산림청은 요건 미비라며 난색을 표했다.
- **사유**: 법령이 '사전 50% 확보'를 규정한 이유는 무분별한 지구 지정 남발과 사유재산권 침해를 막기 위함이다. 감사원은 법령에 명시된 필수 요건조차 갖추지 못한 상태에서, 행정 편의를 위해 법을 무시하고 지정해 달라는 요구는 수용할 수 없다며 반려했다.

Case 83 [반려] "ATM 수리, 제조사별로 따로 맡겨도 될까요?"

- 사실관계 미확정 및 자체 판단 사항에 대한 질의 반려 -

- **사안**: 우정사업본부는 우체국 ATM 유지보수 용역을 발주하려 했다. ATM 제조사가 3곳인데, 서로 기술 공유를 안 하니 통합 발주 대신 제조사별로 분리 발주(수의계약 등)를 해도 되는지 물었다.

- **사유**: 감사원은 제조사들이 정말로 기술 지원을 거부하는지, 제3의 전문 정비 업체는 없는지 등 시장 상황에 대한 사실 확인이 먼저라고 지적했다. 이는 법령 해석이 아니라 발주처가 시장 조사를 통해 스스로 결정할 계약 방법의 문제라며 반려했다.

Case 84 [반려] "노조랑 싸우고 있는데, 감사원이 답 좀 주세요" (위탁배달원 수수료)

- 이미 행해진 처분 및 사후적 분쟁에 대한 컨설팅 반려 -

- **사안**: 우정사업본부(우체국물류지원단)는 택배기사 노조와 분류작업 수수료 지급 문제를 두고 갈등을 빚고 있었다. 노조는 "이미 일한 것에 대해 분류수수료를 별도로 달라"고 요구했고, 지원단은 "이미 준 배달수수료에 포함돼 있다"고 맞섰다.

- **사유**: 과기부는 감사원에게 "수수료를 줘야 하는지" 물었으나, 감사원은 이는 '이미 체결된 계약'과 '과거에 수행한 업무'에 대한 해석 다툼이라고 보았다. 사전컨설팅은 미래의 의사결정을 돕는 제도이지, 이미 벌어진 일(기지급 수수료)의 위법·부당성을 가리거나 노사 분쟁을 중재하는 제도가 아니므로 반려했다.

- **교훈**: 분쟁 해결이나 책임 회피를 목적으로 제도를 오용해서는 안 된다는 원칙을 재확인했다.

Case 85 [반려] "법원 판결이 났지만, 우리 직원은 봐주고 싶습니다"

- 금융실명법 위반 직원에 대한 과태료 부과 면제 질의 반려 -

- **사안**: 농협 직원들이 사망자 명의로 계좌를 개설해 주었다가 금융실명법 위반으로 적발되었다. 대법원은 형사 처벌 대상은 아니라고 판결했으나, 행정상 과태료 부과는 별개였다. 금융위원회는 대법원 판결 취지를 고려해 과태료를 면제해 주고 싶었으나, 법적 근거가 확실치 않아 감사원에 물었다.

- **사유**: 금융기관에 대한 제재와 과태료 부과 여부는 금융위원회의 고유 의결 사항이다. 감사원은 "행정청이 자체적으로 판단하고 책임져야 할 처분 결정 사항"을 감사원에 떠넘겨 면죄부를 받으려는 시도는 사전컨설팅 대상이 아니라며 반려했다.

Case 86 [반려] "민간단체가 운영하는데 사용료 좀 깎아주면 안 되나요?"

- 공유재산(유통지원센터) 사용료 면제 대상의 엄격한 해석 -

- **사안**: 강원도는 원주시 소유의 땅에 '사회적경제 유통지원센터'를 짓고, 운영을 민간 사단법인에 위탁했다. 강원도는 「공유재산법」상 '지자체가 직접 사용할 때' 사용료가 면제된다는 조항을 들어, 위탁받은 사단법인도 면제해 달라고 원주시에 요청했다.

- **사유**: 법령은 "국가나 지자체가 '직접' 사용할 때"만 면제하도록 엄격히 규정하고 있다. 민간 위탁 법인은 지자체가 아니다. 감사원은 법령의 문구가 명확함에도 불구하고, 편의를 위해 제3자(민간법인)에게까지 면제 혜택을 확대 해석하는 것은 불가능하다며 반려했다. 이는 공유재산 관리의 원칙을 지키기 위함이다.

Case 87 [반려] "조례 때문에 소송 중인데, 감사원이 판단해 주세요"

- 인천시 지하도상가 조례 개정안에 대한 컨설팅 반려 -

- **사안**: 인천시의회는 지하도상가 임차권의 양도·양수 및 전대(재임대)를 금지하는 상위법(공유재산법)에도 불구하고, 이를 유예해 주는 기간을 2년에서 5년으로 연장하는 조례안을 의결했다. 인천시는 이에 반발하여 대법원에 조례안 의결 무효 확인 소송을 제기한 상태였다.

- **사유**: 인천시는 소송 진행 중에 "이 조례 개정이 적합한지"를 감사원에 다시 물었다. 감사원은 사전컨설팅 제도의 대원칙인 "수사, 소송, 행정심판이 진행 중인 사안은 제외한다"는 규정(운영규정 제3조)을 들어 반려했다.

- **시사점**: 사전컨설팅은 행정의 불확실성을 해소해 주는 제도이지, 이미 사법부의 판단 영역으로 넘어간 분쟁에 개입하거나 소송의 유불리를 따져주는 도구가 아님을 명확히 했다.

Case 88 [반려] "변호사비 더 달라는데, 올려줘도 됩니까?"

- 행정소송 사건 위임 계약의 계약금액 증액 불가 -

- **사안**: 금융위원회는 소송 대리인(로펌)과 1심 사건 위임 계약을 맺었다. 그런데 소송이 예상보다 길어지고 업무량이 늘어나자, 로펌은 착수금을 더 달라고 요구했고 금융위는 이를 들어줘도 되는지 감사원에 물었다.

- **사유**: 국가 계약에서 계약 금액 조정은 물가 변동이나 설계 변경 등 명확한 사유가 있어야 한다. 소송 기간이 길어지는 것은 변호사 업무의 특성상 어느 정도 예상 가능한 범위 내의 일이며, 계약서에 '업무량 증가 시 증액한다'는 조항도 없었다. 감사원은 명확한 근거 없이 사후에 계약 금액을 올려주는 것은 국가 계약 질서를 해치는 일이라며 증액이 불가하다고 판단했다.

Case 89 [반려] "업무를 넘겨받았는데, 수의계약으로 계속 줘도 되나요?"

- 국무조정실의 '온라인 청년센터' 위탁 사업 수의계약 질의 반려 -

- **사안**: 국무조정실은 고용노동부가 수행하던 '온라인 청년센터' 사업을 2023년부터 이관받아 수행하게 되었다. 기존에는 한국고용정보원이 이 사업을 수행하고 있었는데, 국무조정실은 사업 공백을 우려하여 경쟁 입찰 대신 한국고용정보원과 수의계약으로 위탁을 계속하고 싶어 했다.

- **사유**: 국무조정실은 사전컨설팅 신청 이후, 기재부와 협의하여 해당 예산 비목을 '민간위탁사업비'에서 '사업출연금'으로 변경했다. 「고용정책기본법」상 정부는 한국고용정보원에 출연금을 지원할 수 있으므로, 예산 비목 변경을 통해 자연스럽게 자금 지원 근거가 마련되었다.

- **결과**: 이미 예산 협의를 통해 문제가 해결(출연금 지원)되었으므로, 수의계약 가능 여부를 별도로 따질 필요가 없어졌다. 감사원은 "이미 처리가 이행된 사항"은 컨설팅 대상이 아니라며 반려했다. 이는 부처간 협의나 예산 조정으로 해결 가능한 사안을 굳이 컨설팅으로 가져올 필요가 없음을 시사한다.

Case 90 [반려] "아프간 지원금을 우크라이나로 돌려써도 됩니까?"

- 국제기구 분담금(신탁기금)의 목적 외 사용(이전) 질의 반려 -

- **사안**: 외교부는 아프가니스탄 재건을 위해 나토(NATO)의 '아프간군 신탁기금'에 돈을 냈다. 그런데 탈레반 점령으로 사업이 중단되자 남은 돈(5000만 달러)을 환수해야 했는데, 마침 우크라이나 전쟁이 터지자 나토가 이 돈을 '우크라이나 신탁기금'으로 돌려쓰자고 제안했다.

- **사유**: 국제기구 분담금은 국회의 예산 심의를 거쳐 목적이 정해진 돈이다. 이를 당초 목적(아프간)과 전혀 다른 용도(우크라이나)로 쓰는 것은 예산의 목적 외 사용에 해당하며, 국회의 심의권과 관련된 중대한 사안이다. 감사원은 이는 고도의 외교적·정책적 판단이 필요한 사안이자, 국회의 통제를 받아야 할 영역이지 감사원이 실무적으로 결정해 줄 문제가 아니라며 반려했다.

- **시사점**: 외교적 특수성이 있더라도 예산의 원칙과 국회의 권한을 침해할 수 있는 사안에 대해서는 감사원이 신중한 입장을 견지함을 보여준다.

Case 91 [반려] "수익금으로 운영비 먼저 쓰고 정산하면 안 됩니까?"

- 전북투어패스 사업의 예산총계주의 원칙 위반 여부 질의 -

• **사안:** 전라북도는 2015년부터 '전북투어패스' 사업을 민간에 위탁하여 운영하고 있었다. 도는 민간 수탁자가 패스 판매 수익금을 도 세입조치 하지 않고 직접 경비로 지출한 뒤, 남는 돈만 정산하거나 모자라면 보전해 주는 방식으로 운영해 왔다. 이에 대해 도의회는 이러한 방식이 모든 수입과 지출을 예산에 계상해야 한다는 「지방재정법」상 '예산총계주의 원칙'에 위배된다고 지적했다.

• **사유:** 전라북도는 사업 구조 변경을 검토하면서 감사원에 컨설팅을 신청했으나, 이 사안은 해석의 여지가 없이 명백했다.

• **법령의 명확성:** 「지방재정법」 및 「지방회계법」은 '한 회계연도의 모든 수입을 세입으로 하고, 모든 지출을 세출로 한다'고 명시하고 있으며, 이를 어기고 수입을 직접 사용하는 것은 엄격히 금지된다.

• **위탁의 한계:** 세입의 징수와 지출원인행위는 지자체장의 권한으로, 공무원이 아닌 민간 수탁자에게 위탁할 수 있는 사무(단순 사실행위 등)의 범위를 벗어난다. 따라서 감사원은 회계 관계 법령에 처리 방법이 명확하게 규정되어 있고 조례가 상위법을 거스를 수 없으므로, 이는 컨설팅 대상이 아니라 법령 준수의 문제라며 반려했다.

Case 92 [반려] "학교 못 짓는데 기부금 내고 골프장만 하면 안 됩니까?"

- 감사원 처분 및 소송 진행 중인 개발계획 변경 질의 -

- **사안**: 경상북도는 군위군에 '골프고등학교 및 골프장'을 짓는 지역개발사업을 승인했다. 그러나 사업시행자는 수익성이 나는 골프장만 먼저 짓고, 골프고등학교는 설립 인가조차 받지 않은 채 공사를 진행하지 않았다. 이에 감사원은 2022년 6월, 사업이 당초 계획과 다르게 시행되고 있으므로 정상 추진되지 않으면 승인 취소 등 적정한 조치를 하라고 이미 통보한 바 있다.

- **사유**: 경상북도는 뒤늦게 학교 설립이 어렵다며 '교육발전기금 기탁' 등으로 계획을 변경해 줘도 되는지 물었으나, 감사원은 다음의 이유로 반려했다.

- **감사 진행/확정 사안**: 이미 감사원이 해당 사안에 대해 "당초 계획대로 이행하라"는 취지의 처분(통보)을 내려 그 이행 과정에 있는 사안이다.

- **소송 진행 중**: 사업시행자가 골프장만 매각하는 과정에서 사기·배임 혐의로 관련자 간 고소·고발 및 소송이 진행 중이었다. 감사원은 규정에 따라 '이미 감사원의 감사가 진행 중이거나 확정된 경우' 및 '수사·소송이 진행 중인 경우'는 사전컨설팅 대상에서 제외됨을 명확히 했다. 이는 컨설팅 제도가 불법 행위를 덮거나 사법적 분쟁에 개입하는 수단으로 악용되는 것을 막기 위함이다.

Case 93 [반려] "자회사 돈으로 운영비 써도 되나요?"

- 공공기관 자회사의 이자수익을 운영비로 전용하려는 시도 반려 -

- **사안:** 한국자산관리공사(캠코)는 동산담보 회수를 위해 100% 출자한 자회사를 만들었다. 운영비(위탁수수료) 예산이 부족해지자, 자회사가 보유한 자금에서 발생한 이자수익을 운영비로 쓰고 싶어 했다. 원래 이 돈은 동산 매입비용으로 써야 할 돈이었다.

- **사유:** 감사원은 운영비 부족 문제는 모회사인 캠코가 위탁수수료 지급 시기를 조정하거나 감면해 주는 등 다른 해결책이 충분히 있다고 보았다. 굳이 사업비(매입비용) 재원을 운영비로 돌려쓰는 편법을 쓸 이유가 없다는 것이다. 충분한 자체 검토나 대안 모색 없이 안이하게 컨설팅을 신청했다며 반려했다.

Case 94 [반려] "협상 결렬됐는데, 일부만이라도 계약하면 안 됩니까?"

- 임대형 민자사업(BTL) 협상 결렬 시 부분 협약 체결 질의 반려 -

• **사안:** 전남교육청은 3개 초등학교 개축 사업을 묶어 BTL 방식으로 추진했다. 우선협상대상자와 협상하던 중, 1개 학교(담양남초)에 대한 이견이 좁혀지지 않아 전체 협상이 결렬될 위기에 처했다. 교육청은 합의된 2개 학교만이라도 먼저 계약하고 싶어 했다.

• **사유:** 고시된 사업 계획은 3개 학교를 통합한 것이 전제조건이었다. 협상이 결렬되면 원칙적으로 재고시를 해야 한다. 감사원은 사업 내용을 임의로 쪼개서 계약하는 것은 입찰 질서를 해치고 다른 사업자의 기회를 박탈하는 것이라며, 원칙대로 재고시 절차를 밟아야 한다고 판단했다.

Case 95 [반려] "직원이 주식 투자를 했는데, 징계해야 합니까?"

- 금융감독원 직원의 사적 투자에 대한 징계 양정 질의 반려 -

• **사안:** 금융감독원은 소속 직원이 내부 규정을 어기고 주식 투자를 한 사실을 적발했다. 이를 어느 수위로 징계해야 할지 감사원에 물었다.

• **사유:** 직원 징계는 해당 기관장이 비위의 정도, 고의성 등을 종합적으로 고려하여 판단할 고유의 인사 재량권이다. 감사원은 자체적으로 결정해야 할 징계 수위까지 감사원에 정해달라고 하는 것은 책임 회피라며 반려했다.

Case 96 [반려] "공사비 더 달라는데, 줘야 합니까?"

- 제주 삼다수 스마트팩토리 공사비 증액 분쟁 질의 반려 -

- **사안:** 제주개발공사가 발주한 공사 현장에서 시공사가 설계 변경과 공기 연장에 따른 추가 공사비를 요구했다. 공사 측은 시공사 귀책이라며 거부했고, 양측의 입장이 팽팽했다.

- **사유:** 이는 계약 당사자 간의 '책임 소재(귀책사유)'를 가리는 사실 판단의 문제이자 금전적 분쟁이다. 감사원은 법적 분쟁(소송 등)으로 해결해야 할 사안에 대해 감사원이 미리 답을 주는 것은 적절하지 않다며 반려했다.

Case 97 [반려] "감리비를 다 줬는데, 보증서를 안 내면 회수해야 합니까?"

- 국립재활원 건설사업관리 용역 손해배상공제 증서 미제출 관련 질의 반려 -

- **사안:** 감리 업체가 계약 기간이 연장되었음에도 보증보험 증서를 갱신하지 않았다. 국립재활원은 이미 지급한 감리비 중 일부(보증서 미제출분)를 환수해야 하는지 물었다.

- **사유:** 이는 계약 불이행에 따른 채무불이행 책임을 묻는 사안으로, 구체적인 계약 조건과 민법 등에 따라 법률적으로 판단해야 할 영역이다. 감사원은 기관이 법률 자문을 통해 스스로 해결해야 할 사안이라며 반려했다.

Case 98 [반려] "예전에 물어본 건데, 또 안 됩니까?"

- 등록사항 정정 대상 토지의 지적측량 가능 여부 재질의 반려 -

• **사안:** 국토부는 토지 대장상 면적 오류가 있는 땅에 대해 지적측량을 할 수 있는지 물었다. 이는 이미 과거 감사원 감사 결과와 이전 컨설팅을 통해 "현황측량은 가능하다"고 결론이 난 사안이었다.

• **사유:** 이미 명확한 기준과 선례가 있음에도 불구하고, 면피를 위해 반복적으로 컨설팅을 신청한 것으로 보아 반려했다. 적극행정은 기존의 결정을 숙지하고 실천하는 것에서 시작됨을 강조했다.

Case 99 [반려] "이미 해결된 일인데, 확인차 물어봅니다"

- 온라인 청년센터 위탁 사업 수의계약 질의 반려 -

• **사안:** 국무조정실은 고용부로부터 이관받은 청년센터 사업을 기존 수행 기관과 수의계약 하고 싶어 했다. 신청 후 기재부와 협의하여 예산 비목을 '출연금'으로 바꾸면서 법적 근거가 마련되었다.

• **사유:** 이미 예산 협의를 통해 문제가 해소(처리가 이행됨)되었으므로, 더 이상 컨설팅을 할 실익이 없어졌다. 감사원은 이미 해결된 사안에 대한 확인성 질의는 대상이 아니라며 반려했다.

Case 100 [반려] "공원 관리업체 선정, 민간 사업자가 하면 안 됩니까?"

- 건설사업관리용역사업자 선정 주체에 대한 법령 해석(법령 명확) -

- **사안:** 광주시는 민간공원 특례사업(쌍령공원)을 추진 중이었다. 민간 사업자(아파트 건설사 등)는 공원 조성 공사의 감리 업체(건설사업관리용역사업자)를 시가 아닌 자신들이 직접 선정하겠다고 주장했다. 입찰 공고와 낙찰자 결정을 민간이 하겠다는 것이었다.

- **쟁점:** 「건설기술진흥법 시행령」은 지자체가 관리할 시설물의 감리 업체는 '해당 시설물을 관리하는 자(지자체)'가 선정하도록 규정하고 있다. 민간 사업자는 "돈(감리비)을 우리가 내니까 우리가 뽑겠다"고 맞섰다.

- **사유:** 감사원은 법령이 '시설물을 관리할 자(광주시)'가 선정해야 한다고 명확히 규정하고 있음을 지적했다. 또한 국토부 유권해석도 동일했다. 비용 부담 주체와 상관없이, 공공 시설물의 품질 확보를 위해 감리 선정 권한은 지자체에 있다는 것이다. 감사원은 "법령 규정이 명확하여 해석의 여지가 없는 사안"은 컨설팅 대상이 아니라며, 원칙대로 시가 선정하라고 반려했다.

- **의의:** 민간 자본이 투입되는 사업이라도 공공 시설의 안전과 품질 감시 권한(감리 선정)은 타협할 수 없는 공적 영역임을 확인했다.

Case 101 [반려] "부당해고된 선생님들 월급, 교육청이 대신 주면 안 됩니까?"

- 교사 부당해고 기간의 임금 상당액 보조금 지급 불가 -

• **사안:** 한 사립학교 재단이 교사들을 부당해고했다가 법원 판결로 패소했다. 재단은 해고 기간 동안 밀린 임금 약 10억 원을 줘야 하는데 돈이 없다며 교육청에 보조금을 달라고 했다.

• **사유:** 교육청은 이미 그 기간 동안 학생 수업을 위해 대체 교사를 채용하고 그 인건비를 지원했다. 해고된 교사들의 밀린 임금까지 지원하면 이중 지급이 된다. 또한, 해고 기간 동안 일을 하지 않았으므로 이를 '사업비'나 '운영비' 보조금으로 줄 법적 근거도 없었다. 감사원은 재단의 잘못으로 인한 책임을 혈세로 메워줄 수는 없다며 반려했다.

Case 102 [반려] "소송 중에 몰래 배를 더 만들었는데, 돈 주면 안 되나요?"

- 어업지도선 건조사업 계약 해지 후 추가 건조물 대가 지급 불가 -

- **사안:** 해수부(서해어업관리단)가 발주한 어업지도선 건조 계약이 입찰 비리 의혹으로 법원에 의해 효력 정지되었다. 그런데 조선소는 재판 중임에도 "우리가 이길 것"이라며 임의로 배를 11% 더 만들었고, 나중에 재판에서 진 뒤 이 부분에 대한 돈을 달라고 요구했다.

- **사유:** 감사원은 해당 기관이 컨설팅 신청 직후에 이미 계약을 해지하고 타절(정산) 합의까지 마친 사실을 확인했다. 이미 행정 처분이 끝난 사안은 컨설팅 대상이 아니며, 법원의 정지 명령을 무시하고 임의로 수행한 공사에 대해 예산을 집행하는 것은 타당하지 않다고 보아 반려했다.

Case 103 [기각] "도로 만들 건데, 그 안에 있는 국유지 공짜로 주시면 안 됩니까?"

- 도시계획시설사업 편입 국유지의 유상 매입 원칙 확인 -

• **사안**: 안산시는 도시계획도로를 개설하면서 그 구역에 포함된 국토부 소유 국유지(도로 등)를 무상으로 넘겨받길 원했다. 「국토계획법」 상 '새로 공공시설을 설치하면 기존 공공시설은 무상 귀속된다'는 조항을 근거로 들었다.

• **쟁점**: 해당 조항이 대규모 '단지형 개발사업'에만 적용되는지, 아니면 안산시처럼 단순히 기존 국유지 위에 도로를 개설하는 사업에도 적용되는지가 문제였다.

• **사유**: 감사원은 대법원 판례를 들어, 무상귀속 제도는 개발사업자가 새 시설을 지어 기부채납할 때 그 보상 차원에서 기존 시설을 주는 것이라고 설명했다. 이번 건은 안산시가 기존 국유지에 도로를 까는 사업일 뿐, 대체 시설을 기부하는 구조가 아니므로 무상귀속 대상이 아니다라고 판단했다. 따라서 안산시가 정당하게 돈을 주고 사야 한다(유상 매입)고 결론 내렸다.

Case 104 [반려] "설계 다 끝났는데, 투자심사 다시 받으라니요?"

- 총사업비 30% 이상 증가 시 투자재심사 의무 준수 -

• **사안**: 서울교육청은 도곡중학교 증축 사업을 추진하던 중, 사업 규모가 커지면서 사업비가 당초 120억 원에서 402억 원으로 3배 이상 껑충 뛰었다. 이미 실시설계까지 마친 상태에서 투자심사를 다시 받아야 하는지 문의했다.

• **사유**: 관련 규칙에 '총사업비가 30% 이상 늘어나면 타당성 여부에 대해 투자심사를 다시 해야 한다'고 명확히 규정되어 있다. 감사원은 법령에 규정이 명확하여 해석의 여지가 없는 사안은 컨설팅 대상이 아니라며 반려했다. 절차적 정당성을 확보하지 않은 사업 추진에 제동을 건 사례다.

Case 105 [반려] “법원 판결은 졌지만, 우리 맘대로 고쳐주면 안 됩니까?”

- 불복기한 경과 처분에 대한 직권경정 질의 반려 -

• **사안**: 관세청은 한 기업에 관세를 부과했으나, 법원에서 부과 방식이 위법하다는 판결을 받았다. 그런데 해당 기업의 여러 건 중 한 건은 기업의 실수로 불복 기한을 놓쳐 법원 판단을 못 받고 확정되어 버렸다. 기업은 “다른 건은 다 취소됐으니 이것도 취소해달라(직권경정)”고 민원을 넣었다.

• **사유**: 이는 납세자의 권리 구제에 관한 사항으로, 관세청 내부에 ‘납세자보호위원회’ 등 자체적인 구제 절차와 심의 기구가 마련되어 있다. 감사원은 “기관이 자체 위원회 등을 통해 스스로 판단해야 할 고유 권한”을 감사원에 떠넘기는 것은 적절치 않다며 반려했다.

Case 106 [반려] “사업이 늦어지는데 업체랑 계약을 끊어도 됩니까?”

- K-컬처밸리 사업 협약 해제 관련 질의 반려 -

• **사안**: 경기도는 K-컬처밸리 사업이 지지부진하자 국토부 조정안(완공 기한 연장 등)을 수용할지, 아니면 사업자와 계약을 해지할지 고민하며 컨설팅을 신청했다.

• **사유**: 감사원이 내용을 검토하던 중, 경기도가 사업시행자에게 계약 해제를 통보해 버렸다. 이미 처분이 행해진 사안은 사전컨설팅 대상이 될 수 없으므로 반려되었다.

Case 107 [반려] "협상이 깨졌는데, 업체한테 페널티를 줘도 됩니까?"

- 우선협상대상자 선정 취소 및 입찰 참가 제한 질의 반려 -

• **사안:** LH는 대전 소제지구 개발사업 우선협상대상자와 공사비 분담 문제로 갈등을 빚다 협상이 결렬될 위기에 처했다. 협상이 깨지면 예약금을 몰수하고 입찰 자격을 제한해도 되는지 물었다.

• **사유:** 협상 결렬의 귀책사유가 누구에게 있는지, 상대방의 주장이 타당한지는 LH가 협상 과정의 사실관계를 종합하여 자체적으로 판단할 계약적·경영적 판단 사항이다. 감사원은 이를 대신 결정해 줄 수 없다며 반려했다.

Case 108 [반려] "실수로 예산 신청 안 했는데, 내년 예산으로 주면 안 됩니까?"

- 회계연도 독립의 원칙 위반(소급 보전) 불가 확인 -

• **사안:** 서울 강남구와 강북구 담당자가 실수로 2022년 12월분 장애인연금 국비 지원을 신청하지 않아 구비로 전액 지급했다. 뒤늦게 이를 알고 2024년 예산으로 보전해달라고 복지부에 요청했다.

• **사유:** 「국가재정법」상 회계연도 독립의 원칙은 엄격히 지켜져야 한다. 담당자의 명백한 과실로 신청하지 않은 예산을 다음 연도나 다다음 연도 예산으로 메워주는 것은 법령 위반이다. 감사원은 이는 적극행정 대상이 아니며 원칙대로 처리해야 한다고 반려했다.

부록

[붙임1] 감사원 사전컨설팅 제도 운영규정

[붙임1]

감사원 사전컨설팅 제도 운영규정
[시행 2024.8.14.][훈령 제945호, 2024.8.13., 일부개정]

제1조(목적) 이 규정은 「감사원법」(이하 "법"이하 한다) 제30조의2 등에 따라 규제개혁 등 적극행정을 위하여 감사원에 사전컨설팅을 신청하는 경우 그 처리에 관한 절차 및 방법 등에 필요한 사항을 정함을 목적으로 한다.

제2조(정의) 이 규정에서 사용하는 용어의 정의는 다음 각 호와 같다.

1. '적극행정'이란 법 제34조의3에 따라 불합리한 규제의 개선 등 공공의 이익을 위하여 업무를 적극적으로 처리하는 행위를 말한다.
2. '사전컨설팅'이란 적극행정을 추진하는 과정에서 의사결정에 어려움을 야기하는 요인이 있어 해당기관이 사전에 관련 규정의 해석 등에 대한 의견을 구하는 경우 그에 대하여 의견을 제시하는 행위를 말한다.
3. '인용'이란 사전컨설팅 신청기관의 의견대로 조치하는 것이 타당하다는 의견을 제시하는 경우를 말한다.
4. '기각'이란 사전컨설팅 신청기관의 의견대로 조치하는 것이 타당하지 않다는 의견을 제시하는 경우를 말한다.

5. ‘의견제시’란 사전컨설팅을 통해 인용·기각이 아닌 별도의 의견을 통보하는 경우를 말한다.
6. ‘반려’란 사전컨설팅 대상이 아닌 사안에 대한 신청 등 신청요건에 부합하지 아니하여 사안에 대해 검토·처리하지 않고 되돌려주는 행위를 말한다.

제3조(적용범위) 이 규정은 중앙행정기관, 지방자치단체 및 「공공감사에 관한 법률」 제2조에 따른 공공기관(이하 “신청기관”이라 한다)에 대하여 적용한다.

제4조(사전컨설팅의 대상) ① 사전컨설팅의 대상은 신청기관의 소속기관 또는 부서 등이 자체감사기구에 사전컨설팅을 신청한 감사원 감사대상 업무 중 사안이 중대하거나 다수의 기관이 관련되어 있는 등으로 자체적인 판단이 어려운 경우로 한다. 다만, 공공기관의 장 및 시장·군수·구청장이 사전컨설팅을 신청할 수 있는 대상은 자체감사기구가 자체적으로 사전컨설팅을 수행하고 있는 경우로서 감사원이 직접 사전컨설팅을 처리하는 것이 타당하다고 인정되는 경우에 한한다.
② 다음 각 호 중 어느 하나에 해당하는 경우 사전컨설팅의 대상에서 제외한다.
1. 관계 법령 등에 명확하게 규정되어 있어 자체적으로 판단하여 처리할 수 있는 경우
2. 신청기관이 자체적으로 충분한 검토를 거치지 않은 경우
3. 이미 행해진 처분의 위법·부당여부 확인을 위한 경우
4. 신청사항과 관련된 수사, 소송, 행정심판 및 감사원의 감사가 진행 중이거나 확정된 경우
5. 단순 민원해소 또는 소극행정·책임회피의 수단으로 사전컨설팅을 이용하고자 하는 등 사전컨설팅으로 처리하기 부적합한 경우

제5조(사전컨설팅의 신청 및 접수) ① 신청기관의 장이 감사원에 사전컨설팅을 신청하고자 하는 경우 '사전컨설팅 신청서'(별지 제1호서식)를 작성한 후 해당 기관장의 명의로 감사원에 송부하여야 한다.

② 사전컨설팅담당관은 사전컨설팅 신청서를 접수하여야 한다. 다만, 감사부서의 장이 사전컨설팅 신청서를 접수한 때에는 즉시 사전컨설팅담당관에게 접수사실을 통보하여야 한다.〈개정 2024.1.16.〉

③ 사전컨설팅담당관은 사전컨설팅이 접수되면 직접 처리하거나 「감사원사무처 사무분장규정」에 따라 신청기관을 감사대상기관으로 하는 감사부서의 장 등 다른 부서의 장에게 이송하여 처리하게 할 수 있다.〈개정 2022.7.15., 2024.1.16.〉

④ 제3항에 따라 사전컨설팅을 처리하는 사전컨설팅담당관 또는 감사부서의 장(이하 "처리담당과장"이라 한다)은 사전컨설팅 신청이 제4조 제2항에 해당한다고 판단되는 경우 소관 국·단장의 결재를 받아 이를 반려할 수 있다.〈개정 2024.1.16.〉

제6조(사전컨설팅의 실시) ① 사전컨설팅은 서면검토를 원칙으로 하되 필요에 따라 현지조사 등을 병행할 수 있다.

② 처리담당과장은 사전컨설팅을 위하여 필요하다고 인정하는 경우에는 사전컨설팅 신청기관 또는 관계기관에 필요한 자료의 제출 및 의견조회 등을 요청할 수 있다.

③ 처리담당과장은 사전컨설팅 신청사안에 대하여 필요한 경우 다른 감사부서의 장의 의견조회를 거치거나 감사원 내·외부 전문가의 자문을 거칠 수 있다.

④ 감사부서의 장은 제1항 내지 제3항에 따라 검토한 결과에 대해 사전컨설팅담당관의 의견조회를 거쳐야 한다.〈개정 2024.1.16.〉

⑤ 처리담당과장은 '사전컨설팅 검토결과 보고서'(별지 제2호서식)를 작성하여 소관 국·단장의 결재를 받아 확정한다.

제7조(감사위원회의 의결) ① 제6조제5항에도 불구하고 다음 각 호의 어느 하나에 해당하여 사회적 파급효과가 큰 중요사항의 경우 감사위원회의 의결을 거쳐 사전컨설팅 검토결과를 확정한다.

1. 주요 정책 및 다수 이해자 관련 사항
2. 규정(제도) 개선 관련 사항
3. 기존 유권해석 및 감사원 감사결과와 다른 의견을 제시하는 사항
4. 그 밖에 감사원장(이하 "원장"이라 한다)이 감사위원회의 의결을 거치도록 한 사항

② 처리담당과장은 제1항에 해당하는 사전컨설팅의 검토결과를 작성하여 국·단장, 제1·2차장·공직감찰본부장·국민감사본부장·기획조정실장, 사무총장, 원장에게 보고하여 감사위원회의 부의여부를 결정하며 부의대상에 해당되지 않을 경우 원장의 결재로 검토결과를 확정한다. 〈개정 2024.1.16.〉

제8조(사전컨설팅 의견서의 작성 및 통보) ① 처리담당과장은 제5조부터 제7조까지에 따른 사전컨설팅 결과를 인용·기각·의견제시 등으로 정리하여 '사전컨설팅 의견서'(별지 제3호서식)를 작성한다.

② 처리담당과장은 사전컨설팅 신청을 받은 날부터 30일 이내에(감사위원회의 의결을 거친 경우에는 60일 이내) '사전컨설팅 의견서'를 첨부한 사전컨설팅 검토결과를 신청기관의 장에게 통보하여야 한다. 다만, 제6조제2항에 따른 자료제출 및 의견조회기간은 처리기간에 산입하지 아니하며, 사안이 복잡하거나 신중한 처리 등을 위하여 필요한 경우 검토기한을 연장할 수 있다.

③ 처리담당과장은 제2항에 따라 통보할 때에는 사전컨설팅담당관 및 관련 감사부서의 장에게도 사전컨설팅 검토결과를 송부하여야 한다. 다만 사전컨설팅담당관이 처리담당과장인 경우에는 관련 감사부서의 장에게 사전컨설팅 검토결과를 송부한다.〈개정 2024.1.16.〉

④ 처리담당과장은 사전컨설팅 의견의 실효성을 확보하기 위하여 필요하다고 판단한 경우에는 신청기관 외의 다른 기관에게도 제2항에 따른 사전컨설팅 의견서를 송부할 수 있다.

제9조(사전컨설팅 이행결과의 제출) 제8조제2항에 따라 사전컨설팅 의견서를 통보받은 신청기관의 장은 사전컨설팅에 따른 조치결과를 '사전컨설팅 이행결과'(별지 제4호서식)로 작성하여 관련 감사부서의 장 및 사전컨설팅담당관에게 제출하여야 한다.〈개정 2024.1.16.〉

제10조(사전컨설팅의 효력) ① 사전컨설팅 신청기관의 장은 감사원의 사전컨설팅 결과에 기속되지는 않으나, 특별한 사정이 없는 한 그 의견을 반영하도록 노력하여야 한다.

② 제8조제2항의 의견대로 처리한 사항에 대해서는 「감사원 감사사무처리규칙」 제36조제2항에 따라 특별한 사유가 없는 한 적극행정면책 기준을 충족한 것으로 추정한다.

부 칙〈제945호, 2024.8.13.〉

이 훈령은 2024년 8월 14일부터 시행한다.

[별지 제1호서식] 사전컨설팅 신청서(개정 2024.8.13.)

[별지 제2호서식] 사전컨설팅 검토결과 보고서(개정 2024.8.13.)

[별지 제3호서식] 사전컨설팅 의견서(개정 2022.7.15.)

[별지 제4호서식] 사전컨설팅 이행결과

[별지 제1호서식] 사전컨설팅 신청서(개정 2024.8.13.)

사전컨설팅 신청서

<table>
<tr><td>신청기관
(부서명)</td><td></td><td>자체감사기구에
컨설팅
신청이 접수된 일자</td><td></td></tr>
<tr><td>건 명</td><td colspan="3"></td></tr>
<tr><td colspan="4">

1. 신청 배경

* 작성방법 : 배경지식 없는 제3자가 관련 내용을 파악하고 이해할 수 있도록 업무(또는 사업)의 내용, 사실관계, 규정 등을 충실히 기재

○ 업무(사업) 현황 및 내용

《 작성 예시》

○ A기관은 언제부터 ~를 위하여 ~업무(사업)를 추진하고 있고 주요 현황 및 내용은 다음과 같음
– 업무(사업)의 상세 내용(필요 시 사진, 그림 등 포함), 추진 경과 등
(추진 경과 등 내용이 긴 사항은 별첨으로 첨부)

○ 업무(사업)와 관련된 규정과 이견 또는 문제점 등

《 작성 예시》

○ ~법 또는 ~규정 제00조 등에 따르면 ~로 규정되어 있음
– 그런데 ~에 대해서는 별도로 규정되어 있지 않음
– (또는) ~규정을 해석하는데 있어 ~와 ~이견이 있음
– (또는) ~로 업무 또는 사업을 추진할 경우~문제(국민불편, 예산낭비 등)가 있음

○ 이에 A기관이 ~업무(사업)를 추진하면서 ~의 경우 ~게 업무(사업)를 수행할 수 있는지 사전컨설팅을 신청함

2. 신청 요지

1) 신청 사항

</td></tr>
</table>

* 작성방법 : 사전컨설팅을 신청하는 핵심 내용을 요약하여 1~3줄로 작성하되, 필요한 경우 신청 내용과 관련한 상세한 내용 등을 추가 기재하는 것도 가능함

《 작성 예시》

○ A기관이 ~업무(사업)를 추진하면서 ~의 경우 ~게 업무(사업)를 수행할 수 있는지 여부

2) 관련 법령

* 작성방법 : 해당 업무(또는 사업)와 관련된 법, 시행령, 시행규칙, 고시, 훈령, 지침 등 관련 규정 내용을 기재(사전컨설팅 신청내용과 직접 관련 없는 조문 등은 생략 가능)

《 작성 예시》

• 사립학교법

제28조(재산의 관리 및 보호) ① 학교법인이 그 기본재산에 대하여 매도·증여·교환·**용도변경**하거나 담보로 제공하려는 경우 또는 의무를 부담하거나 권리를 포기하려는 경우에는 **관할청의 허가를 받아야 한다**. 다만, 대통령령으로 정하는 경미한 사항은 관할청에 신고하여야 한다.

• 사립학교법 시행령

제28조(권한의 위임) 교육부장관은 법 제71조에 따라 법 제4조제1항제2호에 따른 학교법인에 관한 다음 각 호의 권한을 시·도 교육감에게 위임한다.
1. 법 제10조제1항에 따른 설립허가
(이하 생략)

3) 주요 쟁점

* 작성방법 : 신청기관 의견을 甲설, 반대 의견을 乙설로 하여 기재하되, 쟁점 내용을 1~3줄로 요약해서 주요 쟁점을 기재한 후 甲설과 乙설의 구체적 내용을 기재
※ 甲설과 乙설에 기재된 내용에 기반해서 사전컨설팅으로 처리 가능 여부를 판단할 수 있으므로 甲설과 乙설을 충실히 작성할 필요

① (甲설)

* 작성방법 : 甲설이 타당한 논리 및 당위성, 근거(규정, 사실관계, 법률자문, 질의회신 내용 등), 공익에 부합하는 내용(구체적 수치 등을 포함한 예산 절감, 지역경제 활성화, 지역주민 편의 증진 등) 등을 충실히 기재

《 작성 예시》

○ 법(또는 @@규정) 00조에 ~로 규정되어 있고, 사실관계가 ~이며, 질의회신에서도 ~라는 의견이므로 ~게 업무를 처리하는 것이 예산 절감, 국민불편 해소, 국민편의 제고 등 공익에 부합하고 타당함

② (乙설)

* 작성방법 : 乙설이 타당한 논리 및 당위성, 근거(규정, 사실관계, 법률자문, 질의회신 내용 등)등을 충실히 기재

《 작성 예시》

○ 법(또는 @@규정) 00조에 ~로 규정되어 있고 사실관계가 ~이므로 ~게 업무를 처리하기 곤란하고 ~게 업무를 처리하는 것이 타당함

3. 신청기관·부서 의견 등

1) 신청기관·부서 의견

○

2) 자체감사기구 확인 사항 및 의견

○

4. 사전컨설팅 체크리스트

대상	점검항목	해당 여부 (O/X)	구체적 사항 기재
컨설팅 대상 여부 (제4조 제1항)	감사원 감사대상 업무인지		
	공공의 이익 및 적극행정과 관련된 사안인지		
	법령 해석에 관한 사항인지(구체적 사실인정에 관한 사안은 아닌지)		예) 판례·해석
	동일 사안에 대한 정립된 판례나 법령 소관 중앙행정기관 등의 해석이 없는지		예) 법령 및 쟁점사항
	이해관계자와 담당자간 사적인 이해관계가 없는지		

반려 대상 여부 (제4조 제2항)	관계 법령 등에 명확하게 규정되어 있어 자체적으로 판단하여 처리할 수 있는 경우는 아닌지		
	신청기관이 컨설팅 신청내용 외 기타 해결방안에 대한 검토를 하는 등 자체적으로 충분한 검토를 거쳤는지		
	이미 행해진 처분의 위법·부당여부 확인을 위한 경우는 아닌지		
	수사, 소송, 행정심판 및 감사원의 감사가 진행 중이거나 확정된 경우는 아닌지		예) 해당내용 첨부
	단순 민원해소 또는 소극행정·책임회피의 수단으로 사전컨설팅을 이용하고자 하는 등 사전컨설팅으로 처리하기 부적합한 경우는 아닌지		

* 구체적 사항 기재가 필요한 경우 붙임으로 상세자료를 첨부

※ 붙임: 기존 자체감사기구에 접수된 신청서 및 관련 증빙·근거법령·해당 사업의 세부자료 등

[별지 제2호서식] 사전컨설팅 검토결과 보고서(개정 2024.8.13.)

등록번호	-
기 안	급
검 토	과장
보존기간	10년
공개구분	비공개

적극행정 공공감사지원관

사전컨설팅 검토결과

- 000000 관련 -

2024. 00.

사전컨설팅담당관실

Ⅰ. 신청 배경 및 요지

□

Ⅱ. 검토결과

□

Ⅲ. 종합의견(안)

□

[참고자료]

1. 관계 법령 등

□

2. 신청기관·부서 처리의견

□

3. 신청기관 자체감사기구 검토의견

□

4. 법령 소관 중앙행정기관 의견

□

5. 우리 院 감사부서 의견

□

[별지 제3호서식] 사전컨설팅 의견서(개정 2022.7.15.)

사전컨설팅 의견서

신 청 일	. . . [접수번호 –]
신청 기관명	
건 명	

※ (쟁점 및 검토결과 요약)

1 신청 개요

1. 신청 이유

○

2. 쟁점

○

2 판단 기준(법리·증거 등 판단)

○

3 종합 의견

○

사전컨설팅 이행결과

신청일 (결과회신일)		신청기관 (부서명)	
건 명			

1. 신청개요

2. 감사원의 사전컨설팅 회신 의견 요지

3. 이행 결과

4. 사유*(감사원의 사전컨설팅 결과와 다르게 업무를 추진했을 경우 작성)*

신 일 수

[학 력]

- 대전 유성고등학교
- 성균관대학교 법과대학 및 동 대학원 석사 졸업
- 미국 Goldengate University Law School Visting Scholar

[경 력]

- 사법시험 제46회
- 사법연수원 제37기
- 해군법무관
- 서울중앙지방법원 판사
- 수원지방법원, 수원가정법원 판사
- 대구지방법원 상주지원 판사
- 현) 대전지방법원 부장판사

이 동 원

[학 력]

- 대전 유성고등학교
- 고려대학교 법과대학 졸업
- 서울시립대 세무대학원 조세법 석사 수료

[경 력]

- 사법시험 제43회
- 사법연수원 제36기
- 감사원 부감사관(5급)
- 의정부지검 고양지청, 대구지검 안동지청, 의정부지검, 대전지검, 부산지검 동부지청 검사
- 부산지검 동부지청 부부장검사
- 창원지검, 수원지검 안산지청 부장검사
- 현) 법무법인(유한) 한별 파트너변호사
- 현) 한국토지주택공사 법률고문
- 현) 국토교통부 부동산 PF 조정위원회 실무위원
- 현) 대전경찰청 수사심의위원
- 현) 인천북부 학교폭력 심의위원

기업을 살리는

감사원 사전컨설팅 제도와 그 미래

초 판 인 쇄 2025년 12월 16일
초 판 발 행 2025년 12월 29일

공 저 자 신일수·이동원
발 행 인 정상훈
디 자 인 신아름
발 행 처 고시계사

서울특별시 관악구 봉천로 472
코업레지던스 B1층 102호

대 표 817－2400 팩 스 817－8998
考試界·고시계사·미디어북 817－0419
www.gosi－law.com
E－mail : goshigye@gmail.com

정가 30,000원 ISBN 978-89-5822-665-9 13320